跨國交織下的帝國命運

近代史

吳翎君——著

王汎森——主編

聯經中國史

總序

中央研究院院士　王汎森

在過去一百多年中，我們對中國歷史的認識經歷了翻天覆地的變化。這些改變，一方面源自於近代中國幾次重要的史學革命，從梁啓超在《新史學》「二十四史非史也，二十四姓之家譜而已」的批判，到胡適的國故整理運動、傅斯年創立歷史語言研究所、再到馬克思主義歷史學的興起。這幾波的史學革命，雖然彼此關注的重點各不相同，但對於歷史的定義、史料的範圍、解釋的角度等議題，都產生重大的影響。另一方面，我們也看到國際間對中國歷史的演變，無論是在歐洲、日本還是美國，一代又一代學者，不斷推陳出新，提出新的觀點與詮釋。

從第二次世界大戰結束以來，臺灣的歷史學者在這個領域，同樣取得了豐碩的成果，並發展出獨特的學術風格。他們既繼承了近代中國新史學的脈絡，又吸納了世界各地不同的學術潮流，加上引入社會科學的理論與方法，並在上個世紀末，接受到後現代主義的衝擊與洗禮。

幾年之前，有一位編輯朋友來信提及，臺灣已經很久沒有編寫成套的中國斷代史，聯經出版公司的發行人林載爵先生也與我談起，覺得有必要將這些累積起來的成果作一個整理。二〇二四年，適逢聯經出版公司創立五十週年，因此有了這項《聯經中國史》的出版計畫。

將近二十年前，我在中央研究院歷史語言研究所所長任內，爲了慶祝史語所成立八十週年，曾組織一項「集眾式」的工作，與史語所同仁共同完成《中國史新論》，當時也是由聯經所出版。不過，《中國史新論》是專題式的論文集結，旨在呈現臺灣學者對中國史研究所開展的新課題、新領域與新方向。

《聯經中國史》也是一項「集眾式」的工作，但定位截然不同。在策畫之初，我們便希望這套書是要服務大學生和對中國歷史感興趣的一般讀者。也因此，我們訂下了幾點寫作的基本原則：

第一、書寫方式採取敘事型的手法，而非純粹學術論述或理論分析，引文也只限於必要的範圍。

第二、必須融入近年來新研究之成果，但並非研究回顧，而是以新研究爲基礎，融會貫通而成的新通述（synthesis）。

第三、反映近年來新研究之趨勢，避免只聚焦於上層政治、宮廷政治，而多著墨社會經濟、日常生活、菁英與大眾文化（high culture and popular culture）之交流、性別、地方社會的多樣性等議題。

第四、重視非漢族群與非漢字中心的觀點，以及不同朝代與亞洲其他地域互動的關係，從世界史的角度來理解中國史。

第五、在參照融會新近研究時，注重中文（特別是臺灣）學界的研究，以期與其他相類似叢書在見解與框架上有所區別。

爲了完成這項計畫，我們邀請了精熟各個時代的資深歷史學者擔綱作者。我要在此感謝各冊作者，承擔起這項不容易的工作。每一代人都有自己認識和書寫歷史的方法。我們期待這套叢書，能代表這個時代對於中國歷史的認識，聯結起過去與現在，並爲所有想要了解中國歷史的人，提供一個全面而深入的視野。

目次

導言

十九世紀中葉以後的中國與以前歷史最大的不同，應是進入所謂眞正意義的世界史——中國在政治、經濟、市場活動，以及物質文明和精神文明，都和歐美爲主導的全球擴張產生了大規模的聯結和交會。雖然歷史悠久的「中國」歷代王朝與世界的交往早已有之，但是十九世紀中葉以後與世界聯結的紐帶和工具，大不同於以往。工業革命爆發百年後的全球傳播效應逐漸開展，交通運輸工具的進步、一八六九年蘇伊士運河開通、電報和無線電訊的發明等等，這些效應使得全球金融市場和資本的流動較以往更爲緊密，各國商人、技術專家、外交官、傳教士、醫生和勞力等等，他們在跨國或跨區域港口流動奔波，全球由此捲入史無前例的人（人群）、物品、技術等物質文化交流之大潮，同時也帶來不同文明之間的衝擊和碰撞。這些變化又伴隨著歐美近代民族國家（nation-state）的完成，角逐海外殖民地所帶來的龐大的經濟利益，並由此強化歐美民族國家的榮耀和財富（日本於明治維新之後亦加入帝國主義列車）；而挾著工業革命後之科技進步裝備，近代國家間的海上霸權爭奪比起任何以往的時代都更加慘烈，它對歐洲帝國及其海外殖民地都帶來雙邊及全球性的影響。

一、中國進入近代世界秩序的特殊性

十八、十九世紀歐洲的大規模海外擴張及其對美、非和亞洲的侵略結果，有些論著宣稱中國是所謂「半殖民地」。筆者認爲不能忽略的是清末帝國政權始終保有它的獨立性和自主性，而且不停地進行自我探索何去何從；儘管清帝國面臨內外的騷動不安，但從推動自強運動以來，變革或改革以適應新局，始終是清帝國維持其國祚的主要思考，直到它被共和政權所取代。然而共和肇建後的民初中國仍舊是一個動盪政局的延續，無法建立一個具有現代意義之國家應有的憲政建制，根本性因素都來自中國本身的國家治理（national governance）問題。國家治理包含內部導向和外部導向兩部分，以及兩者之間的邏輯性；我們從十九世紀中葉以後清末歷史的演變，可以看到許多國家治理的內外問題，從清末到民初始終反覆存在，無法提出有效的解決藥石。

十九世紀中葉以後的中國，從裡到外的各種變遷和演化因素已是相互糾纏或相互推進，難以切割。晚清帝國所面臨之內外危機——尤其中國與世界在各種範圍和深度的接觸及其與中國內在聯繫的問題，這是過去帝制王朝所不曾出現的危機，所需的應對策略與能力也超越了大清帝國的國家機制和知識倉庫，而將整個國家與社會推向災難局勢的臨爆點。內部治理問題不僅祇有本書探討的晚清時期，還有承續自清帝國建立以後所積累的觀念、制度和文化；而外部導向則牽涉到十九世紀中葉以後中國面臨世界的大變局，前者涉及之歷史傳統的複雜性並非本書所能涵括。如同著名漢學家孔復禮（Philip Alden Kuhn，又譯「孔飛力」）在《中國現代國家的起源》（*Origins of the Modern Chinese State*）一書所揭示的：清末帝國「其實是一種制度——一種已經無法同自身政治使命和任務相契合的制度——的沒落」。它所觸及到的不僅是大清王朝本身的統治機制，而且是中國整個帝制制度及前現代國家的「國本」之所在。但歷史的弔詭之處在於：正是由於危機根源所包含的超越中國帝制時代的性質，這又成爲中國走向現代國家的歷史起始點。

國家治理的內與外

歷史學的意義是在探尋當前存在現象的淵源，國家治理的模式及其建制是其中的大哉問，它不僅牽涉世界對於中國的現代性意義，也關乎中國經驗對全世界範疇的現代性意義，如果有所謂人類歷史發展的普遍進程和核心價值，那麼本書主要探討的十九世紀中葉到清末帝制之消亡，這逾半世紀的歷史命題，如何賦予它對中國和世界以啓示的意義？本書的一些關懷便是在呼應這一命題。

近代中國的特殊性，在於十九世紀歐洲國家在全球征服的過程中，相對於它們在非洲和美洲建立各自統領的殖民地，在中國採取的主要是聯手合作的戰爭，例如兩次英法聯軍、八國聯軍等（當然，帝國主義者的貪婪和彼此的勾心鬥角，合作中的猜忌和矛盾，都是不可避免的）。中英接觸開始係以對待文明國家的外交談判爲程序，並非一開始就被想像或被標註成會有一場文明人與野蠻人的戰爭。鴉片戰爭爆發前的一百年間，英、法等歐洲國家對清國還是努力遵循西方自一六四八年西伐利亞體系（Westphalian System）建立以來對主權國家交往的和平原則，英國的馬戛爾尼使團（一七九二）和阿美士德使團（一八一二）都是以西方國際禮儀的交往原則來到中國。中英之間不得不走向一場鴉片戰爭，而其後又有兩次英法聯軍、日本維新後對中國的甲午戰爭和八國聯軍等戰役，使得近代中國予人的感覺就是一場和帝國主義國家之間不斷的戰爭。事實上，晚清時期帝國主義國家在中國的戰爭，不論就戰爭持續時間、動員兵力、交戰地點和規模而言，都不算大，它不是焦土性的侵略戰爭，也沒有造成大量無辜人民的傷亡。反而是十九世紀中葉一場大規模的太平天國內戰，清王朝對政權的保衛戰和太平軍的攻城掠地，彼此激烈的交相殘殺，才造成數以百萬的士兵和無辜人民的死傷悲劇。同時，也更多是由於中國內部的動亂和農村生活之艱困不易，使得十九世紀後期中國的海外移民進入新一波的高峰。

跨國技術和知識在中國的全球聯結

本書作者更在乎的是十九世紀中葉以後，中國案例對全球史意義的特殊性。這個具有古老歷史文化傳統的東方文明帝國，它如何進入國際大家庭和全球化世界，不僅對亞洲秩序帶來巨大的改變，也使得中國本身被迫或主動的參與世界，由此開展了建構現代國家的過程。清末中國門戶被打開之後向西方學習的過程，是工業革命後的歐美技術專家和顧問最早來到中國，協助被歐洲國家打敗的清帝國所進行的一波改革。雖然明清之際早就有耶穌會士來華服務於中國朝廷，對中西文化交流大有貢獻，但它和清末開展的自強運動是大不相同的。自強運動時期的洋顧問是工業革命後更加專業化分工的各種技術專家顧問，他們或曾受聘於該國海軍或具有工程背景而被清政府以高薪聘任。傳教士仍然在自強運動的學堂中擔任教習教員、或從事西學翻譯工作、或參與外交翻譯事務，甚或是醫療傳教士，但他們在中國的活動和傳福音策略顯然和明清耶穌會士大不相同，而且活動範圍更深更廣。一批工業革命後的各種技術專家不僅受雇於朝廷，也出現於中國主要港口或租界，甚至遠赴西北協助基礎設施的建設。例如一八七九年左宗棠在西北時就以高薪聘請德國工程師米海厘（Herrmann Michaelis）到文殊山挖金礦；後來沒有挖到金礦，卻發現甘肅玉門附近貯藏油礦。在當時雖以粗略的技術開挖和有限的科學方法進行分析，但這些帶有技術專業的外籍工程師所考察區域之偏遠荒涼和行經路程之險惡，以當時的交通工具和技術挑戰都是極爲艱鉅的。由於《中法天津條約》開放傳教士可以赴內地傳教，不論天主教或基督新教來華的傳教士都愈來愈多，教會系統普遍投入醫療救助以傳播福音，同時教會學校也逐漸設立起來。十九世紀末的通商口岸和租界同樣也出現了洋人的新職業群體，例如工程師、律師、會計師或眞正的專業醫生（非傳教士兼任）等等。這些來華的西方人士不見得都是歐美帝國擴張的積極代理人，卻在中國參與世界的過程中扮演文化、技術、轉介和傳播知識等重要角色。

過去的歷史研究強調帝國主義在殖民擴張，以及直接塑造了殖民主義的手段和工具：即蒸汽機、火槍與海底電纜的發明和普遍應用，使其向海外擴張的動機能夠順利地付諸於實施，以最少人力和資金投入就可在全球範圍內進行軍事征服、殖民開發與資源掠奪。過去的論述似乎存在著一條不可逾越的鴻溝，將技術性的西方與非技術性的東方分開來，認爲西方人通過將他們在西方發明的技術帶到東方，從而實現了對東方的探索、殖民、統治與剝削。近年來在有關帝國與殖民的歷史研究，已有諸多學者對帝國的歷史提出反省和批判，一些著作強調去殖民化的本土觀點，認爲儘管大多數現代技術是在西方被發明，但當它們出現在非西方世界之後，當地的政治社會文化環境自然而然地會對這些技術產生影響，以使它們更加適應在地的情境。因此，技術在非西方世界被賦予了新的意義並被重新詮釋於本土化的脈絡中。不僅技術流通如此，對西方思想文化或物質文化如何向非西方世界的「擴散」，近年來也有諸多研究更強調異國文物的本土化或在地化轉譯的脈絡。在地化的技術、物質、思想與當地社會之間的互動催生出了新的文化範式、身分認同、社群組織，以及對政府治理的新挑戰等等。因此，近代西方對中國的影響是多層次的，在各個層次間相互滲透，最終影響了國家如何面對這一全面劇變的治理方針。

一九九〇年代以後因為全球化的快速演變，全球史和跨國史的研究取徑受到學者重視。全球史是將全球的發展做為一個整體的研究對象，一方面從全球一體化視角來考察人類的歷史，另一方面也強調全球各區域的跨國聯繫和跨國流動，可視為全球化進程的歷史敘事。近來學界更普遍將全球史／跨國史兩個詞相聯運用。不論是帝國／殖民模式，或者強調不同主體的共有旅程，都可將研究的議題置於全球史／跨國史的研究取徑之中。跨國史（transnational history）一詞，帶有超越民族國家（beyond nation state）或跨越邊界（cross boundary）的意味，但並非指去國家化（denationalization）。跨國史在研究上更彈性地運用，在國家邊界中「穿越、之間、超越」（across, between, beyond），既要打破國家邊界，但也解釋這些聯結國家和區域之間的跨國／區域現象。在當前全球化浪潮所顯現的個人、群體、國家和世界所交織的既相互糾纏又依賴共存的關係網中，全球史／跨國史的研究視野可能是最契合當下全球化議題的一種研究取徑，一方面希望將民族國家移出歷史的視角，但是也不否認國家做爲聯結跨國之間的重要紐帶，本書的一些寫作構想也是這樣的立意。

二、中國化（internalization）和國際化（internationalization）

本書的主體敘事是一個晚清中國，但意圖深入近代中國的國際性質及其與世界的交往，既要關注晚清帝國內部的發展，也必須關照它與對外世界的聯結及其相互串聯的紐帶。在一些重大的中外交涉議題上，既有意打破國族敘述的框架和單一敘事，就沒有拘泥於某種特定中心觀，作者的書寫策略採取兩者互相辯證的方式，一些文字材料是不言可喻的。祈盼讀者不必以作者站在西方立場就標誌以「歐洲中心觀」，站在清方立場又被歸屬爲「中國中心觀」。作者所深致關懷者，仍是回歸到晚清帝國的內外治理的重要性，因爲國家治理因素在近代中國的形成過程中無所不在，這亦是全球史／跨國史的研究取徑，並非指涉「去國家化」，而是時時帶著高度警覺去反省跨國之境的交織現象。

當前資訊化時代數位資料庫的使用和史料公開化，使得史料容易取得，歷史研究已不再像既往讓那樣擁有（possess）史料成爲一種優勢，史料如今人人得以用之，人人得而爲歷史學工作者；反而是面對浩瀚的資料如何寫出具有新意的研究才是重點，所謂新意不見得是議題之新，舊瓶也可裝新酒，注入新的觀點。前輩學者無疑在中國近代史領域已有不少經典的著作，本書的撰寫也受益於這些前輩的著作，甚至筆者在討論的一些重大議題時，往往發現一些政治史和制度史的重大議題在近三十年來早已不彈此調。不論如何，作者希望在以下三方面略有貢獻。一、文字書寫方面希望能較爲當前年輕學子或一般大眾所閱讀，在很大程度上，本書是爲年輕世代而寫的一本通論讀本。二、近、現代中國史的研究深受國族主義及長期以來刻板化的國族史觀念影響，本書對一些議題提出不同的考察。三、分析一個更全面的近代中國與世界聯接的多樣面貌，並尋找中國的中國化（internalization）和國際化（internationalization）的過程。「中國化」是指中國在西方衝擊下的自我更新和蛻變內化，並爲國際化所準備的一個過程和狀態，而這一過程時時刻刻在演進之中，迄今仍未有終點。Internalization，很難有一個恰如其分的中文詞，亦有學者直譯爲「內化」。筆者使用「中國化」或「國際化」是將這兩者視爲座標，但它不是一種固定的關係，而是一種交錯、游移和辯證的狀態。近代中國始終是在找尋這兩個座標中的自我定位，而不論自主或被迫加入國際大家庭，帝制中國的命運其主體性和執行仍是一種自我抉擇，並在跨國聯結的衝擊下對近代中國的國際化帶來全方位的演繹歷程。

全方位的變革與不斷調適

不論如何，十九世紀中葉以後中國的巨大變革是全方位的。要撰寫一本包容萬象的通論性專書，的確是一件不容易的工作。本書提到晚清帝國，有時必須使用「中國」一詞。學者近年來對「何謂中國」的討論相當多，做爲多民族近代國家的「中國」是如何形成的？中國實在不能稱爲「民族國家」（nation-state），因爲並沒有融合一體的Nation，中國邁向所謂「近代國家」的過程十分複雜。一些對於清帝國的性質和民族國家的建構，引起「清史」或「新清史」學派的不少爭論，迄今都是重要命題。爲方便論述，本書在書寫中不可避免地使用十九世紀中葉中國，或近代中國，讀者當能理解一些文脈的意義。孔復禮在《中國現代國家的起源》一書曾以近代中國的「內在導向」視角，提出「根本性議程」或「建制議程」（constitutional agenda），貫穿探討帝制晚期到中華人民共和國建國以後，在政治控制、政治參與和政治競爭的基本共通特質，對清末的政治參與和政治控制、太平天國到戊戌變法的訴求、農民動亂與中共的土地改革提出宏觀見解。孔復禮的專書側重社會史和文化思想史的論證，與本書側重十九世紀中葉以後晚清帝國在全球化和跨國活動的交織下產生的內外改變，及其未能有效的因應和治理，大不相同。做爲一本具有通論性質的專書，本書固然無法面面俱到，但近代史的重大議題，是本書不能迴避的。本書提到的鴉片戰爭、太平天國和義和團等研究，這些議題看似老掉牙，但是絕對重要，並且永遠吸引史學家投以極大的熱情關注，幾乎每隔數年就有新論。本書以時序先後，探索十九世紀中葉以後中國與世界的關聯及其對應新秩序由內至外的改變，從而走向「近代中國」的過過程。本書的下限若放在中國與近代世界的對應關係，或許止於一次世界大戰中中國主動參與了中國人所謂的「歐戰」，更具有國際座標的意義，但本系列專書採取斷代史寫法，所以止於清帝國的落幕。共有八個章節安排如下：

第一章，鴉片戰爭——各自榮耀偉大帝國的抉擇

第二章，內外躁動——英法聯軍與太平天國

第三章，試煉中的帝國——自強運動

第四章，邁入國際大家庭——國際法和多樣化國際組織

第五章，衰頹的帝國——周邊關係與列強競逐

第六章，清帝國的落幕——立憲與革命

第七章，商人、企業和經貿活動

第八章，社會變遷與城市生活

做爲一本通論性的專書，作者參考了台海兩岸和英文學界的一些重要研究。由於本系列專書的體例要求，省略了註腳來源，將主要參考書目縷列於書末，尙祈讀者諒察。筆者認爲十九世紀中葉以後的中國，從傳統到現代發生全方面嬗變，並開始進入全世界範圍內民族國家形成和建構，在此一過程中晚清帝國的內外治理，與歐美所領導的世界大勢產生

各方面且多層面的關聯，而「中國經驗」對全球的現代性意義和建立平和共存的國際秩序之普世價值，則是本書之最後關懷。在當前處處驚厄不安，卻又緊密相連的全球化世界，「全球治理」（Global Governance）已不再是一種修飾的詞藻，從清末這五十年間中國內外治理的經驗，可能對我們理解當前中國與世界的關係提供歷史根源的思考。

擺脫帝國主義侵略的黯黑史

近代中國有兩個最主要的基調，一是帝國主義、一是民族主義。這兩個語詞和內涵如同惡善對立或生死相剋，深深影響長期以來中國人對世界關係的思考。本書各章儘可能打破這兩個概念的對立性，但是我們不能否認帝國主義和民族主義的確是存在於十九世紀中葉以來近代中國與世界交往的範疇中，而是我們應該採取怎樣的態度和史觀來面對它。

以一則耳熟能詳的小故事及其演化，做為本書的前導。在現在的上海外灘黃浦公園曾流傳著有個「華人與狗不得入內」（Chinese and dogs not admitted）的告示牌，它成爲帝國主義所控制下的上海公共租界，中國民族主義者的恥辱記憶，在台海兩岸都流傳過這樣的敘事。一九五〇年代起，這塊告示牌曾在上海歷史博物館展示，以銘記帝國主義國家對華人如同狗類的恥辱，但我們現在周知博物館內所展示的這一塊告示牌是假造的。一九九四年一位上海的地方史學家提到，關於這塊告示牌的根據都是源於傳說，告示牌本身實際上並不存在。由此在中國大陸引發了一場爭論。一九九五年英國學者畢可思（Robert Bickers）根據外灘公共租界工部局的原始文件，對這座西式公園規則的變遷做了詳細的研究。這座最早的中國西式公園「上海黃浦公園」（公家花園，public park）於一八六八年八月竣工和開放，對中國人入園有所限制。但是將它明文限定則是在一九〇四年（一說一九〇三），而且華人與狗是在不同的條目中：

第一條，自行車及狗不准入內（No dogs and bicycles are admitted）。

第五條，除外國人傭僕外，華人一概不准入內（No Chinese are admitted, except servants in attendance upon foreigners）。

從這兩條可以明顯看出，狗和中國人入園是被限制的。但是後來被解釋爲「華人與狗」相提並論的恥辱，則是一九二〇—三〇年代中國民族主義高張時期，兩項史實之間（分條與並列）看似差距不大，實則迴然有異。從歷史事實到它被形成一種歷史記憶，這和二十世紀初以來勃興的中國民族主義浪潮有著密不可分的關係，而這股強烈的「國恥」意識，在一九二〇年代的反帝浪潮中發展到最高峰，包括孫中山和一些共產黨人都曾直接挑明了「狗與華人」都不許進入公園。直到現在，仍有些研究者依舊在重複這樣的「國

圖 0-1　吳友如（清），〈申江勝景圖〉，卷下，清光緒十年（1884）點石齋石印刊本。

恥」觀點，來詮釋限制華人入園的禁令。

據台灣學者張世瑛的研究，位於租界的外灘黃浦公園成立後，由於有限制華人入園的規定，早在一八七〇年代後期就有華人紳商的抗議，工部局曾妥協，讓「高貴的、衣冠端正」的華人進入公園。據相關資料可以推知，並非所有的華人都不能入園，清末一些文人也曾描繪公家花園的盛景。最生動的描繪，莫如一八八四年吳友如所繪的〈申江勝景圖〉，圖中已經可以清楚的看出公家花園的全貌，下方的黃浦江上航行著大小船舶，在完全以西式公園爲藍本的園區景緻中，最醒目的是右側的音樂亭，租界當局常常在此舉行樂團表演。

然而華人入園仍有相關嚴格之限定和繁複之程序，以致清末租界華人的抗議聲浪從未止息。日本學者石川禎浩則細數這件事情的原委，提到早期一些中外知識分子的文獻曾提到「華人與狗」的告示牌。內藤湖南在一九〇〇年出版的著作中有〈支那人與狗〉一節，記述到在天津外國人留地公園有「不得入園者有二，曰支那人，曰狗」。周作人一九〇三年的日記提到他在上海路過公園，在入口處有「犬與華人不准入」的「金字牌」。一九一七年美國人賴德烈（K. S. Latourette, 1884-1968，歷史學家）的英文著作《中國的發展》（*The Development of China*），指責歐美人在中國的蠻橫行爲，聲稱更糟糕的是，在中國第一大商埠上海的外灘公園，掛著「華人與狗不得入內」的告示牌。石川禎浩的研究，也提到了一九二〇年代中國人進入西式公園，玩得不亦樂乎的記載，還有一九二〇年代的一次歐戰紀念日時，上海公園曾開放華人入園參觀，結果公園的花草被華人摘盡的事情，西人由此抨擊華人的沒有公德心和自私自利。這些記載提醒我們不能以簡化的心態看待帝國主義進入中國時的複雜面貌。

上海外灘西式公園的這塊告示牌，「華人與狗」的爭議，告訴我們西方帝國主義進入中國所形成的事實、演繹和記憶之間的流轉過程。西式公園對華人入園的限定在最初是做爲華人不文明，不配入園的想法，這個限定我們現在可以說本身就帶有歧視性的不文明行爲，但在一九〇四年公告的條文是分立兩條，它的意義和華人自己將狗與華人同等的聯想，又略有差異。及至一九二〇年代中國人將此一條文中的人狗相提並論予以愛國化，憧憬著西式公園的精緻進步，照出自己不如西方人的自憐，又由此而生愛國自強的心理。這一故事所帶有的「不可承受之重」的記憶流傳和衝擊力，步步推高中國愛國主義者心中的反帝情結。進入二十一世紀以後的中國，喚醒中國民族主義的情結仍舊強烈，「華人與狗」告示牌的呈現和解讀，在在呈現中國人自憐自愛的矛盾內心，而任何人都明白極端的民族主義情緒容易走向仇恨的創傷症候群，甚至催生出一種報復心態。這也應是我們在看待一部近代中國與西方交往，時時警醒自身如何擺脫這種歷史記憶遺留的負面心理。

本書以鴉片戰爭開展的「近代中國」，可以一再重覆地看到在不同階段的中西方出現的異見和不同文明條件的差距，在批判異邦異域的霸權同時，也對清末以來的中國自身如何走向現代國家的根源問題，進行反思。當然，現代性的意義可以有多種存在，並且不同國家也可以通過不同方式走向現代，它的定義不是由歐美等西方國家所壟斷和宰制的。在本書討論的時間範疇中，歐美國家本身內部也還充滿了工業革命後深化的貧富不均和階級衝突，以及對種族、性別、職業和膚色等嚴重歧視問題，他們同樣歷經流血抗爭或和平演進，步步完善其政治和社會制度的合理性；而抱持進步精神的西方知識分子對其國內社會階級問題和海外擴張和侵略活動，也有不少批判之聲或道德焦慮感。歷史從來就是一部演進和適應的過程，國家做爲有機體必須因應內外環境和條件而與時俱進、更新調適；然而，不論中西歷史的發展，不證自明的是良性政權的治理可以經歷良性循環，而惡性政權則難逃惡性循環。歷史學者書寫的本質與目的，就是希望減少苦難，雖然歷史的黯黑時代可能會以不同的形式一再重複發生。歷史也予人智慧，我們惟一能做的就是去認識它，通過對近代中國的理解，將有助於我們在全球化相互依存的時代，反思從十九世紀末到當代中國，在內部秩序、國際權力和世界範圍內的多樣態互動關係。

第一章

鴉片戰爭——各自榮耀偉大帝國的抉擇

過去有一種說法，將鴉片戰爭的爆發歸咎於「天朝觀」的深閉固拒，而其核心，即中國朝貢貿易制度形成的中心觀是中英不可避免走向戰爭的主因。回顧這段歷史，中國確有「普天之下，莫非王土；率土之濱，莫非王臣」的中心思想，但它絕對不是導致十九世紀鴉片戰爭的主因，也不是當時中英兩大帝國不得不走向戰爭的引爆點。

本章將以鴉片戰爭的本質，中英雙方一步步走向戰爭的步步驚險、當時人的行爲和動機，來呈現兩個帝國各自爲了保有其帝國榮耀而不可避免地走向戰爭。在英國國會討論是否發動戰爭的〈勿對華用兵案〉中，中國朝貢制度或天朝中心觀不是討論的焦點，反而是大英帝國要教訓中國這個「韃靼國家」。而英國國會在討論對華用兵問題時，則是充滿了爭議，並非一面倒地主張對華宣戰。就清帝國而言，它是要應付一個它完全不瞭解的大不列顛聯合王國，一個在當時清廷奏摺中稱「𠸄咭唎」，被冠上口字部首，具歧視意義「非我族類」的外邦國。

鴉片戰爭做爲近代中國進入世界舞臺的主角，這場戰爭的最初就是以鴉片做爲重要商品交易而開打的一場戰爭。從英國而言，產業革命後全球市場的自由貿易在整個大英帝國的經濟體系上已是不可或缺的一環，而在中國以鴉片爲名的戰爭，與其說是「鴉片的戰爭」，不如說是一場打開中國廣大市場的戰爭。對清帝國而言，這場戰爭雖屬被動，但簽訂和約並非屈辱式的求和過程，而是延襲自理藩制度的思維所採取的息事寧人之安撫策略。相較於英國國會內部對華政策的鷹派與或鴿派路線之爭執，清廷討論的焦點則是鴉片問題的禁與弛。主張全面禁煙者代表了主戰派的一方，他們在高昂的愛國主義情緒下完全沒有意識到一場山雨欲來風滿樓的狂暴即將來臨，更完全無法理解這場戰爭意味著中國開始加入西方主導的國際大家庭。一八四二年《南京條約》是清帝國在倉促中做出對自己有利的條約選擇，鴉片戰爭被喻爲三千年未有之變局，但它的改變是一個曲折艱苦的漫長過程。

一、朝貢貿易與廣州貿易體制

對十九世紀中西衝突原因，之所以劍指「朝貢體系」的想法，很大一部分受到美國漢學家費正清（John K. Fairbank, 1907-1991）於《中國沿海的貿易與外交》（出版於一九五三年），提出「西力衝擊／中國回應」所主導的學術觀點。費正清對西方漢學界研究的卓絕貢獻無庸贅言，這本書討論中國的對外關係以及中華帝國的特徵，在當時亦具有開創性見解。但他對天朝觀和朝貢貿易體制的主張，幾乎影響了一代人對中國近代史的史觀。雖然費正清在一九七〇年代已意識到「西力衝擊說」帶有西方中心觀，晚年他在《中國史新論》和其回憶錄中修正了對中國近代史的一些見解，提出中外交互作用的一些考察。一九八〇年代以來英文學界對於近代中國與西方的交往，應該多側重中國內部的本質，擺脫西

圖 1-1　清末民初中國口岸的舢舨和戎克船（Junk）。Julean Arnold and Various American Consular Officers, *Commercial Handbook of China*, Washington: Government Printing Office, 1919.

方中心的意識形態，也提出不少反省。由於「朝貢貿易制度」一書深深影響中國近代史的書寫，有必要先簡要說明。

近年學術圈對於朝貢貿易體制有許多不同的看法。首先，當我們用朝貢貿易體制來形容十八世紀中國對外貿易的現象，並不正確。因爲清帝國對外關係中同時存在著「朝貢國」與「非朝貢國」的現象。更精準而言，不論是朝貢國或非朝貢國的對外關係，通商互市的情況更符合事實，朝貢目的祇是手段，而且有些國家與清帝國也根本不存在朝貢關係。在明清時代已有一些非朝貢國家乘著帆船或是在中國邊境展開互市通商的現象，而中西關係大抵亦和平相處。當然也有簽訂條約以確保和平，例如與俄國簽訂的《恰克圖條約》（一七二七年），但是俄國不是朝貢國家。

前輩學者王爾敏在《五口通商變局》一書早就指出一些學者主張中國傳統封貢貿易限制與阻滯了歐洲國家來華貿易，這種說法曾流行一時，但就史實考察絕不合於事實。他認爲清代一直存在朝貢貿易與非朝貢貿易，兩套體制並行，兩無相妨。就商貿進行場地言，明清兩代的貢船、市舶亦清楚分開，不在一地。就商圈結構來看，清代廣州貿易商行早就清楚分爲三個不同的類別：一、福潮行，專辦福建、潮州內地貨物進出買賣；二、本港行，專辦西洋朝貢國附來商船的買賣。三、外洋行，專辦夷船出入或與輸稅。三個不同商圈各具重點，並不相混。若英國來船從未被當做貢船看待，其是否受阻與封貢貿易全不相干。那麼，鴉片戰爭遠因怎可妄自推稱是受封貢貿易的妨害？

不少學者的研究指出，清朝在其統治的第一個世紀，便將內亞貿易與朝貢切開，讓後者單純成爲臣屬與外交的象徵性表現。在海禁解除前一年的一六八三年，康熙下令讓一些原本要到北京朝貢的貿易者轉往邊境貿易，在那裡進行非儀式的交易。事實上要在首都進行貢使交換禮物，對清政府也是極其繁瑣的禮儀，且耗費龐大。兩年之後，康熙連續下達的數道諭令中，便嚴格限定內亞朝貢使節可攜帶到帝國首都的貨品數量。這絕非是清代不重視內亞貿易，實際上從一六八九年開始，朝廷在寧夏建立一批新的邊境市集，之後邊境市集也愈來愈多，以此來鼓勵經過管制的私人貿易。日本學者岩井茂樹在《朝貢、海禁、互市》一書中，就認為建立於十七世紀中葉的清帝國，雖然繼承了明代的朝貢體制與互市制度，但明清兩代的發展卻大不相同。互市制度在清代脫胎換骨，不再是朝貢體制的附屬產品。從康熙實施開海政策之後，清帝國透過「沉默外交」的對外政策，推動互市的蓬勃發展，由此帶動中國海外貿易的活躍發展，東亞各國的貿易往來也得以迅速增長。廖敏淑從互市看清朝的貿易制度，考察了「關市」、「海船」及「在館交易」三項互市制度，並且將各國與清朝進行通商的國家分成：一、屬國：具有正式封貢關係的朝鮮、琉球、荷蘭、安南（越南）。二、與國：與清朝締結平行對待國家條約的國家，例如俄國，訂有《中俄尼布楚條約》。三、和清朝沒有正式國交關係的國家，但是為互市國家。英國、日本等國在十九世紀中葉與清朝締約之前，與中國進行的交易，屬互市國家性質。而「屬國」、「與國」、「互市國」都是清朝皇帝、官員在奏摺文書中使用的語詞。

簡言之，從朝貢貿易體制所建構的中國的世界秩序模式，意含中國是孤立的、排外的，無法接納基於對等主權相互尊重之上的民族國家體制。或者指稱朝貢貿易為中國對外商業的基礎，暗示中國頑固地鄙視自由貿易與利益動機，而這種停滯與僵固的文化不僅存在於鴉片戰爭前的中國，有些較激烈的史觀甚至推向整個「傳統中國」。在上述想法的推衍下，很容易造成一種誇大的迷思，亦即明清以來的朝貢貿易體制是導致中英走向戰爭的元凶，這種說法目前已有很大的修正。

將鴉片戰爭的究責怪諸於中國天朝體系的封閉拒外，是一種後見之明的結果，並非回到戰爭爆發的眞實情境。封貢和宗藩體制的崩解是鴉片戰爭以後一連串事件的結果，但它不是鴉片戰爭爆發的主要原因。兩個不同相異的政治文化體，不必然會走向衝突爭戰，也可以和平共處。自大航海時代以後，荷蘭、西班牙、英、法等國亦有船舶前來貿易，並未就此造成貿易與文化交流的阻礙，甚或戰爭。那麼何以在近代中國史的論述中，反思這場戰爭時，會將清末視之爲「三千年未有之變」的這場戰爭變局，往往怪諸於中國朝貢體制——特別是天朝中心觀所形成的中外關係深層的阻礙，並開啓此後一連串國恥論述？

中國勢必走向國際大家庭的國家秩序、引入國際法原則，從而改變自己與世界的關係，並且改變天朝觀的中心思想，它是鴉片戰爭的後續結果，但不是戰爭的原因。如果我們還原十八、十九世紀以來中西交往的歷史，從中國本身的發展和歐美國家及週邊國家的全景圖像，回到當時情境中的商業交往、中西慣習文化、能掌握的知識訊息和情勢氛圍等現象，應可以有更貼近歷史的可能。

大清帝國的「客人」在廣州

中國在開放五口通商（一八四二年）以前，廣州是唯一對外開放的口岸，所謂單口貿易時期。廣州位於帝國的南端，自唐代起一直是對外貿易的中心。十六世紀大航海時代興起後，葡萄牙人佔領澳門，曾一度壟斷廣州的對外貿易。英國在一五八八年打敗西班牙無敵艦隊後形成新的海上霸主，一六〇〇年英國東印度公司（British East India Company）成立，打破葡萄牙人對廣州貿易的獨霸現象。乾隆二十二年（一七五七年），乾隆皇帝以海防重地規範外商活動爲理由，諭令西洋商人只可以在廣州通商，開始「一口通商」時期，亦稱爲廣州貿易時期。

廣州貿易是洋商和中國臣民間的往來，它不需要通過與中央政府的正式交涉，就此便形成一種洋商和廣州地方官和代理人之間的關係。洋商只能通過指定特許做生意的中國商人與中國官府打交道，主要通過粵海關監督和海關雇用的通事，轉交稟帖。如此一來，廣州口岸貿易便有很多陳規積習和腐敗的規費。一些洋商爲了生意上的方便，也往往願意配合這些勒索和支出一些賄絡官府的感謝費，讓洋商的貿易更加順暢。

廣州單口貿易時期，有所謂「廣州十三行」（或廣東十三行），稱呼經營進出口貿易的十三家牙行商人。開辦這些「行」的主人，即所謂行商，等於是由朝廷授權牙行，做爲對外貿易的代理人。他們固定向朝廷捐錢，以保證這種壟斷。牙行數目並不固定，時有增減，廣東十三行只是最興盛的十三家。清代行商的數目起伏很大，根據徐中約的研究，只有在一八一三年和一八三七年正好是十三個。這些行有三種不同類別，亦即本文開始提到的：一、福潮行，專做福建和潮州生意；二、本港行，專做東南亞生意（西洋朝貢國）。

三、外洋行，專辦歐美生意。我們討論的中英貿易，是屬於「外洋行」。

與廣東十三行交涉的是坐落在廣州城外珠江岸邊的十三個外國商館，中國人統稱爲夷館。十三行早期的貿易對象，有荷蘭、英國、丹麥、西班牙等西歐國家。外商們住在商館裡，商館是行商的財產，由洋商付給行商租金。在十三個商館中（與行商理論上的數目一致只是一種巧合），九個是用各外國國名稱呼的；但是除去英國人和荷蘭人的兩家東印度公司以及到來較遲的美國人之外，在較後時期中已與租賃使用人的國籍沒有必然的關係。除了做生意之外，十三行與洋商打交道，從貨物買賣到日常起居，事無巨細，都必須通過十三行。

圖 1-2　清末富商伍秉鑑（浩官）。*Asia*, Oct. 1925.

十八、十九世紀行商中最有錢及最有權力的是同文行的潘啓官（潘振承）、廣利行的盧茂官（盧文錦）及怡和行的伍浩官（伍秉鑑）。他們的名字都帶有個「官」

字，這是因爲他們向朝廷捐獻了大筆銀兩獲得了空頭的官銜。其中伍秉鑑（一七九六—一八四三）號稱當時的世界首富，他幾乎是廣州體制化身、舊中國貿易時期（Old China Trade）的標誌人物。我們可以從早期來華的英國畫家錢納利（George Chinnery, 1774-1852）所繪的寫眞畫像中，看到伍浩官清瘦有神、機伶而威嚴，衣著華麗的優雅坐姿。伍秉鑑的生意不僅參與英國東印度公司的全球貿易，他還和美國鐵路企業起家的福布斯家族關係密切。約翰．默里．福布斯（John Murray Forbes）還是一名年輕人到中國來時，認了伍秉鑑爲義父，他們兩人後來都成了旗昌洋行合夥人。後來約翰．默里．福布斯回到美國，投資美國南北戰爭結束後大力興築的中西部橫貫鐵路，而伍秉鑑也參與了部分路段的鐵路投資，是名符其實的跨國投資企業家。

外國商人在廣州的貿易活動受到不少限制，美國旗昌洋行的職員的亨特（William C. Hunter, 1812-1891），從一八二五年開始在廣州從事商業活動達二十年之久。在他的《廣州番鬼錄》（*The 'Fan Kwae' At Canton Before Treaty Days, 1825-1844*, 1882）一書中，鮮活地還原他們這群從事廣州貿易的「老番鬼」生活。他提到主要的九項限制中，例如：外商與中國官府交涉，必須由十三行作仲介，外商不得在廣東省住冬，番婦不得來廣州，外商不得坐轎，外商不得學漢文等。洋人不得在江中划船取樂。每月中有三天（八、十八和二十八日），他們可以結伴在通事護送下到花地（對江的花園）遊走散步，通事對他們的一切軌外行爲要直接負完全責任。居住在行商商館中的洋人，應受行商的約束和管理，他們買貨必須由行商經手。這原是想防範內地奸民欺騙和教唆洋人，後來居住行商商館的外商竟不許自由出入，以免他們與內地奸民貿易和私相勾結。

這些規定在歐洲中古世紀的行會也曾有類似的規定，直到地理大發現以後全球貿易網絡愈爲順暢發達，始逐漸被打破。亨特在《廣州番鬼錄》中，記載了他和伍浩官聊天中所得知的細節，行商時常受到地方官府的勒索。當舊任海關監督回京以及新任監督上任時，行商都必須送錢，並且還要委託給北京的官員送禮。行商爲提高自身的地位和鞏固特權，需要捐錢買官，但如果經營活動失敗，往往會被革去頂戴而後治罪。在亨特筆下，行商作爲一個商人團體，在所有的交易中，是篤守信用、忠實可靠的，他們不僅遵守合約，而且慷慨大方。通事由粵海關頒發執照，但實際上聽命於行商，主要職責是負責溝通行商和外商以及外國官員和中國官員之間的交通。通事事務繁雜，無論白天黑夜，都要隨叫隨到，而且在任何時候也都要能夠爲全體外國僑民提供方便。

粵海關監督（粵海關部）是這一時期中西貿易極其重要的人物。他的行政事務代表執行皇帝的權力，可代表清政府接見各國東印度公司的人員、審批公司的進港、貿易和出港許可。粵海關的成員，包括正副海關監督、海關的衙役和海關雇傭的通事。在這個制度下，行商是粵海關與外商之間的橋樑，粵海關又是清政府與行商之間的橋樑，粵海關通過行商達到間接管理外商外貿的作用。粵海關監督在中外交涉中常被稱「河伯」（Hoppo），研究廣州十三行的專家梁嘉彬認爲，Hoppo這一名稱來自戶部，是戶部的音譯。但也有學者認爲「河伯」一詞可能是由於當時在西方人和中國官員、商人之間，使用的洋涇濱英語（Pidgin English）轉化而來。最早廣州的通事或行商把「粵海關部」簡稱爲「關部」或「海部」，而Hoppo這一洋涇濱英語的詞彙則源自「海部」的粵語發音Hoi-bou。《南京條約》簽訂後，五口通商及其後條約口岸的開放，這一情形逐漸被打破。粵海關是清代重要的貿易口岸，其稅額長期居各海關之冠，直到一八六〇年代被江海關（上海海關）超過。

廣州貿易時期的早期中外交往上，有不

圖 1-3　清末廣州口岸貿易時期的街景。*Asia*, Oct. 1925。

少隔閡，首先是語言不通，畢竟限制著中外商務接觸下的初步觀感。據美國方面的資料，從一七八四年中美貿易開始到一八二八年爲止，四十五年間，所有在廣州的領事館沒有一人能通中國語文，在中國買辦中，也無一人能通英文，中外商務的交易是用洋涇濱英語，僅用「字彙」，而非語文上的溝通，其目的也僅止於交易買賣，談不上有任何文化習俗的認識。洋涇濱英語，是十九世紀中外商人使用的混雜語言，只有口頭形式，沒有統一的書面形式，變體很多。它是英語與上海話結合的產物，並且在一定程度上受寧波話與粵語的影響。其語法不符合英語習慣，語音受漢語影響。該語言流行於當時的上海洋涇濱周邊地區，故由此得名。也有人指出洋涇濱是一種混雜英語、葡萄牙語和漢語語彙，以粵語的語序組織起來的奇怪語言。在這種語言中，常用的語彙之一就是上面提及的中外商人最常打交道的Hoppo（河伯），指的是粵海關監督，有時也指海關監督的副手和衙役。

在鴉片戰前清廷的奏摺，以「天朝」自居，將歐美國家視爲蠻貊之邦，舉凡西方國家之國名、船名、人名、皆加以「口」字，以示「犬羊之性」。除了「嘆咭唎」之外，對美國（花旗國）的稱呼，有「咪哩干」、「哶哩干」等。稱各國國王或總統，則有「英酋」（英王）、「米酋」（美國總統）等。民間對於世界各國歷史知識極爲淺薄，大約一八二〇年代出版的謝清高的《海錄》，提到英國的記載有：有關風俗文化「國多娼妓，雖姦生子，必長育之，無敢殘害，男女俱穿白衣，凶服則用黑，武官俱穿紅」。「有吉慶，延客飲燕，則令女人年輕而美麗者，盛服跳舞，歌樂以和之，宛轉輕捷，謂之跳戲，富貴家女人，無不幼而習之，以俗之所喜也」。一八三四年葉鍾進的《英吉利夷情紀略》提到獨立後的英美關係，則說：「米夷常指英夷為山狗性，如稍畏讓，彼必追來，一返身相向，反曳尾而去，故兵雖解，終不往還也」。這些文字顯示對英美國家的浮面認知，甚或帶有強烈的歧視字眼。後來漸有瞭解，且能著述介紹者，在魏源《海國圖誌》（出版於鴉片戰爭前夕）之前並不多見。

語言上的隔閡不能避免，既有接觸，自亦不免產生初步的誤解，先自外人狀貌而言，歐美人顯然與華人有別，皙膚、赤髮、碧眼、深目、高鼻、嫱鬍等等，與衣著緊身，軀幹挺拔，均易引起許多奇異的印象與誤解。鴉片戰爭前後有不少對「夷人」奇怪的聯想，繪聲繪影的傳述著，如裕謙說：「該夷大炮不能登山施放，夷刀不能遠刺，夷人腰硬腿直，一擊便倒」（《道光朝夷務始末》，卷十九）。在野的紳士葉鍾進說：「其人目不能遠視，故不能挽強命中；腳又無力，上岸至陸地，則不能行，若制挺專折其足，則皆斃矣」（葉鍾進，《寄味山房雜記》）。就以稍明外情的林則徐也是說「至岸上該夷無他技能，且其渾身裹纏，一仆不能復起」（《道光朝夷務始末》，卷十四）。而當交涉之任的徐繼畬也說「至於登陸步戰，則非彼之所長，其人兩腿僵直，跳走不靈。」（徐繼畬，《退密齋文集》），這完全是由於語言上的隔閡，而就外人體型與華人有異而產生望風捕影的錯誤聯想。這些記載，顯示出鴉片戰爭前夕中國並不理解歐美國家，而歐美民間對中國的認識，亦甚爲貧乏；如同中國人初遇西方人產生許多誤解一樣，歐美國人士對於中國人有稱「未開化的『豬眼』人民」（Uncivilized "Pig eyed" People）、「雨傘民族」（Umbrella race）、「長尾巴的天朝人」（Long tailed Celestials）祇覺得可笑與不可救藥而已。

我們可以通過外人的記載，更加清楚舊中國貿易時期外人在廣州的生活情景。在規定季節之後，洋人不得逗留廣州，必須在他們的貨物賣盡和裝船完畢之後，回國或前往澳門。如果向適當的人買通後，可以在種種藉口之下，於一般離境期限過後，躲在各商館裡逗留二、三天。雖然每年離境都是強迫的；但每次往返都要繳費；離境許可證的通常費用是三百兩銀子。根據曾服務於大清海關總稅務司的馬士（Hosea B. Morse, 1855-1934）於一九一〇年出版的《中華帝國對外關係史》的記載，這些限令章程不時由通事拿到商館，大聲宣讀做爲一種示威。這些商館的建築相當華麗，內部擺設寬敞，做爲清帝國的「客人」，居住其內如同住在「鍍金的鳥籠」之中，這段文字生動地寫道：

冬季留住廣州的時候，外商們住在商館（代理商或業務代理人的住所兼寫字間）裡，商館是行商的財產，全部或局部租給外商的。每個商館都有幾橫排樓房，從一條縱穿底層的長廊通入。通常底層都作庫房、華籍雇員辦公室、僕役室、廚房、堆棧等之用；上一層包括帳房間、客廳和飯廳；再上層是臥室。各商館占的空地都有限，連花園和運動場在內，長約一千一百英尺，一般深度約七百英尺；但是每個商館的房屋設備卻都很寬敞，一個商家的普通深度達四百英尺以上，房屋正面平均約八十五英尺。一個商家的庫房裡，常常擁有一百萬元以上銀幣的現款；一八三三年元旦的一次宴會中，在英國商館的寬敞飯廳裡，席面上坐了一百位客人。這些商館為外國來賓，帝國客人備有華麗的設備，但是它們實際上成了鍍金的鳥籠。可供數目比較多的人運動的唯一場所，就是六家商館前面居中的一片廣場，長寬約為五百英尺乘三百英尺。他們惟有在這裡可以避免麻煩；他們被禁止走進氣味難聞的街道，而中國人的買賣卻都在那些街道裡進行；他們也可以去遊隔江一哩左右的幾個花園，只能每月三天結伴前往，並須在一個通事親身監護之下，通事對於他那批人們中的一切滋事或無禮行為都要負責，顯然這是要用他的錢袋，或許要用他的身體，甚至可能要用他的頭來負責的。

在廣州的洋商主要的目的是交易買賣，但中國文物亦令他們感到好奇新鮮。曾有位美國商人內森・鄧恩（Nathan Dun, 1782-1844）在中國生活了十二年，在廣州行商時得到伍浩官和潘啓官等行商的幫助。他蒐集了很多中國古董、雕像、工藝、傢俱等稀珍，返美後在費城舉辦了「唐人館」，據說吸引了成千上萬人參觀。「在唐人館中參觀一小時，要遠勝過研讀成篇的普通書籍，足以使他對那些被滿人所統治的億萬中國人留下一個具體和永久印象。那些藏品不僅賞心悅目，同時還啓迪心智。」由於展出相當成功，又受邀至倫敦海德公園展示，據一八四二年八月一則《倫敦新聞畫報》（*The Illustrated London News*）的記載，觀者對於中國屏風上的工筆彩繪和帶有金色背景的圖案驚艷不已，並且稱這些華麗的中國屏風讓英國的屏風相形失色。報導稱展出的三尊巨大的金色菩薩分別代表了「過去、現在和將來」，一些人物塑像更是栩栩如生。這些小故事，說明英國人對遙遠的東方帶有很大的獵奇心和想像。

與洋商接觸的則是行商。在廣州的行商人員包括：一、買辦（Comprador），他們集捐客、會計和出納於一身。二、通事，擔任翻譯，是不可少的中間人。三、銀師，他們以「報價人」的資格檢驗銀子、銀錠或銀元的成色。四、書記員和夥計。鴉片戰爭前，在廣州經營對外貿易的公行中就已設置買辦爲外商服務。當時的買辦大致分爲兩類：一類是專爲停泊在黃埔、澳門水域的外商船隻採買物料及食品的商船買辦；一類是在外商商館中代外商管理總務及現金的商館買辦。買辦通常外語能力較強，外商要瞭解中國市場的行情和中國人辦事規則，時時需請教買辦的意見，而買辦商人和外人打交道過程中，也學到和外人做生意的技巧和西方經營企業的方式，許多買辦後來也自營企業，致富者也不少。通過買辦所建立的一套中西貿易往來的社會網絡和商業活動，使得中國和西方同時都獲得好處。學者有稱爲「中西共生」（Sino-Western Symbiosis）概念下互惠的益處，像曾是美孚公司的買辦葉成忠（澄衷），致富後創辦澄衷中學。台灣商人李春生曾是英商怡記洋行買辦，以經營茶葉貿易致富。許多買辦思想開明，後來也成爲洋務運動的推動者，像李鴻章的幕僚鄭觀應就曾擔任英國寶順洋行的買辦。（關於買辦與商人性質的變化，詳見本書第七章）

律勞卑的使命

在一八三四年之前，中英關係舞臺上的主角之一無疑是東印度公司。雖然這家公司得到英王頒授的對華貿易特許權，又在印度成功地進行了殖民統治，因而具有濃厚的官方背景，但其來華經營生意的大班，在澳門和廣州管理貿易的「管理委員會」或「特選委員會」的成員，本質上都是商人。在該公司從事對華貿易的末期，以經營所謂「港腳貿易」爲主的英國私商（private merchants），或稱散商，逐漸形成在經濟實力和社會影響方面都可與東印度公司分庭抗禮的群體。而一八三四年東印度公司對華貿易壟斷權被取消後，散商成爲完全控制英國對華貿易的集團。導致十九世紀三〇年代中英衝突的諸多問題，都在東印度公司貿易時代出現和發展，但在一八三四年後則迅速激化，其結果是鴉片戰爭的發生和戰後條約口岸體制的建立。

律勞卑（William John Napier, 1786-1834）是蘇格蘭愛丁堡人。他在父親過世後，繼承了「勛爵」頭銜。英國東印度公司對華貿易壟斷權被取消後，律勞卑出任首位英國駐華商務總監，於一八三四年七月抵達澳門。西方傳教士所辦的英文報刊《中國叢報》（*Chinese Repository*，舊譯「澳門月報」）在一八三四年紀錄了中國人將他譯成Lut Lao-pi（律勞卑）的原委。據馬士《中華帝國對外關係史》（一九一〇年出版）的綜合看法如下：中國人在音譯外國人的名字的時候，避免使用那種令人愉悅的字，或是像一個中國名字，也就是眞正有文化意義的字彙，以表示其高尚。所以當伍浩官依照慣例用一張名片通知律勞卑將前來拜訪時，在名片上伍浩官不使用首位新教在華傳教士馬禮遜（Robert Morrison, 1782-1834）的音譯去寫律勞卑的名字，而用了另外三個字，那些字翻譯出來就是「勞苦卑鄙」的意思，這使得律勞卑感到不滿。這情形就如同將李鴻章的名字用英文譯爲「講假話，用鎖鏈吊起來」——（Lie hung in Chains）而不把它意譯爲「偉大文雅的李樹」。但現在這種譯音當中，我們看不出「拿皮爾」（Napier）是怎樣在中文中代表出來的，但大約是以「勞卑」二字來表示「精疲力盡而卑鄙」或是「辛辛苦苦而卑鄙」的意思；至於男爵（Lord）一字，「則因在廣東話中近似魯音，而在總督聽來近似『律』或『賴』音，所以才這樣叫他」。或許這個中國習行的辦法並無直接侮辱之意，因爲當時伍浩官使用這些不吉祥的字意時，他是在請求與律勞卑會晤，但這足以說明當時的一般傾向是藐視外國人和把他們當做是化外之民。

律勞卑抵達澳門後，他不僅未遵守清帝國的命令不得擅自到廣州，而且還想直接和兩廣總督盧坤會面，當時清政府有令，外國政府官員未經許可，一概不准入城。律勞卑逕自到廣州，由英商渣甸（William Jardine, 1784-1843）等人的招待，入住十三行的英商館。盧坤責成行商們，說他們和通事等官員應負有開導律勞卑的責任，使其服從大清律令留守廣州；如不能完成任務，行商們可能會受到嚴格的處分。「天朝大臣，均不得與外商私通函件，夷目即以私函送余，本部堂例不收閱。至省城以外之夷館。原係夷人來粵通商暫居之地，雖許其在商館中飲食起臥與買賣貨物，但不許其走出商館任意遊散」。到了八月初，行商又接到粵海關監督的一道命令，將現行對外貿易章程的約束外人辦法用一道新命令重新啓動，希望造成對外人的嚇阻作用。夾在朝廷與外商中間的中國行商們為了保全自己，曾議決「停止爲英商載運一切貨物」。這又加深了律勞卑對盧坤的不滿，認爲因爲一個人的錯誤，導致多數人的商業受累損失。

在這些緊張情勢中有一次戲劇性的會面，爲律勞卑帶來希望，而其結果卻導致失望更爲加劇。律勞卑一直希望甚至以爲盧坤必會和他見面，到了八月通過行商茂官向總督建議後，安排了三位中國地方官員和律勞卑會面，這讓後者大爲高興。這三位中國官員是廣州知府、潮州知府和廣東協台。在會晤前一段關於位置的擺設的插曲，足以說明律勞卑認爲他才是這次會面的主人。關於這件事，馬士在《中華帝國對外關係史》畫了一張座位席次圖，並敘述如下：

> 中國人最初（在英國商館的客廳裡）把會議的椅子布置成這樣：即將北面的上座完全留給中國的官吏；行商們則坐在東邊，即旁座的上席；而把英國監督們——包括律勞卑男爵在內——的座位都放在西邊，這不但是這邊座的下席，而且是背著英王的肖像。律勞卑男爵把座位重新加以布置。他採用一張會議桌，把他自己放在主人的席位上，把三個上賓的席位留給那三位中國官員，第四席位留給監督處的一位同僚，並將秘書阿斯迭的席位放在長桌的末端，行商們的座位未加更動，「監督處的隨從人員」仍留在邊座的下席，只是把座位移動到不是背著英王肖像的方向。律勞卑的翻譯和他的私人秘書的座位是放在他身邊，惟位置稍後。

以現在的眼光來看，律勞卑的這種布置實在是一種合理的布置，因爲這些中國客人是由律勞卑主動邀請。但在當時則被中國行商視爲一種太過分的平等權主張，所以行商們費了兩小時的時間試圖說服律勞卑恢復原來的布置。

清政府的官吏們由於等待這場座位爭執的結果，以致遲到了兩小時之久，律勞卑以他們未能按約定的時間到場，認為是對於「英王陛下的一種侮辱」，於是對他們嚴加指責。中國官吏聲稱他們奉總督之命，前來詢問以下三事，一、律勞卑來廣州的原因；二、來華職務的性質；三、回澳門的時間。這次會議，除了尋常禮貌之外，就這樣結束了。次日，廣州知府被免職。律勞卑竟公然譴責三位代表兩廣總督前來的中國官員，讓兩廣總督盧坤覺得丟了面子。

律勞卑揚言清廷一旦停止貿易，最終受害的會是中國人。盧坤亦為律勞卑的桀傲不遜勃然大怒，並在九月初下令全面終止與英國的貿易。接著英商提議派艦到黃埔示威，中英雙方發生小規模的衝突，情勢更加惡化。律勞卑一行人最終同意離開廣州，做為退讓，清廷也同意重開中英貿易。律勞卑在重返澳門後不久，一八三四年十月即因染熱病而逝，享年僅四十七歲，遺體安葬於澳門。兩廣總督盧坤也被激怒，奏請增定防範貿易洋人章程，條目更加防備，包括：「外夷雇人傳遞資訊之積弊，宜請永除」、「夷船進泊處，應請酌撥營員彈壓稽查」、「夷商在省過冬，應請永行禁止」、「夷人到粵，宜令寓居行商管束稽查」等。次年春，清廷又增訂八條防範章程。比律勞卑年長的盧坤在一八三五年八月病逝，終年六十四歲。可見得律勞卑廣州之行，對身負重任的中英代表雙方皆是身心俱疲，憂懼以終！

二、不可避免之戰

鴉片商品、毒品與道德

鴉片問題對近代中國等同於毒品的意象，深植人心。鴉片是一種麻醉藥品，可適度用於醫療，早見於中國古代醫書。十九世紀英國東印度公司大量傾銷鴉片來華，導致對中國國民健康的危害是歷史的事實，但是有一說法指稱英國人自己不食鴉片，卻將鴉片這種商品推向中國，這種說法則有待商榷。

英國人自己也吸食鴉片，在十八、十九世紀歐洲社會把鴉片當做醫治百病的「萬應靈藥」，甚至包裝在優雅精緻的瓶罐，像品牌公司的Atkinson & Barker's Royal包裝上雖未註明是鴉片，但它就是適度服用舒緩孩子病痛的「母親必備」良藥。不僅獲得英國皇家特許，且自稱為全世界最好的藥廠。

一八二〇年代以後英國東印度公司運到中國的鴉片急遽增加，其數量早已超出醫藥用途所需，是無視於道德標準的惟利是圖，可受譴責之處。一些英國人也知道這種行為有所不當，所以不希望對中國的戰爭被視為因不道德的鴉片而開戰。

中國過度吸食鴉片的結果造成對中國國民的健康的嚴重侵蝕，而在十九世紀中期以前鴉片進口所造成中英經濟上的逆差和白銀外流的嚴重問題，早已為學者所討論。本文並不打算重覆這些事情。該捫心自問的是中國上至官員下至小民都有吸食鴉片，甚至引以爲風尚，這就不能一意怪諸外國人來華傾銷鴉片。中英因鴉片而開打，結果所簽訂的《南京條約》中，竟然沒有任何有關鴉片的禁運或准許進口的條文，而中國人自己也大量栽種鴉片。到了一八五八年，英、法《天津條約》准許「洋藥」進口，鴉片已堂而皇之可以自由買賣及進口。中國北方和西北，也處處可見鴉片栽種的情況，到了民國時期內外戰爭連連，軍隊中吸食鴉片的情況相當普遍，東北少帥張學良都坦承年輕時曾吸食鴉片成癮。（關於鴉片貿易，另可參見本書第八章）

鴉片濫用產生的危害結果，在當時英國人和英國國會中已有意識。英國散文家Thomas De Quincey（一七八五—一八五九）在一八二一年以自身經歷寫成〈一位英國鴉片吸食者的自白〉（Confessions of an English Opium Eater）最初於一八二一年九月和十月在《倫敦雜誌》（*London Magazine*）上匿名發表，後來以書籍形式發行，一八五六年修訂再次發行。作者描述了吸食鴉片的極端經歷，從至樂到至苦之狀態，包括失眠、噩夢、可怕的幻覺和艱難的身體症狀。但昆西對吸食鴉片時飄飄欲仙的讚歎，也被批評太過誘人，後來以書籍形式印刷時，他增加了一個關於戒斷過程的附錄。在一八五六年的修訂本中，再添上關於鴉片與醫學方面的重要材料。英國政府在一八六八年制定〈毒品藥店法案〉，對英國本土的鴉片貿易和濫用鴉片予以一般性限制，但直到一九一四年始有嚴格的禁止鴉片法令頒布。

當英國國會開始辨論對華貿易所遭到的不快和困難，以及律勞卑事件帶來對大英帝國的羞辱時，英國國會同時收到一些試圖終止鴉片貿易和反對在華用兵的請願書。受啓蒙運動精神影響的英國社會知識精英，他們反對將鴉片做爲對華貿易的商品，並呼籲正視濫用鴉片導致的身心狀態和社會問題。一八四〇年三月民間開始使用「鴉片戰爭」一詞形容即將開打的戰爭。而英國政府和發動巴麥尊戰爭的外相，則是設法將這場戰役和「不道德」的毒品脫勾，將它美化爲一場維繫大英帝國威望，教訓韃靼人的戰爭。

義律（Charles Elliot），曾跟隨律勞卑勛爵抵達中國，擔任貿易專員秘書。在律勞卑死後，他於一八三六年至一八四一年出任英國駐華商務總監。在他任內英國對清廷宣戰，引發第一次鴉片戰爭。

如一般所知，鑑於鴉片走私的猖獗，道光皇帝後來採納了林則徐的禁煙獻策。林則徐被授命爲欽差大臣於一八三九年三月初抵廣州，林則徐命令外商繳出鴉片，並要求他們具結將來不再販售鴉片，手段堅定而強硬。在呈繳鴉片總額，顚地洋行（Dent & Company，又稱寶順洋行）繳出一七〇〇箱，居第二位，查頓麥地臣洋行有七〇〇〇箱，居第一位。美國旗昌洋行爲一五〇〇箱，居第三位。

當時《中國叢報》的連載記錄了一些戲劇化的細節。一八三九年三月二十二日，林則徐曾邀請顛地入城，顛地表示願去，但是他的朋友們為了安全起見，要求欽差大臣蓋印擔保他能在二十四小時以內回來；無疑他是會被扣留當做人質，以保證其他外商們就範。三月二十三日的記載如下：廣州和其他低級官吏一早就齊集在公所，行商也都在座，但是頂戴（官帽）都已經摘掉，這是被罷黜的意思，其中兩位領袖伍浩官和盧茂官雙腳已套上鎖鍊。然後行商以此一狼狽形狀前往商館，再行催促顛地接受邀請。

三月二十四日，《中國叢報》記載：義律不顧一切抵達廣州，義律在廣州升起國旗，這面國旗是應全體英僑的一致請求：「因為我們深知，勛爵閣下只要看見這面受人尊敬的旗幟，不問它飄揚在何處，就會令人生出一種獲得了支持的感覺，這是只有處在我們這樣窘境的人們才可以體會到的」。第二步就是把顛地安置在義律自己的公事房，在他親自保護之下。此時商館和鄰近商館的地區，實際上是戒嚴了。欽差大臣下令叫買辦和僕役一齊離開，商館裡不剩一個中國人，只有為數約二百至三百的外商住在裡面。在義津大佐住宅的大門前面，站著全體中國行商和一大群人帶著拔出鞘的刀。

一八三九年三月二十五日，《中國叢報》如下報導：中國人方面主要忙於完成妥慎扣留外商的部署；命令已經發出，要在江中建造兩排木筏，一在商館江面的上游，一在下游，藉以防止外商的逃逸，並且抵禦從黃埔開來的武裝船隻。外商和中國人的交往用各種方法來防範。包裹甚或信件，除非有人甘冒立即處死的危險以外，都無法送到澳門或黃埔。傳言信誓旦旦的說，有一個船夫因爲身邊帶著一封用歐洲文字寫的信件，就被處死。食品，甚至於一桶水，都不許帶進商館。外商們雖然不慣做這類工作，也只得被迫親自去烹調、洗滌、掃地、鋪床、擦燈、挑水、擠牛乳，以及做家庭一切瑣務，不過做的時候一般地是帶有英、美人在危難時候慣有的那種輕鬆愉快的心情罷了。

三月二十六日，《中國叢報》報導說：林欽差頒發文告，在英國商務監督義律住處和潘明官（在美國商館對面）的牆上張貼了欽差大臣的告示，分四段說明應迅速繳煙的理由：一論天理、二論國法、三論人情、四論事勢，均應速繳鴉片。林則徐經道光帝同意，決定於虎門公開銷煙，也在上海銷煙。用石灰和鹽鹵浸化再導入海中，直到全部鴉片銷毀爲止。

當時的西方傳教士普遍抨擊鴉片貿易的不道德，像觀看林則徐在虎門公開銷煙的美國傳教士裨治文（Elijah Bridgman），早就大力譴責鴉片貿易的不道德。一八三二年，裨治文在《傳教先驅》（*Missionary Herald*）撰文抨擊鴉片貿易對中國的危害，將鴉片描述爲「折磨中國社會最大的罪惡之源」。一八三九年，又在他本人創辦的《中國叢報》上發表〈論目前鴉片貿易的危機〉一文，認爲中國與西方國家的危機皆因鴉片貿易引起，指出鴉片爲萬惡之源。吸食鴉片所產生的罪惡一點也不比飲酒給西方人帶來的危害小，甚至要雙倍於飲酒所產生的罪惡。鴉片的危害遍及中國各階層，從帝國的宮廷到最貧窮的農家小舍。但是，在華傳教士也對林則徐的強制威懾手段捏把冷汗。傳教士衛三畏（Samuel Wells Williams, 1812-1884）就感覺到，林則徐的強硬禁煙使得情勢愈來愈走向尖銳，他在一八三九年四月寫道：

皇帝從北京派來了一位欽差，具有非凡的權力，他來是為了徹底結束鴉片貿易，他要求外國人交出在中國的所有鴉片，價值在兩百萬英鎊左右，而商人們也同意放棄。我們已經被團團圍住，沒有物品能夠進入商行，三百個外國人受到飢餓的威脅，除非我們服從欽差的命令交出他們要的人，否則包圍將持續下去。但是如果我們交出這個人，他生存的希望是十分渺茫的。士兵們在商行門前警戒，阻擋我們與外界交往，信件只能在極其困難的情況下才能送到城外的黃埔和澳門，所有的船隻都被扣留在黃埔，他們也無法得到食品，但比我們的日子好過。

衛三畏擔心事態的惡化，他形容林則徐「這位俊美聰明又自恃高傲的林欽差恐怕要自食惡果」，又說在他見過的所有中國人當中，林無疑是最英俊和最聰明的。「他確實非常優秀，要是他能掌握更多的信息，或許他能夠更好地完成交給他的這份困難工作，但是無知以及伴隨無知的高傲使他沒有做到這一點。我只見過他一面，一個相當自負的人，他被賦予的大權使他採取了冒失的行動，而他最終自食其果。」

美國傳教士衛三畏自一八三三年來華傳教，他在一八五五年以後被任命爲美國駐華公使的秘書和代辦。在中國期間，不僅是文化交流的要角，也參與外交談判，甚至對中美兩國政府均提出重要建言。他於一八五六年撰寫了《英華分韻撮要》（*A Tonic Dictionary Of The Chinese Language In the Canton Dialect*）。衛三畏後來在《天津條約》的談判中也發揮了作用，該條約規定了對外國傳教士的寬容以及中國基督徒同受保護的規定（「寬容條款」）。他於一八七七年返回美國，在那裡度過了他生命中的最後八年。一八八一年二月三日，衛三畏成爲美國耶魯大學第一位中國語言文學教授，還出版了一本他所理解的中國歷史文化的一部書《中央王國》（*The Middle Kingdom*），是美國第一代漢學家。

在華清醒的外國人也有意識到過度吸食鴉片對身體的危害。像一八七〇年代走訪中國，留下大量照片的攝影家約翰·湯姆生（John Thomson, 1837-1921），就有一個生動的記載，提到他所認識的一個傑出而聰明的纖筆畫師，是香港的中國人，最後就是毀於抽鴉片。「我想起五年前的他，是個俊美、穿著時尚的年輕人；他的髮辮總是編織得無懈可擊，他的頭也刮得光滑如撞球。你找不到比他身上更美麗昂貴的絲綢，他長如禿鷹爪子的指甲令他的同伴豔羨不已，也是他暗自得意的來源。這個好看的花俏公子當時全力投入人像畫作，數年後我偶然遇見他時，他已經變成一個乾瘦、雙眼凹陷、面色蠟黃的糟老頭。」

回到鴉片戰爭爆發的究責問題，馬士所撰的《中華帝國對外關係史》應是較近當時的情境，他提到林則徐的方針「像水晶一樣的明晰，整個動機就是取締鴉片的輸入和吸食，爲了要達到這個目的，他不惜採用任何方法」。鴉片被全數沒收後，義律認爲英商已無法繼續在中國進行貿易，於是他未經英國政府的批示，便下令停止通商，並將英國僑民從廣州撤到澳門，但是澳門總督拒絕承諾保障他們的安全，結果英商僑民唯有遷到九龍尖沙咀對開的海面。

不久，一件香港英國水手酗酒滋事中一位廣東村民的殞命再次升高彼此緊張關係。一八三九年七月，一些喝醉酒的英國水手在尖沙咀村殺死了一名中國村民林維喜，雙方之間的對立情緒加劇。英國政府不希望其國民在中國的法律體系中受到審判，拒絕將被告移交給中國法院。同年晚些時候，英國軍艦在香港摧毀了中國對珠江口的封鎖，從而爆發了敵對行動。

上述這些消息傳至英國後，引起了很大的反響。

英國國會的爭辯與出兵

當時執政黨巴麥尊外相（The Rt Hon. The Viscount Palmerston），代表輝格黨人之主

張。一八三四年，英國政府爲促進自由貿易的政策，下令結束東印度公司對華貿易的壟斷，不論托利黨或輝格黨政府最初都試圖維持良好的貿易關係。然而，律勞卑勛爵想在中國挑起一場革命，從而開放廣州貿易。以巴麥尊爲首的外交部最初頗有反對之意，並尋求和平。隨著中國政府拒絕改變，林則徐雷厲風行的禁煙運動並攔截了英國走私者從印度帶來的鴉片等情勢的升高。巴麥尊因此實現了他在外交上的平等和對中國開放貿易的主要目標。外交大臣巴麥尊認定中國污辱英國國旗，妨害英國商務，毀壞人民財產和貿易。英國政府於是在一八三九年十月一日召開的內閣會議中，以「受到侮辱」、「生命安全受威脅」和「財產受損」爲名，內閣會議經過討論後，作出「派遣一支艦隊到中國海域」的決定。就在同一年，巴麥尊娶了他多年的情婦——首相墨爾本子爵（William Lamb, 2nd Viscount Melbourne）的妹妹，首相與外相的公私情誼彌堅，對華立場是一致的。

鴉片是英國最大宗的商業利益，儘管巴麥尊設法切割「毒品」、「走私」和戰爭的關係。巴麥尊的憤怒批評者仍把注意力集中在鴉片貿易的不道德性。曾任海軍大臣的議員格蘭姆（J. Graham），最早爲輝格黨人，此時已轉向托利黨，希望藉由〈勿對中國用兵案〉的提出，阻擾對華用兵，以逼使閣員改組。格蘭姆特別針對外相巴麥尊，指責他「怠忽職守」，導致英中關係走向破裂。在道德信仰上格蘭姆反對鴉片與不義戰爭掛勾。他強調對華貿易的重要，但對於「偉大中國」勿需用兵。「（中國）居住著三億五千萬人，都由一個人的意志指揮，都說一種語言，都受一部法典的約束，都信奉一種宗教，都被同樣的民族自豪感和偏見所驅使，他們的歷史不是以幾個世紀而是以幾十個世紀爲單位，在一個宗法制政府下有規律地繼承下來，沒有中斷過。……他們居住在亞洲最大和最美麗的地區；他們在最好的氣候下，以不懈的努力耕種了三分之一以上的土地——土壤最肥沃，有大量的河流澆灌，並有一條長達一千二百英里的運河穿過，是世界上最著名的奇跡之一。」他質問議院，與這樣的民族進行貿易是否比爭吵更明智「用和平的藝術來調和他們，是否比用戰爭的威脅和殘酷來激怒他們更好？」他深感遺憾的是，他認爲英國參與了一場正義性可疑的戰爭，「我們在沒有正當理由的情況下參與了一場戰爭，我們正在努力維持一種建立在不健全原則基礎上的貿易，並爲那些使英國國旗蒙羞的行爲辯護。」

一八四〇年四月英國下議院經過三晚辯論後，就格蘭姆議員對輝格黨內閣的不信任動議進行投票。結果支持巴麥尊一方僅以九票之微險勝（二七一對二六二）。就因爲這九張票，輝格黨內閣得以留任，〈勿對中國用兵案〉被否決了。在多數議員眼中，譴責外相即是反對向中國派兵，即是向東方蠻族低頭。

英國著名傳記作家Jasper Ridley（一九二〇—二〇〇四）在一九七〇年出版的《巴麥尊傳記》中陳述了英國政府的立場：

中國和英國之間的衝突是不可避免的。一方是腐敗、墮落、種姓森嚴（caste-ridden despotism）的專制主義，沒有發動戰爭的願望和能力，依靠習俗而不是武力來實施極端的特權和歧視，並且被根深蒂固的優越感所蒙蔽，認為他們不擁有軍事力量就能對歐洲人宣示自己的優越性。另一方是世界上經濟最發達的國家，一個推崇自助、自由貿易和約翰牛（John Bull）的好鬥品質的、熱鬧的商人的國家。

一個完全相反的英國觀點是由人道主義者和改革者提倡的，例如年輕的格萊斯頓（William Ewart Gladstone）。當時他是保守的托利黨的初啼明星（果然數年後，曾四度出任首相，擔任此一職務長達十二年）。他們認爲巴麥尊只對鴉片給英國帶來的巨額利潤感興趣，這場「巴麥尊的戰爭」是完全無視於中國政府正勇敢地試圖杜絕鴉片的道德惡行。格萊斯頓在國會辯論中發言：「我不知道，也沒有讀到過一場比這更不公義、更處心積慮讓國家蒙上永久恥辱的戰爭。」痛批這個國家不久前才廢除奴隸制，這時卻要替鴉片販子撐腰。

不論如何，巴麥尊巧妙地轉移了鴉片問題的不道德性，將英國辯論的重心轉爲一場確保對華貿易和英國國民的安全。

曾在一七九二年英國馬戛爾尼使團中隨父親一同獲見乾隆皇帝的十二歲小男孩小斯丹

東（George Thomas Staunton, 1781-1859），當時深獲乾隆歡喜，此時已成爲老大人。原本他的立場是溫和的，主張對華和平貿易，他早在一八三〇年代初即主張應逐漸減少輸入中國的鴉片。但當林則徐嚴禁鴉片和逼迫義律服從等消息陸續傳回英國後，引起他極大的憤恨不滿，轉而支持以武力保護英人的權益。他形容林則徐的措施是最「嚴厲與血腥的」，強烈批評其中不合理之處，加上相關做法所隱含對英國國格的貶抑，故相較於鴉片貿易的道德問題，維持大英帝國的國家尊嚴更爲重要。而打過拿破崙戰役，功勛彪炳的威靈頓公爵（Duke of Wellington）此時也支持開戰，指稱中國是惡毒的挑釁者。擁護內閣的人，強調鴉片對道德和健康的因素不會比酒精危害大，且支持巴麥尊代表英國帝國的尊榮。同時，巴麥尊操縱資訊和輿論，加強對內閣部門的控制，包括各個辦公室成員口徑一致。他向媒體洩露機密，發送選定的檔案信件，使自己得到更多的支持和聲譽，以此挑動英國人的民族主義。當戰爭正式開打時，這場戰役已成爲維護大英帝國的榮耀與威望之戰。

一八四〇年六月英國遠征軍由海軍少將懿律（George Elliot）統率前來，這支軍隊包含配備火砲的十六艘軍艦、四艘蒸汽戰船、二十八艘運輸船和四千名士兵。在英國看來，這場戰爭是一場捍衛通商權利，維護國家榮譽，糾正來華英國官民所受的不公義的戰爭，並確保未來的必要行動。在中國看來，它是一場報復中國對鴉片清剿的戰爭，而負責清剿鴉片的林則徐因致使帝國遭殃，很快就被道光皇帝給革職了。清帝認爲林則徐做事魯莽滅裂，反覆預言英國人不能或不會打戰，結果南方情勢惡化如斯。林則徐被判決到伊犁充軍。（一八四五年，又被召回授予要職，此後再效忠清帝五年之久後病逝）。

一八四〇年七月，英國艦隊占領了舟山島，巴麥尊以爲清廷很快就會被懾服投降，事實不然，戰爭仍繼續進行。英國人在休—高夫爵士中將（Lieutenant-General Sir Hugh Gough）的領導下，帶著一支加強的軍事特遣隊沿珠江前進，於一八四一年五月二十七日佔領了廣州。然後，他們在中國人將支付賠償金的諒解下撤軍。義律負責談判解決，但巴麥尊勛爵認爲他沒有獲得中國人足夠的讓步，沒有達到開放商埠的目標，僅在《穿鼻草約》中獲得一個荒陬小島——香港，於是將他解雇。在此之前（一八四一年一月），義律與清朝臣琦善私下擬訂《穿鼻草約》，割讓香港，賠款六百萬元，後由英國單方面公布草約，以致道光皇帝震怒，將琦善革職。《穿鼻草約》是一個令中英都不滿意的條約，兩方的簽約者都被解雇。琦善的外交，長期以來被負面評價，外交史家蔣廷黻很早就提出琦善與鴉片戰爭的關係，在軍事方面雖無可讚，亦無可責備，然而「在外交方面，他實在是遠超時人，因爲他審察中外強弱的形勢和權衡利害的輕重，遠在時人之上」。

清方接替琦善的是耆英，英方接替義律的是璞鼎查（Henry Pottinger，又譯「砵甸乍」）爵士。璞鼎查繼續要求清廷開放更多的港口，並建立正式外交關係。英國人繼續向北推進，於一八四二年五月十八日佔領了乍浦，乍浦是英國遠征軍爲控制長江、封鎖京杭大運河、截斷漕運所進行的一場重要戰役。在這次行動中，清軍進行了勇敢的抵抗。英軍在這次攻擊中，有九名英國士兵和水手被殺，五十五人受傷。死者之一是第十八軍團（愛爾蘭皇家）步兵團的指揮官尼古拉斯・湯姆林森中校（Lieutenant-Colonel Nicholas Tomlinson），他在中國的愛國事蹟，都柏林聖派屈克教堂（St. Patrick's Cathedral，愛爾蘭）安置了紀念碑，迄今仍擺著花圈讓人致敬。

英軍繼續前往上海，上海於一八四二年六月十九日被佔領。繼續沿長江而上，七月二

圖 1-4　都柏林聖派屈克教堂內部，悼念鴉片戰爭中死傷的愛爾蘭皇家步兵團官兵，作者攝於 2012 年。

十一日，薩爾圖恩勛爵（Major-General Lord Saltoun）的第一旅在鎮江與清軍交戰。守衛鎮江城的旗兵以極大的傷亡代價，使英軍死傷一百六十多人，是自鴉片戰爭爆發以來最重的傷亡。此役清軍損失旗兵五百餘名。該城被攻陷，其軍事指揮官海齡奮戰到底，最後投火自殺身亡。海齡自焚而死的英偉事蹟，也見諸於英方的文獻記載。面對英國接著可能進攻江寧（南京），清廷提出了和平要求。鎮江失守後，道光帝有意「議撫」，但其諭旨仍得爲大清保有顏面。道光並授權耆英、伊里布「便宜行事，務須妥速辦理，不可稍涉遊移」，並令奕經所率援軍暫緩由浙赴蘇，「以免該逆疑慮」。璞鼎查對清朝方面的「羈縻」毫不理睬，命令英軍繼續向江寧推進。

八月英軍攻佔了南京，從而結束了戰

圖 1-5　清前期粵海關監督衙門。

鬥。英軍抵達南京，兩江總督牛鑑乞和，璞鼎查答以倘欽差大臣耆英、伊里布如能所請，可不攻城南京。根據《南京條約》，中國支付了一筆賠償金，並向世界貿易開放了五個條約港口。在這些港口，英國公民將享有治外法權。這大致是我們所知的鴉片戰爭的圖像，它不是一場大規模或長時間的戰爭（一八三九年九月—一八四二年八月），但卻是一場改變近代中國命運的戰爭。

條約釋義與戰爭省思

戰爭結束後簽訂了《南京條約》。《南京條約》及其後的〈五口通商附粘善後款〉（《虎門條約》）的中英文版本，存在不少些値得重視的增譯、漏譯和誤譯問題。條約主要由英國人馬儒翰（John Robert Morrison, 1814-1843）爲首擔任翻譯。他是第一位新教傳教士馬禮遜之子，一八三四年馬禮遜過世後，馬儒翰接替其父親，代表英國政府被任命爲英國東印度公司的中國秘書。早期中英條約的效力是「以英文作爲正義」、「各以本國文字爲正義」或「以拉丁文作爲正義」，抑或是「具有同等效力」，事關當事國的語言文字主權。對巴麥尊而言，曾訓令爲了防止將來產生任何疑問，關於正式解釋條約可能引起的所有問題必須以英文爲本。但不懂中文的在華全權公使璞鼎查並未將「以英文作爲正義」的要求寫進條約，以致後來中英關係爲了條約釋義爭端不斷。另一方面，清政府當時亦沒有意識到語言文字主權的重要性，當時西方普遍認可的國際法律原理，對多數中國人而言還是未知的。

就以香港島的割讓而言，在中英文官本已有不同。中文官本：「將香港一島給予大英君主暨嗣後世襲主位者常遠據守主掌，任便立法治理。」而英文條款為：「His Majesty the Emperor of China cedes to Her Majesty the Queen of Great Britain, etc., the Island of Hongkong, to be possessed in perpetuity by Her Britannic Majesty, Her Heirs and Successors, and to be governed by such Laws and Regulations as Her Majesty the Queen of Great Britain, etc., shall see fit to direct.」英文官本中「in perpetuity」的中文正確翻譯為：永遠、永久；而中文版本中的「常遠」的解釋卻有空間討論，而根據英文回譯本，則略具主權之意。回譯本，是指從「來源語言」翻譯到「目的語言」後，再從「目的語言」重新翻譯回「來源語言」的文本。根據中國學者屈文生的研究對照比較如後表。

英國欲藉此一戰爭與中國建立政治與外交關係也是不爭之論。《南京條約》為中外關係的里程碑。其中第二條與第十一條值得注意。第二條規定開放廣州、福州、廈門、寧波、上海等五處港口通商，「英國君主派設領事、管事等官，住該五處城邑，專理商賈事宜」。「領事管事等官」英文版為Superintendents or Consular Officers，是為承認英國領事有官方的身分。第十一條議定：英國住中國之總管大員，與大清大臣無論京內、京外者，有文書來往，用照會（Communication）字樣；英國屬員，用申陳（Statement）字樣；大臣批覆用箚行（Declaration）字樣；兩國屬員往來，必當平行照會（the Subordinates of both Countries on a footing of perfect equality）。這是首次約定平行的外交文書。

《南京條約》簽訂後最棘手的問題是英國人進入廣州城的問題。在開放的五個口岸中，除廣州外，其他四個口岸（福州、廈門、寧波、上海）全都按期向外人開放通商、居住和駐設領事館。但廣州居民卻只同意外人住在原來的商館區，拒絕讓英國人入城，宣稱《南京條約》列明開放廣州，但沒有寫明洋人可居住到城內。這也造成了後來為人所熟知的廣州入城問題所引發的衝突。（詳見第二章）。

英文官本	中文官本	英文回譯本	據英文官本的翻譯
Cede	給予	bestow	割讓
heirs and successors	嗣後世襲主位者	descendants	世襲繼承人和其他繼承人
to be possessed in perpetuity	常遠據守主掌	In perpetual sovereignty	永久佔有
to be governed by such laws and regulations…fit to direct	任便立法治理	to rule and regulate at will	適用……適合的法律法規

最後，《南京條約》和《虎門條約》都沒有提到如何解決鴉片問題。英國政府爭辯說鴉片貿易既然明顯地不能爲中國所禁絕，那麼上策便是使它合法化，用徵稅來達到管理它的目的。對此，清廷不表同意。鴉片問題因此在最初的條約中沒有被提及，而這項貿易就在條約規定範圍之外，悄悄恢復進行了。合法貿易是在新開的五個條約口岸中進行，至於非條約口岸的鴉片貿易許多是停在港口之外的接收站，通過小船接駁。一八五八年英、法《天津條約》附約中允許洋藥可自由買賣及進口。在條約口岸，鴉片得以「洋藥」的方式進入海關。到了一八六〇年，鴉片貿易額翻了一番，每年由進口三萬箱增至六萬箱。

鴉片戰爭是兩個帝國的碰撞：大英帝國下的和平，對應於乾隆盛世後仍有餘輝的清帝國。大英帝國做爲挑釁一方，將砲艦開到清帝國領土，用戰爭方式解決貿易或政治衝突。這一舉動爲十九世紀日正當中的大英帝國在其海外擴張活動中的普遍行爲。

在對中國的這場戰爭中，英國反對黨以些微優勢卻未能阻止巴麥尊外相領導的執政黨發動對華用兵及軍費案。英國國會的討論是在執政黨和反對黨之間激烈辯論的結果，並非是在全場雷動歡聲中通過對清帝國的用兵案。戰後簽訂的《南京條約》，條約如同契約必須遵守，且有其年限，《南京條約》爲二十年契約。時間將屆之前，需重行交涉，延長、修訂或中止（terminate），這些概念均爲傳統中國理藩秩序中所無。一連串的條約確實也帶有片面條款和不對等精神，甚而列強爲維護條約口岸利益又往往採取砲艦外交的恫嚇手段，在既有的外人特殊權利中又擴大了條約解釋的範圍。由此便形成一套我們對近代中外關係由西方帝國主義主導的「不平等條約」緊箍咒，深深影響數代中國人的史觀。

然而，仔細分析近代中國的條約，除了政治賠款之外，有不少是通商貿易條款，關乎全球市場的自由開放競爭的想法，例如開港通商，很難說是不平等。此外，如果我們瞭解十八世紀海權國家擴張以後，歐美帝國間彼此激烈爭戰，戰敗國家須簽署和平條約，或割地或賠款或讓權，乃國際戰爭行爲之通例。不要忘了一八一二年獨立後的美國和英國還打了第二次獨立戰爭，戰敗的英國向美國讓出一些原本尙留在北美洲或美國境內的權益，並賠款美國的戰爭損失。一八五四年俄國與英、法爲爭奪小亞細亞地區權利，兩邊陣營交戰於克里米亞半島，最終居於劣勢的俄方求和，簽訂了《巴黎和約》。克里米亞戰役被視爲工業革命後首次以現代槍砲等工業製造武器所造成的慘禍戰爭，俄國雖保住了在克里米亞的主權，但失去巴爾幹半島的控制權。二十世紀世界第一次大戰中的戰敗國德國則負擔了極其沈重的賠款和千夫所指的加害人責任。歷史總在前進之中，對於各個階段的歷史現象的解釋和反省，一方面是希望不應重蹈侵略者的覆轍和戰爭悲劇；另一方面則是不應偏執於某一立場究責是非。充分理解各方觀點的行爲動機和不可操縱之情勢，理解何以步步走向戰爭的險境，這是我們現今可以從更多的資料和視角來理解歷史多元現象的可能。

鴉片戰爭是兩個帝國之間的榮耀之戰，雙方主戰派的愛國主義均留下激動人心的文字，英國國會主戰派因獲得多數票數而鼓舞不已，而在中國士大夫集團清議派的主戰聲浪和一些行動，亦刺激了戰爭危機。著名外交史學家蔣廷黻曾提到林則徐和一些清議派的文人，寧願犧牲國家的利益來保護自己在清議派中的清譽，指林則徐萬能的神話純是士夫夫製造出來不願深自反省近代中國失敗的集體意識。有學者進一步批判，在處理鴉片戰爭時的中英關係上，以林則徐爲首的主戰派當時亦汲汲營造一種社會輿論，採取強硬對外的鷹派做法，應爲讀史者所理解。至於如何爲琦善辯誣，可能更要思考當時社會輿論的氛圍，當時代表士大夫思想的《夷氛聞記》等書，毫無例外地對琦善持批判態度，把他描繪成大清朝的「奸臣」，以標舉主戰派才是眞正的愛國者。若有人主張鴉片戰爭是近代中國一部屈辱史的開始，不宜忘了當時這些所謂的主戰派愛國主義者他們心目中想的是如何打贏一場榮耀大清帝國的戰爭。

＊＊＊

近代中國有太多的涉外戰爭，在討論主戰抑或主和的立場時，反帝的民族主義論述便是一再拉高主戰的聲量，往往將主戰派的一方美化爲民族主義英雄；而主和則被視爲軟弱受辱的一方，甚至妖魔化。這一史觀立場到民國以後更是無所不在，撫夷派和主戰派被標竄化爲「賣國」與「愛國」的兩分法形象，而將近代中國如何擺脫受屈辱的歷史意識帶入我們對近代中外關係的思考中。於今我們可以平心靜氣的看待一幅中西交往的國際史，理性理解中國與西方的交往中，對峙立場的一方，他們審時度勢的眞正動機和行爲的理由；面對這些歷史的多元現象，以及它如何一步步地發展成一種不可逆轉的風向，導致一種不由自主的情境條件時，當有更多的同理心。

第二章

內外躁動——英法聯軍與太平天國

鴉片戰爭結束後的《南京條約》，僅帶來短暫的和平。從一八五〇年代英、美國家開始希望以修約方式達到更開放、更有效進行其認定的一套國家交往和商業活動的方式。如果說第一次鴉片戰爭是不可避免的抉擇，那麼一八五〇年代英法聯軍因修約問題，急欲達成某些特定目標，而愈來愈走向躁進激烈的作爲，則顯得極其荒謬。這一過程又使得居於被動方的大清帝國被這位不懷好意的遠來客人所激怒和羞辱。原本歐洲國家欲藉此次交涉修約達到公使駐京等目的，以減少中外誤解，但不意交涉過程卻比鴉片戰爭更爲粗暴，先有英軍強行入城、接著有清廷虐待交涉的英國代表、再有英法聯軍火燒圓明園等等一連串的瘋狂舉動。

這次戰役英國人稱爲「英、法對華遠征」（Anglo-French Expedition to China）或「第二次英中戰爭」（Second Anglo-Chinese War），或是因亞羅船事件而引起的「亞羅號戰爭」（Arrow War），而法國則是因傳教士在廣西西林被殘酷殺害而加入戰爭。更不巧的是，就在此時，中國內部正發生一場揭天驚地的大動亂——太平天國的建立。這場內部的動亂帶有拜上帝會的主張，將耶和華和耶穌的降臨賦予超自然主義中國化的色彩，吸引了西方人的目光。太平天國起源的社會背景，也和鴉片貿易產生的大量白銀外流、銀貴錢賤、政府又未能採取有效的財稅措施，以致農村經濟破敗等等因素相關。十九世紀中葉這兩個幾乎同時發生的內外變局，對清廷的決策互有牽制，所謂外交是內政的延伸，對大清而言，也就是如何維繫其政權的根本問題。

太平天國的興起之際，大英帝國的屬地愛爾蘭正發生慘烈的大飢荒（一八四五—一八五二），由於主要食物馬鈴薯歉收加上英國政府的疏失，導致大飢荒發生。大英帝國和大清帝國這兩個位於北大西洋和太平洋的帝國在十九世紀中葉共同面臨自然天災導致民怨沸騰的背景有幾分神似。愛爾蘭大飢荒分散了大英帝國對遠東中國的注意力，愛爾蘭議會以及大不列顛聯合王國的保守黨和輝格黨爭議不休。保守黨首相皮爾男爵（Sir Robert Peel）在一八四六年被迫下臺，直到愛爾蘭大飢荒獲得一定的緩和，英國對中國修約的聲浪於是再起。太平軍興起之際，正值氣候極端詭異，導致災荒連年發生，農作物歉收，加上政府施政不當，它和愛爾蘭大飢荒引起人民暴動有相似的背景，此後一百餘年來愛爾蘭獨立運動犧牲無數人命的代價，到二十世紀初終於成功。而在大清帝國內部激發人民暴動並快速攻下江南一帶的太平天國，則難逃被鎮壓覆亡的命運，並且在近代以來長期被定義爲叛亂或農民起義，而非一場內戰。

本章探討鴉片戰後到一八六〇年代，清帝國主要面臨的兩波內外關係的嚴峻威脅，將主要從國際視角或外人的書寫來關注這兩個內外相關的大事件。此時內部動亂從中國長江以南的中心位置發生，它與英、法遠征軍同時向清帝國撲來，特別是太平天國攻佔中國最富庶的江南地區，嚴重影響財政稅收，太平軍更攻克數百座城鎮，震驚朝廷，而大清國祚仍奇蹟式地存活下來。

一、英法聯軍之役

一八五八年英法聯軍之役，學者往往稱為鴉片戰爭的延續，而有第二次鴉片戰爭的說法。但這一說法從字面上而言並不精準，這次戰役和前次因鴉片引起的戰爭有所不同，甚至和鴉片貿易的關係不大。最核心的問題是中國對外交往關係的制度性建制問題——一套與歐洲各國交往的制度性原則必須建立起來，而它必須以議訂條約的方式來解決。但這次交涉結果卻以戰爭手段擬定了兩個延續相關的和平條約——《天津條約》和《北京條約》，後者是為解決前者的不足而以保留修約的方式進行，也可說是《天津條約》的擴充。為了與英、法兩國的政策維持協調，俄國與美國也派出全權代表，但他們未參加英、法的聯合軍事行動。

在第一次鴉片戰爭時，巴麥尊為外相（外交大臣），在第二次英法聯軍時已是首相。一八五五—一八五八年間是他第一次擔任首相，中間因對華政策引起爭議而短暫被倒閣，接著於一八五九—一八六五年再次出任首相。巴麥尊對華政策固屬鷹派外交，亞羅船事件所引發的衝突及英國政府將此一事件做為第二次對華宣戰的理由，這件事是否得當？英國對華政策之方針，在英國上下兩院的議會中曾引起很大的風暴，甚至引起英國政府改組，亦是值得留意之處。如同鴉片戰爭是否對華用兵，英國議會也有激烈的辯論，並非壓倒式地同意將大英帝國的戰艦開到中國來。部分英國人當時也有認爲這兩場戰役都有道德上的瑕疵，令人不安！

這次英法聯軍簽訂了《天津條約》和《北京條約》，基本上維持了清帝國與英、法等歐洲列強的主要和平長達三十年之久，特別是一八六〇—七〇年代與歐洲關係的和平，係由歐洲國家和美國在中國聯手推動「合作政策」所致，大抵直到義和團動亂後引起八國聯軍才被打破。因此，這次行動對華固屬侵略行爲，但對主要當時蓄意於海外擴張的大英帝國而言，它以最小的外交協議來達成軍事擴張目標。對清廷而言，這段期間仍在摸索如何與外人交涉之道，包括開放公使駐京等，現在看來是國際法最直接基本的國交禮儀制度，對清廷則是艱難的一大步。

中外交涉的制度化之爭

首先扼要論述鴉片戰爭前後一些中外交涉所遭遇的一些制度性問題。一八三八年十二月，林則徐以欽差大臣的身分奉派到廣州專門調查鴉片問題，任命欽差大臣執掌夷務是清廷當時的一項新例，成爲對外交涉的非正式制度，並在鴉片戰後延續下來。鴉片戰爭時期，因軍情危急，沿海各總督和各省巡撫接收外國照會，從而終結了過去只有兩廣總督才有這樣權力的舊例。

一八四〇年九月，直隸總督琦善接替林則徐的兩廣總督職務，交涉的對手是英國駐華全權代表和英軍總司令喬治・懿律（George Elliot）。不久懿律稱病，由其堂弟查理・義律（Charles Elliot）接任全權代表。次年一月，琦善與義律私下擬訂《穿鼻草約》，割讓香港和賠款等事，道光皇帝以琦善擅自割讓香港為奇恥大辱，令「革職鎖拿，查抄家產」，後獲赦免，改派駐藏大臣等職務。琦善因議訂《穿鼻草約》，後世評價以負面居多，但早在一九三一年外交史學家蔣廷黻就有意為琦善翻案，認為琦善對清廷軍力虛實頗有自知之明，《穿鼻草約》的內容已是晚清損失最小的條約。琦善是在鴉片戰爭之敗受責貶抑的主要大臣中，最早被重新起用者之一，他在一八五四年一場阻擊太平軍的戰役中，病歿揚州。

一八四二年四月，耆英被任命為欽差大臣，與伊里布一同赴浙江向英軍求和，簽訂《南京條約》。簽約後，伊里布被任命為廣州將軍、欽差大臣，負責在廣州辦理戰後事宜，但不久憂悴而死。一八四三年耆英再任欽差大臣，不久身兼兩廣總督，總理五口通商善後事宜及處理外國事務；因為欽差大臣在兩廣總督衙門辦公並將其文檔存放此處，故兩廣總督從一八四二年到一八五六年英法聯軍之役爆發之前，實際上成了承擔外交部門事務的別稱，這是清政府因應新變局的權宜之計。這也是從朝貢貿易體系邁向更具現代性外交部門的一個過渡，將廣州做爲中國的外交中心，由兩廣總督加欽差大臣銜辦理外務的特殊時期。然而，清廷通過軍機處對欽差大臣不斷地發出訓令來指揮談判的程序，既不受談判的約束，又往往用懲處欽差大臣的方式來否決或推翻達成的協議。這使外人常常覺得他們「像梭子一樣被投來投去」（tossed to and fro like a shuttle）。此外，廣州係當時五口通商中距北京最遠者，就當時的驛站交通單程就需十五天左右，對外交涉造成不小的障礙。這樣一個體系的運作和效率，在鴉片戰爭結束初期運行不久後，便無法因應現實需要，外人對於仍舊無法進京的事實日益不滿。

耆英因簽訂《南京條約》，成為清廷第一批和西方有談判經驗的重要人物。爲了打好親善外交，他和英國代表璞鼎查努力維持友好。很知名的例子是當他在一八四三年再度遇到已改派爲香港首任總督的璞鼎查，主動表示希望他建立親密的家庭友誼關係，耆英看到璞鼎查全家的照片時大加讚譽璞鼎查的兒子，並表示自己無子嗣，想收義子。璞鼎查將其兒子名字冠上了滿大人耆英的名字，改爲「弗雷德里克・耆英・璞鼎查」（Frederick Keying Pottinger）。在建立這種家庭關係後，兩人互換禮物，耆英送了一隻金手鐲給璞鼎查，璞鼎查則回贈了一柄英國寶劍和一條腰帶給耆英。耆英屬思想較開明者，早在一八四四年耆英就曾奏報法國人要求公使入京，他收到法國公使剌萼尼（Marie Melchior Joseph Théodore de Lagrené）請求派遣使節的建議，曾奏報：「該夷使輒稱：伊等西洋諸國若遇兩相結好，必須各派使臣。儻中國亦可仿辦，伊國當遣使進京朝見，即留住京城。中國亦當遣使入至伊國都駐紮，庶兩國消息常通，方有互本幫助等語」。

一八四四年接替璞鼎查出任第二任香港總督的德庇時（John Francis Davis）曾盛讚耆英說：「凡是歐洲國家派駐中國的代表接觸過的人物中，耆英不但是品級最高，爲人也是最值得尊敬的。」耆英的外交手腕深獲外人同情，可是由於各條約帶來新的制度，使得新制度下利益受到損害的一些人反對，更因廣東人民仇視外國人的種種表現（指「廣州入城事件」），他的處境是艱難的。

從耆英在一八四三年掌權到他一八四八年離任欽差大臣的數年間，他的親善外交至少維繫了中國對外關係中相當和諧的秩序，但一些保守派的官員則認爲這是對外夷的奉承，不免蜚短流長。耆英曾給朝廷的奏摺中自我辯解道「此等化外之民，於稱謂體裁然，昧然莫覺，若執公文之格式，與之權衡高下，即使舌敝焦，仍未免袖如充耳，實與撫綏要務甚無裨益，與其爭虛名而無實效，不如略小節而就大謀」，可見耆英外交手段從大處著眼，務實而靈活。

身爲欽差大臣和兩廣總督的耆英，夾在英國人不斷提出的入城要求和廣州紳民的頑固抵抗，耆英與英國方面虛與委蛇，至少維持表面上的和平。一八四六年英國曾和耆英達成一項非正式協議：英國人將推遲入城，換取中國承諾不將舟山群島割讓給其他國家。然而，受到英國人退讓的結果，廣州人民似被鼓舞，時有對廣州商館區的外人施以投擲石塊或威脅安危的事情。一八五〇年三月，咸豐以二十歲之齡繼承皇位。這位年輕氣盛的皇帝執行更加不妥協的對外政策，撫夷派的溫和人士例如穆彰阿和耆英等人或被撤職或貶抑，而改任命一些鼓吹排夷的官員。保守派人士奏報耆英在廣東抑民奉夷，謾許洋人入城，幾致有不測之變，咸豐一怒之下免除了耆英的欽差大臣職務（一說是耆英自請朝廷將他召回）。其後，欽差大臣和兩廣總督的職務授予一位保守派官員徐廣縉，而廣東巡撫一職則授予葉名琛。徐廣縉和葉名琛這兩個人的任命代表著外交圈中保守勢力的抬頭，他們對洋人採取一種傲慢姿態，以致中英關係迅速惡化。在廣州入城事件中，葉名琛的拒不與英人交往的高踞姿態，迫使英國人不惜動用武力。

到了一八五八年英法聯軍危機緊急，清廷再調回具有談判經驗的耆英，而這次當他再次出現在外交舞臺時，原本英姿煥發的耆英，在前段失勢的不幸歲月裡嚴重地衰老，而更大的悲劇正等著他，因為這次交涉失利，老驥伏櫪卻被咸豐皇帝賜死。

可疑的開戰理由——亞羅船事件

鴉片戰爭的結果對英國執政黨是一次勝利。反對黨的下議院議員格萊斯頓將鴉片戰爭描述為「在其進展中更多地是為了讓這個國家永遠蒙羞」，同時他也反對一八五八年的第二次對華用兵案（格萊斯頓在一八六八年以後出任過英國四次首相）。然而，鴉片戰爭的勝利並沒有貫徹英國執政黨的遠東外交和貿易目標。爲了實現這些目標，需要另一場戰爭，而且需要一個冠冕的理由。這場戰爭最後以一種可疑的開戰理由而出現——一八五六年的亞羅船事件（The Arrow Incident）。它成爲英國再次開戰的導引線，此時已成爲首相的巴麥尊再次激動地宣揚大英帝國的榮耀、自尊和愛國精神，以遂行《南京條約》中未滿足的海外擴張利益。

一八五四年四月，英國駐廣州公使兼駐華商務總監包令（Sir John Bowring）向兩廣總督葉名琛發出照會，正式提出修約要求。包令是博學溫和之士，傾心研究各國語言學，對外主張自由貿易政策。當時任五口通商大臣的葉名琛對外部世界一無所知，對待外國使者態度傲慢，收到照會時僅以數語回覆甚至不予理會。爲了彰顯大清國威儀，葉名琛甚至不在總督衙門而在河邊倉庫接待英國公使包令。個性溫和的包令終究對葉名琛的頑拒態度感到不耐煩，甚至提到必須用戰艦來威嚇中國人就範。在包令被派駐爲香港總督之後，英國改派駐廣州領事巴夏禮（Harry Smith Parkes, 1828-1885）接手交涉，他曾是樸鼎查的隨從，經歷鴉片戰爭和《南京條約》的簽約，領教過中國官府的保守固拒的態度，祇是這次遇到的是更爲頑冥不靈的葉名琛。廣州入城事件迅速打消了一些英國穩健派外交官試圖和平修約的念頭，此時爆發的亞羅船事件剛好給鷹派的分子一個擴大事端的機會。

一八五六年十月八日，一艘懸掛英國國旗的商船——「亞羅號」被廣州水師扣押，理由是該船涉嫌走私。這艘船除了船長爲英籍，船東爲華籍，在香港註冊爲英國船，十二名船員均爲華人。對英國而言，懸掛英國國旗的中國船隻應當受到英國的保護。因此，當「亞羅號」被中國當局扣押，船員被扣留時，英國輿論沸沸湯湯。對英國媒體來說，最大的憤怒不是被扣押，而是英國船長湯瑪斯·甘迺迪（Thomas Kennedy）報告說中國人撕毀並踐踏了英國國旗。另有說法是亞羅號被扣押時船長甘迺迪並不在船上，而他的船也沒有懸掛英國國旗，據說註冊時間已經過期失效。當時一些懸掛英國國旗的中國船隻都有英國船長，但他們並不需要待在船上，而懸掛英國國旗的目的則是爲了展示受英國皇家的保護。經交涉後，十二名華人船員，有三個人被指控以前曾參與海盜而被關押，其他船員則被釋放。亞羅號事件中，關於外國船登記、旗幟的懸掛和船籍證的期滿等問題，在中英方證詞都各有說法。不論如何，當時英國巴麥尊爲首的執政黨（自由黨）認爲沒有英國領事的拘捕狀，廣州官府逕行逮捕「亞羅號」上的船員就是不對的，英國商船上的人和財產，都應受到英國的保護。

外務大臣克拉倫敦（George William Frederick Villiers, 4th earl of Clarendon）在接到「亞羅號」問題的處置後，訓令香港總督包令說：關於登記證的發給、期滿的日期，旗幟的懸掛，以及船主不在場等等，縱然有違法問題，但也都是「英國國內規章的事情，應當由英國當局處理」；船上任何人的逮捕，都必須依照條約規定辦理，「這事件中所牽涉的原則是最重要的」，而英國駐廣州領事巴夏禮所提出的要求，據他看來是非常溫和的，「在押中的三個人的重新交出，必須堅持作爲不可少的條件」，並且他贊成以報復行動來求取補償。因此，英國所採取的步驟不能歸咎於英國駐華代表們的操之過急，而是有倫敦政府方面的認可。英國上下兩院都提出不信任案，所以政府的行動便提請議會決定。一八五七年二月二十六日，政府以一四六票對一一〇票在上院獲得支持，但是三月三日以二六三票對二四七票在下院遭到失敗；在英國政府必須得到下議院的信任方能繼續執政，已成爲一項公認的政治原則，因而有國會解散和舉行大選之事。在國會辯論中，首相巴麥尊與殖民部長雷布契爾（H. Labouchere）均大力爲「亞羅船事件」辯護，他們的論點爲此事應從中國不履行條約義務的角度來探究，並堅持只有使節得駐中國京城才能避免誤會的發生。巴麥尊同時指責輝格黨人「不愛國」，沒有維護大英帝國的榮光。大選結果，巴麥尊贏得大選取得了八十五票的多數，自由黨重組政府，乃決定用武力推行其中國政策。

一八五七年三月二〇日，英國派遣曾任加拿大省總督（一八四七—一八五四）和印度總督（一八六二—一八六三）的額爾金（James Bruce, the Earl of Elgin and Kincardine）擔任全權特使。正確名稱爲駐中國和遠東的高級專員和全權代表（High Commissioner and Plenipotentiary in China and the Far East），協助中國和日本向西方貿易開放的進程。額爾金

圖2-1　1857年2月14日《倫敦新聞畫報》（第30卷）插圖：廣州城牆內的街景。Fotoe提供。

所受到的訓令廣泛，包括：駐使北京、增加通商口岸、內河航行和內陸通商等。不過英國外務大臣克拉倫敦對於公使駐京問題非常重視。他在訓令中說：「中國政府須同意，英國使節在英國政府決定下有權常駐北京或問訪北京」，指出只有透過此類安排，始能確保既訂條約的履行與防止誤會的發生。同時，英國政府亦爲額爾金備妥全權特命大使的國書，以供覲見中國皇帝之用。

英國領事巴夏禮在廣州入城交涉中，與欽差大臣兼兩廣總督葉名琛糾纏許久，後者堅不允諾。亞羅船事件發生後英國領事巴夏禮啓書責難，葉名琛後來釋放了被捕的十二名船員，但堅持無歉可道。巴夏禮在與英國政府反覆商議後，請求英國派遣大軍前來。在此之前，法國籍神父馬賴（Auguste Chapdelaine, 1814-1856）違反禁令至中國內地傳教，不幸於一八五六年二月在廣西西林遇害，法國方面極爲不滿，要求清廷賠償道歉，但爲葉名琛拒絕，法國遂以此爲由聯合英國出兵中國。英、法欲聯合美國，美國僅以外交詞令支持，並未出兵。而俄國外交代表則表示願意調停，但未有實質結果。

一八五七年九月，英法聯軍抵達廣東，葉名琛以爲英軍只是虛張聲勢，打算拖延戰事。十一月，英軍砲擊廣州，廣州失守令咸豐帝大驚，篤信扶乩占卜之術的葉名琛被英軍俘虜至英艦「無畏號」，再被送往印度加爾各答囚禁。葉名琛被俘囚禁期間頗受英軍禮遇，但他最後竟絕食而死。可悲的是葉名琛恥食敵粟、悲憤而絕的事蹟，在戰事惡化的凝重氛圍中，並未能爲他贏得中國朝野的同情，時人用一幅聯句譏嘲他爲「六不總督」：「不戰、不和、不守、不死、不降、不走」。近年（二〇一六年）黃宇和運用中英文的交涉檔案，提出和傳統較不同的見解，認爲葉名琛在廣東任內的活動，尤其是他的對外交涉，以及他的軍事部署、策略運籌都充分證明他不愧是一位相當能幹的大吏，一名頗具軍事才能的統帥；他在英法聯軍中制定「驅逐英艦、修復炮台、募勇捐餉、抓漢奸」等策略，不應當被冠上「六不總督」。黃提出了後人的辯誣。

當時派駐廣州擔任美國駐華使團秘書兼翻譯的傳教士衛三畏鮮活地記載葉名琛被捕時喬裝成平民的情景，由他的隨從穿著官服，意圖假冒他的身分，最後還是被認出來了：

列強的聯軍在沒有遭到抵抗的情況下就輕易占領了廣州，葉總督也被聯軍俘虜了。他差一點先溜掉。不過聯軍還是憑著去年夏天一位畫家為他畫的肖像認出了他。當時這位葉總督穿著普通人的衣服，而他的一位隨從則穿著官服，假扮成他的樣子。但葉總督體胖腰圓，這一詭計無法遮掩，一場詭計就此被戳穿。……把這個討厭的傢夥捉拿歸案，簡直和占領了整個廣東省一樣值得慶賀。

與中文記載不同的是，中文資料多強調廣州人民英勇抗拒英國人入城。據英文資料衛三畏提到廣州人對這起事件中的木然無奈，人民更希望的是恢復正常生活和貿易：「看到自己的城市淪陷，廣州人似乎無動於衷。他們談起自己的父母官語氣充滿了怨恨，這再一次證明他們性格中的矛盾。他們現在似乎心平氣和地接受了英國人的統治。不久，各種貿易活動就將繼續進行」。

聯軍輕取廣州，表明駐廣州清軍沒有作戰能力，接著他們決定北上交涉。一八五八年四月聯軍抵達北直隸，不久便攻占了大沽要塞和天津，英軍接著擴大增兵。六月，清朝委派大學士桂良、花沙納和耆英三名大臣進行交涉。不久，清廷分別與俄國、美國、英國、法國各國代表談判並簽訂條約，各國內容略有不同。但英國的條約則有公使駐京，其他各國僅有外交官定期訪問北京，後來依據最惠國待遇原則，各國一體適用。英、法兩國的《中英天津條約》和《中法天津條約》主要內容是：公使常駐北京；增開牛莊、登州、台灣、淡水、潮州、瓊州、漢口、九江、南京、鎮江爲通商口岸；擴大領事裁判權；對英賠款四百萬兩，對法賠款二百萬兩；修改稅則等等。

戰火再襲

《天津條約》的墨跡未乾，英法聯軍再度向清廷開火。依《天津條約》的規定，第二年在北京換約。英國公使卜魯斯（Sir Frederick William Wright-Bruce）於一八五八年十二月二日獲委任爲英國駐華特命全權公使。他在一八五七年曾跟隨被任命爲駐中國特命大使（ambassador extraordinary）的兄長額爾金伯爵來華，當時他出任首席秘書，協助額爾金與清政府簽訂《天津條約》。一八五九年三月，卜魯斯又以特命全權公使兼駐華商務監督一職，受命在北京換約。這時清廷有意讓卜魯斯駐節上海換約，卜魯斯意識到清廷的動向，心有不甘的他，決定一闖北京，執行公使駐京的權利。

一八五九年六月，卜魯斯率兵船北上抵達大沽口外，這時清政府已有退讓之意，要求

圖 2-2　1858 年，法國畫刊刊載的銅版畫，佔領廣州城的英法聯軍官兵，在宏偉的傳統建築中眺望整座城市經濟。前方遠處的寶塔即六榕寺花塔。Fotoe 提供。

英、法公使往北方北塘登陸，並由清軍保護到北京換約，但遭到卜魯斯的拒絕。這時原保持中立的美國駐遠東艦隊，決定提供少數軍事援助。卜魯斯拒絕按照清廷指定的大沽口以北的北塘路線到北京，因爲他擔心這有損於他在北京的尊嚴，而決意突破大沽封鎖線——這是清廷北方海防的軍事防禦要地。

英法聯軍在大沽口與清軍激戰，結果清軍將領僧格林沁一度擊退聯軍，在大沽砲台清軍殺死英國兵丁四百餘人，擊沈英國兵船四艘，法軍亦有不少損失，據說僅有三十二名清軍戰死，令清軍士氣大振。清軍在大沽口的意外勝利，使清廷主戰派氣勢一時振奮。一八五九年八月，清廷一度有片面廢除《天津條約》之意，目的在於避免四件仍最感煩心之事：亦即外國公使常駐北京、開放長江貿易，外國人在內地旅遊以及賠款。這些內容在美國的條約中是沒有的。美國公使華若翰已經於一八五九年八月十六日在北京順利獲得了換約的批准書，他是乘著輕便馬車，帶著很少的隨從取道清廷認可的北塘路線來到北京。清廷要求英、法援美國之例而來。也有學者提出這次的衝突部分因素是因通訊設備不完備所導致的意外，因爲僧格林沁預料外國使節將取道北塘路線北上，但英、法兩國公使指示要進入大沽，當這一要求被拒絕時，英、法便試圖以武力來達到目的。由於英軍準備不夠充分，登陸部隊不久就陷入河邊淺泥潭裡，導致英軍死傷四三二人。

這次卜魯斯的「硬闖」大沽，造成不少死傷，受到了英國內閣官員的一些責難，卜魯斯後來也承認，他並沒有被賦予前往北京路線的合法依據。然而，卜魯斯並未被撤銷職務。在「大沽炮擊」後，他和英使團回到上海，直到議定北京和約。卜魯斯待在上海期間，和英國保持對議定和約的指示，爲了順利議定北京和約，很大程度上促成了英國對太平天國叛亂無法維持中立，甚至干預。一八六五年三月一日，卜魯斯被選中擔任英國駐華盛頓的外交任命而離開中國。

英國政府接著任命卜魯斯的兄長——資深外交官額爾金，這位一八五八年《天津條約》的談判代表，再次披上「特命全權代表」的身分前來，顯現英國要藉助二年前原始談判者的威望達到目的。英國之前在大沽被擊退，更加突顯了英國必須堅持常駐公使這件事。英國外務大臣羅素伯爵（John Russell, 1st Earl Russell）明白表示：「我們在華事業是商業。在中國設立的常駐公使與我們在歐洲各國朝廷派設的常駐公使的職責不一樣。他的主要工作將會是處理商業方面的事務，保護英國在華僑民，並在英國僑民受到傷害時為他們獲取賠償」。此時，《天津條約》的主要談判者桂良（一七八五—一八六二年），在上海時試圖說服額爾金，將英國要求在北京設駐節公使一事視為或此或彼、非關緊要之事。作為報償，桂良同意不等互換條約批准書便讓英國人勘察長江。史學家徐中約認為桂良的交涉手腕靈活，為證明自己是一位卓越的外交官，他不像耆英般媚外，不去討好敵人，真誠而不失莊重。額爾金勛爵對他十分尊重，向倫敦發出的全部公文中，沒有一件講過桂良的壞話。如果說外交藝術不僅要為交涉過程創造一種和諧的氛圍，還要讓對手相信己方有真誠的意願，桂良毫無疑問已經深得箇中三昧。當他在向對手講話時，他會不停地說那句令人喜悅的「是是」，直到他的幕客插話後，他才會稍微地堅定一下他的立場，這意味著他急於達成和解。

然而，英、法兩國政府已決心再次征服中國，法國派出葛羅（Jean-Baptiste Louis Gros）為特命全權代表與英國特命全權代表額爾金攜手合作，英、法重新組成一支新的遠征軍，開往中國。這次英法聯軍重組的過程中，英國事實上急切想快速解決問題，因爲歐洲列強之間也充滿著矛盾。英、法才剛聯手在克里米亞戰爭中打敗急欲向鄂圖曼土耳其擴張的俄羅斯。一些英國人認爲法國是個可怕的聯盟，法國所做所爲對英國在各方面都像是累贅，「法國人使用我們的儲備，在各方面阻礙著我們，並且延誤了我們的行動」。還有人向額爾金伯爵做如下的建議，希望英軍採取明快果決的手段，「歐洲的情況是很難應付的，成爲結束這一事件的另一個理由。因爲如果俄國和法國聯合起來反對我們，不僅他們在這裡會有一支強大的武力，而還會經由俄國比我們更快地得到各種消息，這對我們是不利的」。

一八六〇年春，英法聯軍駛達上海集結，隨即北上進攻。九月清廷與英、法代表在通州進行會談，雙方爭執不下。談判期間，僧格林沁俘虜了談判代表巴夏禮等三十九人（二十六位英國人，十三位法國人）。這些英、法使節遭到清國政府的凌虐，許多人在審訊時死亡。這項做法完全違反西方所認知的國際談判中對待使節的禮節，也形同對大英帝國的最大羞辱，接著便是英、法兩國對這樣明目張膽的「罪行」該如何懲罰的問題了。在這過程中，有一件明快而僥倖的舉動——十月初，粵海關監督恆祺爲挽救巴夏禮及其秘書的生命，做出一項奇特的努力，在皇帝下令處死的諭旨抵達前不到一小時的時間，恆祺從宮中朋友聽到此一消息，勸使處理外交事宜的恭親王倉卒地將巴夏禮等人從關押的廟寺監獄中釋放出來。這件營救工作如果晚了幾分鐘，其後果恐怕更難以收拾。

一八六〇年十月，英法聯軍從天津攻入北京，咸豐帝一行人在此之前從圓明園後門倉皇出逃；在英國、法國軍事和外交壓力下，恭親王奕訢接受《北京條約》。十月中旬，爲了報復對巴夏禮等人的酷刑和處決，額爾金下令摧毀北京圓明園這座象徵中國皇權園林和擁有不可估量的藝術建築奇蹟。這場掠奪行爲是十九世紀英國在全球海外擴張中最大規模地對他國首都宮殿的破壞劫掠。圓明園被三千五百名英國軍隊點燃，燒了三天三夜，額爾金和他的部隊從皇宮中掠奪了許多珍寶，並將它們帶到了英國。附近的頤和園（清漪園）也遭到了攻擊，但破壞的程度沒有圓明園慘重。一個英國士官描寫到「在我們的歐洲沒有任何能給我們那樣豪華的景象，要我以幾行文字形容它的華麗是不可能的，那些炫迷的奇景，特別使我深刻難忘」。法人最初反對英人縱火放燒圓明園，但英軍點燃巨火後，法國士兵也加入搶掠的行列。據說聽到英、法軍闖入圓明園掠奪，住在附近的中國老百姓也有人加入搶奪宮中藏品的行列。在此之前已逃往承德避難的咸豐皇帝，當聽聞圓明園被劫燒的消息，痛心悲憤不已；之後同治皇帝不顧朝臣反對，在國庫空虛下仍執意修復部分園林。

極具諷刺的是，下令火燒圓明園的額爾金來自具有古典藝術涵養的家庭，而法國葛羅公使也以銀版攝影而聞名於世，兩人都是藝術的雅好者。額爾金的父親即著名的湯瑪斯．

卜魯斯伯爵（Thomas Bruce, 7th Earl of Elgin），正是將大理石雕從雅典的帕德嫩神殿（Panethon）移出，以滿足個人貪婪收藏欲望的藝術收藏家。更不幸的是，一九〇〇年來自八國聯軍（美國、義大利、奧匈帝國、日本、德意志帝國、俄羅斯、英國和法國）的四萬多軍隊進入北京並在此紮營，慈禧太后與光緒皇帝一起逃走，士兵們再次打開圓明園等地的大門，開始搬運文物。美國傳教士丁韙良（William Alexander Parsons Martin, 1827-1916）形容那些掠奪者的爭搶場面只能用暴動來形容，眾多的中國俘虜遭到殘暴的虐待和無情的槍殺。對於這種極端暴行所做的報導和見證，讓當時一位美國作家感覺是「這些中國人所遭受的對待就像古羅馬尼祿皇帝在位時期的基督徒」。值得注意的是，大約在入侵的一年前，這八個列強全都加入了一八九九年的《海牙公約》，明文禁止被視作理所當然的戰時搶奪和恣意殺戮。

在一八六〇年簽訂北京和約之前，俄國大使伊格那提耶夫（Nikolay Pavlovich Ignatyev）扮演中外調停者的角色。當負責交涉的恭親王在聽聞圓明園被燒一度想逃亡出京時，他勸說恭親王留下來談判並接受聯軍條件，免得大清王朝覆頂。據說額爾金因清廷虐囚事件，一度有扶植漢人王朝的想法，而此時中國南方則有太平天國的威脅，雖然這時太平天國正處於嚴重內訌，但是清王朝的國祚命脈在英法聯軍攻下津京，且咸豐出亡的情況下，朝廷大為慌亂震驚。聯軍撤出北京後不久，俄國大使獲得《中俄北京條約》，可說是這次調停的獎賞。

英、法《北京條約》的主要條文有：割讓九龍予英國並納入英屬香港，增開天津爲商埠，並承認一八五八年《璦琿條約》有效，將原先規定爲中俄「共管」的烏蘇里江以東至海之地（包括庫頁島以及不凍港海參崴在內）四十萬平方公里永久歸予俄國所屬，從此中國喪失東北地區對日本海的出海口。俄羅斯的新擴張，對清廷而言不亞於來自太平洋的英法聯軍所帶來同樣的巨大威脅；因爲它從陸地沿著中亞到朝鮮的四千英里邊界包圍中國。當俄羅斯在一八七〇年代在新疆試圖扶植穆斯林獨立時，清廷召集了大規模的軍事行動予以擊潰，暫時挫敗了俄羅斯在當地的勢力，到了一八七六—七七年陝甘總督左宗棠以極其殘酷的手段平定這場新疆「回亂」，這段屠殺穆斯林的歷史爲左宗棠的歷史評價，留下黯黑紀事。因此，英、法《北京條約》係以維繫大清帝國的國祚而簽約收場，但是不能忽略此一協議含有以清俄邊境問題做爲交換的利益。這一部分留待第五章詳述。

駐京公使制度的建立

關於公使駐京問題在這次額爾金來華的使命中究竟有多重要？徐中約和王曾才曾有不同的持論。徐中約在《中國進入國際大家庭：一八五八—一八八〇年間的外交》一書中，認爲駐使問題在額爾金所奉使命中係屬次要問題，其主要論點爲：此時英國政府所最重視者爲擴張商業利益及解決未決的懸案，駐使問題在五項要達成的任務中僅居第四，且要用和平談判的方式達成。徐中約認爲這樣的訓令表明，公使常駐北京問題在英方官員的意識裡僅居相對次要的地位。英國政府首要關切的問題似乎是拓寬商業的便利性和解決現有條約中出現的分歧，而非同中國建立外交關係，條約權力和貿易利益是具體實際的利益，有必要動用軍事力量對它們加以保護。相反地，公使常駐北京只是保障商業利益的一種方式，有則最好，沒有的話也不值得以一場戰爭的代價來換取。當然，有一名常駐公使駐紮北京，對英國是一件有利的事情。然而，王曾才在《早期中英外交史》認爲如果細查英外相克拉倫敦的訓令，便會發現上述說法有待商榷，他認爲駐京問題的重要性應該是高於商業利益。駐使問題確爲五項任務中的第四項，但前三項皆與亞羅船事件有關，爲促進第二次中英戰爭的直接原因。至於用修改條約的辦法以求取商業利益，則列爲第五項。在如何達成駐使目的方面，該項訓令實際上的措詞是：

在你抵達中國之後，即使是對前三項問題已經有了滿意的解決，女王陛下政府仍認為你應直馳白河口，設法與北京朝廷直接交涉，用談判的方式以求達成上述重要的目標，即與中國朝廷建立直接的交涉關係和擴展貿易的交易。……

據此項訓令，顯然英國政府對北京駐使和擴展商業利益予以同等的考慮，而派駐使節正是維持與擴展在華貿易利益的最佳辦法。王曾才又由以下幾點論述英國派駐使節入京的重要性：第一是自從克里米亞戰爭以後，英國逐漸認爲中國可能成爲第二個鄂圖曼帝國而爲俄國侵略的目標。他們相信可藉英使駐京和加強英國影響力的方式，來鼓舞中國抵抗的決心。第二爲英國人認爲廣州欽差大臣主持中國外交的辦法，是一切衝突之源。第三，額爾金認爲英使駐京可以幫助中國政府來管制和約束英國僑民的胡作非爲，因爲他在通商口岸考查的結果，發現在華外僑有「不可原宥的放縱」（a culpable laxity）的情事。額爾金相信，如果有一位公正的英國外交代表常駐京師，當可對這一方面有所助益，從而改善雙方的關係。訓令中提到的中國可能淪爲下一個被俄國人侵略的鄂圖曼帝國，英國自許爲善意的仲裁者角色，過去不太被注意。

上述兩位學者的說法其實頗有互通之處。公使入京爲當時歐洲主權國家對於外交交涉之必要程序和國際禮儀，拓展通商貿易則爲其目的，而公使談判的內容往往涉及商務拓展問題，商務交涉所涉及中外制度性差異，甚至誤解衝突，都有待中外條約的明文化和制度化的解決，因此政治與商務發展係一體兩面。進一步言，一八四二年清帝國開放五口通商以後，各國陸續派有領事官進駐中國口岸。口岸領事爲各國對華政策的執行者，促進大英帝國的商業利益，並負有保護本國僑民在華進行貿易活動的安全職責。十九世紀大英帝國在海外的殖民地已超過英國本土領土總合之面積，公使駐京爲當時一般之國際外交慣例，英國亦很早發展一套完整的使領制度，獨在中國無法實施，亦可怪歟。據文獻所載，早期英國領事分爲「支薪」與「不支薪」，支薪領事不得從事商業活動，所有領事館開支由國庫支付；不支薪領事得以收得之規費支應館務開支。至少在一八五九年，英國開始有固定薪資（fixed salaries）的領事，並朝向薪資化的改革，這是爲了避免領事一旦兼事個人商業活動，可能以私害公，從而影響外交政策的執行；更重要的是，建立一套專業化的使領制度有助於鞏固大英帝國的海外政治和商業活動。因此，英國堅持公使駐紮北京一事，通過使領制度的運作順暢，以聯結整個大英帝國在海外和中國貿易的網絡，這是自五口通商以來迫切想解決的事情。

在一八五八年《天津條約》談判期間，英方在堅持要求獲得公使駐京權利的同時，亦表達了要中國派遣駐英大使的願望。桂良和花沙納在一八五八年六月十一日知會額爾金，議和之後，大清皇帝將挑選一位官員作爲欽差大臣帶著國禮赴英，以示兩國友好。這一陳述更似在戰爭中失敗者的示好表達——急切向勝利者建立一種和睦氛圍以開展艱難的談判，而非一項決策主張。但這可能是清廷第一次向西方國家表達派遣使團的意圖。清廷終於在一八六七年正式派遣第一支使團——蒲安臣使團（Anson Burlingame Mission）赴歐美展開親善之旅。（詳見第四章）

上海地位的上升與「合作政策」之開啟

從亞羅號戰爭前的廣州總督體系到一八六一年總理衙門建立之前，這時期的上海在外交重心上扮演了一個過渡時期的角色。清廷在天津談判期間，朝臣建議在上海設專辦夷務大臣，以消除夷人不滿。英國卜魯斯以使節身分折返上海，在上海簽訂稅則會議，清廷則希望將外國使節留在上海，派通商欽差大臣做爲北京的談判代表來交涉問題。當然，這僅是維持一時的中外技術性問題，並無法解決公使常駐北京問題。但是突顯了上海地位的上升，不僅在貿易上取代了廣州做爲對外貿易的中心，這個階段在外交上亦有重要的作用。

爲了鎮壓太平軍與小刀會起義，必須取得餉源，但太平天國占領天京後，清廷即難以控制上海海關。清廷授權蘇松太道兼江海關監督吳健彰於一八五四年（咸豐四年）與英、美、法領事談判，將海關和關員置於英、美、法三國領事管轄之下。通曉英語、具靈活外交手腕的吳健彰負責雇用由領事提名的外國稅務司，使之規定外國商人的納稅額。雖然一八五四年的協議給予領事以關稅控制權，但英國政府最初似有不願意承擔此一責任的想法。不久雙方一致協議外國稅務司雖然是外國國民，但只替中國皇帝效力。決定由三國各派稅務司一人「協助」清朝政府徵集關稅。很快，這個委員會的職權擴充到了海關、航運甚至郵政管理方面。從清末到民國時期，無論沿海，還是內陸，海關對於中國而言都是一個重要機構，也是一個未有中斷且勢力幾乎可達全中國的機構；它同時加速了中國與國際在經濟、貿易和政治方面的全方位互動關係。據張志雲的研究，從一八五四年至一九五〇年的時間，共有超過一萬一千名的外籍關員服務於海關總稅務署，並且履行保護海關徵稅收入以支付中國的內外債和賠款等職責，以及參與各式各樣的超出海關職責的活動；此外尚有一萬餘名的華籍關員受雇從事文書與勞務等職務。百年海關史的發展正是交織著一部近代中國史的全方位寫照。

一八五五年英國人李泰國（Horatio Nelson Lay, 1832-1898）出任清朝政府首任海關總稅務司，直到一八六三年由赫德（Robert Hart）接任。接著，一八五八年十一月，桂良等與英、法、美代表分別簽訂了《通商章程善後條約》，使鴉片得以洋藥進口，等同貿易合法化之外，其中規定稅則：商稅率比一八四三年《五口通商章程及稅則》降低，對一般進出口貨物按「值百抽五」（五%）抽稅，貨物轉口運銷除徵二．五%的子口稅外免徵一切內地稅，並且規定聘用英國人幫辦海關稅務，中國從此拱手出讓海關主權，此一海關稅務司制度又從上海推及全國通商口岸。由於各種機緣的湊合，此後在第二任海關總稅務司赫德的長期主導下出現了一個相對可靠又有效率的近代海關，中外共同在這一海關機制中獲得相互利用的機會。

在一八五八年最後幾個星期中，額爾金與首任海關總稅務司李泰國等人，帶了五艘戰艦，溯江而上航行六百英里，通過鎮江、南京、安慶、九江而達漢口，以便選擇最好的新貿易口岸。這次突然闖入長江流域的「勘察」，當然引起了上述各地區抗擊太平軍的清朝官員的「驚慌」。理由是《天津條約》曾有約定，在簽字一年後開放鎮江通商，但在平定太平軍以前不開放其他商埠。額爾金在議定上海稅則的同時，安排長江勘察這一絕招，使人不難看出英國與清廷巧妙利用了共同利益為彼此的貿易外交謀求勝算。通過這一修約的形式，等於宣告了英國將繼續認可清政權的共同利益，它將體現在鎮壓太平軍叛亂和制定擴大貿易方針的方面，並且賦予一種希望——給外國商人帶來利潤，也給清王朝開闢財源，從而使得清帝國在內外交迫中得以掙扎求存。

因此，一八五八年清廷雖默認英、法提出天津和約的要求，但清廷也必須優先考慮國內致命的叛亂危機，太平天國在長江下游心臟地帶的擾動，嚴重威脅大清帝國的安危，以致清廷在一八六〇年不得不授予漢人曾國藩以財政軍事大權，指揮所有力量去消滅太平軍。定都南京（天京）的太平天國在一八五八年發生內訌，湘軍順利攻下九江，安慶成為天京上游唯一的重要屏障，湘軍乃全力部署攻破安慶。由此看來，清廷在一八五八—一八六〇年間對《天津條約》和《北京條約》的處置，則可以置入此一背景去理解。辦理交涉的恭親王等人的奏摺曾概括說，對北京朝廷而言，太平軍和捻軍是心腹之害，蠶食中國領土的俄國是肘腋之憂，而以暴力要求貿易的英國不過是「肢體之患」。一八六〇年代英國建立駐京公使後，採取穩健而審慎的態度。卜魯斯與其繼任者均頗能欣賞古老北京城的生活，並與中國官員和平相處。英國政府相信，如果中國中央政府（清廷）的力量再續受削弱，終將會使英國在中國的長久利益蒙受不利，因而在《北京條約》之後採取支持清廷的政策。英國公使與其他西方國家駐華使節，特別是美、法兩國，取得協調，對中國採「合作政策」（Co-operative Policy）。這個政策的主要目的，便是在西方國家的條約利益與中國的主權之間取得平衡，從而維持了一八六〇—一八八〇年這二十年之間外交上相對和平的年代。

二、太平天國——具內戰性質的動亂

十九世紀中葉舉事於廣西，一八五三年攻佔江蘇省江寧（今南京）並定都於此，改名天京，建立國號的太平天國，是鴉片戰爭以後最大規模的「叛亂」。太平天國的建立與滅亡，長期被定調為叛亂的歷史，後來在建構辛亥革命史蹟時其排滿反清的政治色彩又被大大加持。在太平天國的最後幾年間，美國發生南北戰爭（一八六一—一八六五），相較之下，中國這場內部動亂死亡的人數至少是美國內戰的三十倍之多。所不同的是當時美國北方稱南方為叛亂戰爭，南方則稱自己為獨立戰爭，其後名稱則趨於中立，被定義為美國內戰。於今我們知道，不論是湘、淮軍或太平軍，在這場內戰動亂中所造成的殘殺對方的暴行、無辜婦孺人民死於刀禍的慘境，絕對有過於英法聯軍在京津一帶的燒殺擄掠，而外人在太平天國戰役中為保有其上海僑民的安全，甚至還提議上海中立化（上海不能成為交戰區），上海也由此成為近現代頻繁的政治動亂中老百姓奔赴躲藏的避難所。從這些線索而言，或許我們可以將太平天國定調為一場具有內戰性質的動亂。

社會橫剖面與重構敘事

有別於過去的研究強調農民起義的社會因素或官逼民反的政治理由，近年來有一些西方著作重構太平天國的敘事，他們關注的是一種社會動亂的演繹過程和人民的處境，像史景遷（Jonathan Dermot Spence）生動捕捉了這場動亂的主角洪秀全的心境，其弟子普拉特（Stephen R. Platt）則以小說家手法重寫這一事件中各個角色人物的出場和落幕，並還原到當時中國與世界接觸的各個場景和情境的推演。梅爾清（Tobie Meyer-Fong）從當時人的日記、筆記和方志，敘述戰爭時期人民如何在這場劫難中生存下去，著墨太平天國戰爭時期的暴力、失序與死亡。關於太平天國革命的起源，已有許多的學者針對社會經濟、政治腐敗、自然災害、旗人武備勢力的鬆弛以及地方武裝勢力的興起等等因素做出具體而深入的研究，因此作者將不必重覆縷述。本章關注的是：這一事件的國際視角和當時西方人的記載，特別是親歷太平天國的外國人，這場動亂如何牽動西方人的目光，以及他們採取怎樣的行動。從某些角度而言，太平天國似乎和中國歷史上大多數的社會叛亂有著似曾相識的理由，但最大的不同是，它是同時發生在一個和西方交會的國際舞臺上所鋪展的兩幕曲。對清廷而言，這場動亂的威脅可能比列強的侵略戰爭來得可怕。對西方國家而言，若要將它視爲與清軍的交戰團體，則宜保持觀望和中立；若視太平天國爲叛亂團體，那麼就繼續通過與清廷簽訂條約，以確保雙方的外交關係。

太平天國革命領袖洪秀全是出生於廣州的客家人，其最早的支持者是其少年私塾同學馮雲山。一八五〇—一八五一年間在廣西舉事，在短短不到一年的時間內，便發展成爲全國性的運動。「太平」一詞出現在中國典籍，曾是歷史上數個皇帝的年號，而「天國」一詞取自聖經，「太平天國」意指地上的天國之境。太平天國蓄髮、披髮，故太平軍被稱做「長毛」，清廷稱其爲「長毛賊」、「毛賊」、「髮逆」等。又因洪秀全籍貫爲廣東省花縣，其他的太平軍將士亦多起自兩粵（廣東、廣西），故清廷亦稱其爲「粵匪」、「粵賊」。

太平天國革命得以迅速發展的原因，與中國歷史上民生凋弊、官逼民反的現象具有同質性，但很大的不同是，在中國治亂興衰的朝代史中從來沒有一個動亂是如此跟國際因素產生聯結，包括它擷取自西方基督宗教自創的上帝教、人民生計的白銀問題、洋人參與和國際勢力的介入等等，甚至這場革命動亂爆發前的一連串自然災害，似乎也帶有全球性質。

從社會經濟的根本問題而言，此時清朝的統治已經走到左支右絀的地步，代表性的現象便是繁重的賦稅以及社會的不公。根據學者的研究，清朝的土地稅原則上是徵收白銀，人們必須將日常生活所使用的銅錢兌換爲銀兩，繳交稅金。其兌換的匯率約是一兩銀換一千文錢。如同我們所熟知十九世紀鴉片貿易的代價，使得中國的白銀大量流失，出現「銀貴錢賤」——亦即銀價飛漲的現象，一兩白銀的匯率暴漲至兩千文錢以上，這實際上等於加重了人民的賦稅。同時，十九世紀中葉發生了許多自然災害，河南乾旱、廣西省飢荒、長江沿岸四省水患、山東境內黃河改道等天災，而官府的賑濟不力、吏治不彰，更加深了民怨。再者，鴉片戰爭的敗績也暴露出王朝的軍事能力衰落等等因素。上面這些因素都提供太平天國革命爆發的背景。此時再有秘密會社或秘密宗教爲之煽動，民怨之火就像野草一樣燃燒起來。

洪秀全吸納了一些秘密會社信徒，利用他們起事。太平軍和秘密會社之間始終維持微妙的關係，雖然教義並不相融，但只要接受太平天國的法律和紀律，便可加入太平軍。洪秀全起義的檄文嚴斥滿人壓迫，宣稱太平軍的起事是要替天行道：「予惟天下者中國之天下，非胡虜之天下也；衣食者中國之衣食，非胡虜之衣食也；子女民人者中國之子女民人，非胡虜之子女民人也……自滿洲流毒中國，虐燄燔蒼穹，淫毒穢宸極，腥風播於四海，妖氣慘於五胡，而中國之人，反低首下心，甘爲臣僕。甚矣哉，中國之無人也！」。挑動滿漢情結，以此鼓動一些中下層的漢人平民，這些都使太平軍的勢力很快地壯大起來。上文所謂「天下……非胡虜之天下」，「推翻滿清」這個概念，也就成爲後來孫中山建國神話中的原型。

太平天國由於最初帶有的神秘的基督教色彩，最早頗受到西方傳教士的重視，但他們很快就失望地發現，太平天國所傳播的拜上帝會和西方基督宗教有很大的差異。美國浸信會傳教士羅孝全（Issachar Jacox Roberts）在一八四四年進入廣州傳教，創立中國第一所浸信會會所。一八四〇年代後期洪秀全到浸信會禮拜堂向羅孝全學習《聖經》。太平天國的領導人之一洪仁玕受洗入教，並曾爲宣道士，對香港早期的基督教信仰的傳播，有重要的影響。一八五八年洪仁玕從香港抵達天京，力圖以新思維改善對外關係，洪仁玕曾在香港待過，寫過一本《資政新篇》，提出太平天國應放棄萬方來朝的幻想，主張向西方開放，中外平等對待，是太平天國中極少數具有外交眼光的人。洪仁玕雖被封王，但因他的領導輩分較低，不在權力中心，一八六四年英勇戰死。

一八六〇年十月，羅孝全離開廣州前往太平天國的首都南京。他沮喪地發現，太平天國的信仰與他自己的基督教大相徑庭，但還是接受了太平天國朝廷通事官領袖之職，擔任太平天國與洋人交涉事務的顧問職位。在天京，羅孝全安排了一些來自美國的浸信會成員訪問南京，並直接與掌管外交的洪仁玕會面。後來羅孝全與洪秀全發生爭執，於一八六二年一月登上英國炮艦雷納德號離開，並指責洪秀全的種種邪妄不是，對太平天國進行了激烈的批評。

外人筆下的太平天國

做爲一個建立新王朝的南方政權，很令人訝異的是太平天國似乎沒有用心經營如何獲得歐美國家的支持，甚至也沒有以其拜上帝會的信仰通過傳教士來爭取歐美國家的支持。多數的英美人士在訪問成立的太平天國後，並未有好感。但在外人筆下的記載中，亦有同情的立場，提供我們思索這場歷史動亂中的不同書寫。他們不見得是眞正認同太平軍的立場，而是認爲清王朝對人民的鎭壓控制不亞於太平軍，太平天國提供了另一種政治選擇的可能性。

太平天國剛建都之初，一八五三年四月，香港總督文翰（或譯「文咸」，Samuel George Bonham）在譯員密迪樂（Thomas Taylor Meadows）的陪同下乘坐「赫爾梅斯號」（HMS Hermes）訪問天京。這次訪問無疑帶有一種試探性質，可是這次的訪問並未見到洪秀全。密迪樂寫道：東王楊秀清是首要的軍事權威和政治權威，他們說天王洪秀全只是一個被承認的君主，人們從來看不到他。事實上，主要是因宮廷儀規而未能直接與洪秀全見面，但密迪樂成功拜會了「北王」韋昌輝和「翼王」石達開。從英國方面而言，讓文翰停留在「赫爾梅斯號」，而由譯員密迪樂和太平軍的其他首領會面，或是出於一種謹愼和對大清的表面禮貌，擔心予人有和「叛軍」聯絡的口實。通過密迪樂轉給文翰的「聖諭」，顯示太平天國是一個宗教與政治的奇特混合組織，其仍保有「天朝」「天王」等傲倨態度。

圖 2-3　帶有基督教色彩的太平天國始終吸引外人注意。圖為太平天國「拜上帝教」的聚會情景。*Asia*, Jul. 1928.

例如：「耶穌初顯聖外國，傳下聖書，英國信之，近又顯聖天國，遣使迎我主升天，封爲天王」、「天王爲萬國太平眞主，則天下萬國皆當敬天從主，知所依靠。爾等果能敬天識主，我天朝視天下爲一家，合萬國爲一體，自必念爾等之悃忱，准爾年年進貢，歲歲來朝，方得爲萬國之臣民，永沐天朝之恩澤」。太平天國對於是否遵守中英之前訂定的《南京條約》，亦是含糊不清，而這正是英國政府當時最在意的權益。此外，他希望太平軍不要進攻上海，以保護外人在上海的安全。鑑於中國江南重要地區陷於混亂和不安全的狀態，文翰建議在中國情勢未明之際，保有對中國內戰持中立的態度，靜觀其變，在此一關鍵時刻以最小代價謀取英國的最大利益。

有意思的是，密迪樂本人對於中國內部的社會叛亂，有較多的同情。他受到德國東方學家卡爾·諾伊曼（Karl Friedrich Neumann）在慕尼黑講座的啓發，於一八四一年開始學習漢文，想瞭解東亞文化。密迪樂於一八四三年初抵達中國，並迅速晉升爲廣州這個重要條約港口的領事翻譯。後來他出版了《關於中國政府和人民及關於中國語言等的雜錄》（*Desultory Notes on the Government and People of China, and on the Chinese Language*, 1847, London）證明他已是個中國通了。另一作品《中國人及其叛亂》（*The Chinese and Their Rebellions*）於一八五六年出版，書中提到「目前的中國叛亂」（即太平天國叛亂），並從中國內部的民族哲學、倫理、立法和行政管理等層面觀察這場動亂衝突。此外，該書還附有一篇關於東方和西方的文明及其現狀的文章，對於如何促進中英雙方的文化理解，提出個人的想法。

密迪樂基於他對中國社會文化的理解，認爲：

> 我們在這個國家內尋找另一種力量來代替原有的政權是極其重要的事。我們只要發現了這種力量，就不應該對它加以打擊，而應該渴望它迅速地成長起來。我們只要聰明而公正地堅持不干涉原則，正當地遵守我們和大清政府所簽訂的條約，就可以不必採取積極步驟而幫助這種力量的成長。可是，如果我們首先去摧毀那個現存政府，繼之又去阻撓其他力量的成長，那麼就我所指出的巨大利益方面來說，則無

疑地是一條自殺的道路。現在我們發現，太平天國就是這種另外的力量，南京所建立的政府就是這種另外的政府。

同時他也對傳聞中太平軍處死作戰不力的士兵或對待敵軍俘虜殘暴不仁的說法，予以辯駁。他認爲這些說法是出於維護大清王朝利害關係所散布的謊言。密迪樂也提到另位英國傳教士楊篤信（Griffith John）自上海航往蘇州再由蘇州前往南京，並在南京逗留了數天。他說太平軍盡力保護那些願意留下並完全遵守太平天國法律的城鄉居民。鄉民各安生業，一些太平軍在各地調動時毫未引起驚恐。有土地的紳士們成群排隊拜見太平軍的首腦，表示他們對於太平天國的忠誠擁戴。他也看到在大清境內地方官府對平民的苛征暴斂，並且盜匪猖獗的情況。至於對待外國兵艦的情況，外國兵艦曾有在未取得任何聯繫就溯江向太平軍的炮壘駛去，而太平軍出於自衛權利，就攔阻這些行跡可疑的武裝船隻，可是他們一聽說這些船隻並非他們的敵人大清所僱傭的，而是爲中立的外國政府所有，他們就立即停止開火。

具有傳教士背景的密迪樂，從中國文化治亂興衰的內因和族群因素來看待這場動亂，而在中國近代史的書寫中，這位中國通的名字長期被遺忘了。當然，在孔教聖地突然出現自稱天父聖子的政教組織，令他感到好奇與振奮。但密迪樂並非對太平天國的拜上帝會有所推崇，或是眞正相信太平天國有能力推翻清政權，取而代之統馭中國，而是做爲一名努力學習中國歷史文化的傳教士外交官，他透視清王朝的腐敗和中國各地的語言文化不同，意識到中國可能需要一場翻天揭地的大改造。密迪樂筆下所說的地方仕紳向太平天國的輸誠，於今我們相對可以接受，這是留在新政權底下人民必須存活的不得不然的表態，密迪樂呈述了「中國及其叛亂」的不同稜鏡。

一位英國軍人呤唎（Augustus Frederick Lindley）成爲太平天國的支持者，他積極爲叛軍作戰，並對太平天國的事業充滿信心。一八五九年，少年的呤唎前往香港服役，次年辭職後前往太平天國控制區經商。一八六一年，呤唎正式投效太平天國忠王李秀成，爲其訓練軍隊，並多次親自參戰。一八六六年二月三日，呤唎出版《太平天國革命親歷記》（*Ti-Ping Tien-Kwoh: The History of the Ti-Ping Revolution, Including a Narrative of the Author's Personal Adventures*）一書，記述了他參與太平天國運動的歷史，並將其題獻給一八六四年被湘軍捕獲斬首，具有悲劇英雄形象的李秀成。太平天國將領李秀成在攻下杭州時，不嗜殺，對「被獲滿洲兵將」不准殺害，不願投降者，給路費。據載，浙江巡撫王有齡在杭州被攻陷後，懸樑自盡，李秀成還遣人將其棺木護送回鄉。呤唎的兩卷本作品中，熱情洋溢地描述了一八五〇—一八六四年的太平天國運動，它提到這場遍及中國南部的平民運動，在皈依基督教的洪秀全的領導下，他們奮起反抗執政的清朝，試圖強行推動社會、商業和宗教的改造，但最終在英國和法國軍隊幫助清廷之下被殘酷地粉碎。太平軍蓄髮包頭的形象，除了成爲太平軍將士們的一般特徵之外，更成爲與剃髮留辮的清軍鮮明不同的敵我標誌。呤唎對太平軍的熱情也反映在對這支隊伍的外貌和服飾上的描述：「被清帝國壓迫的中國人有著漠然、乏味的面容，而太平軍的成員卻展現了聰慧、直率和乾脆俐落，他們求知若渴，而且很有軍事才能。」他把太平軍裡的湖南人描寫成有著安達盧西亞美人的眼

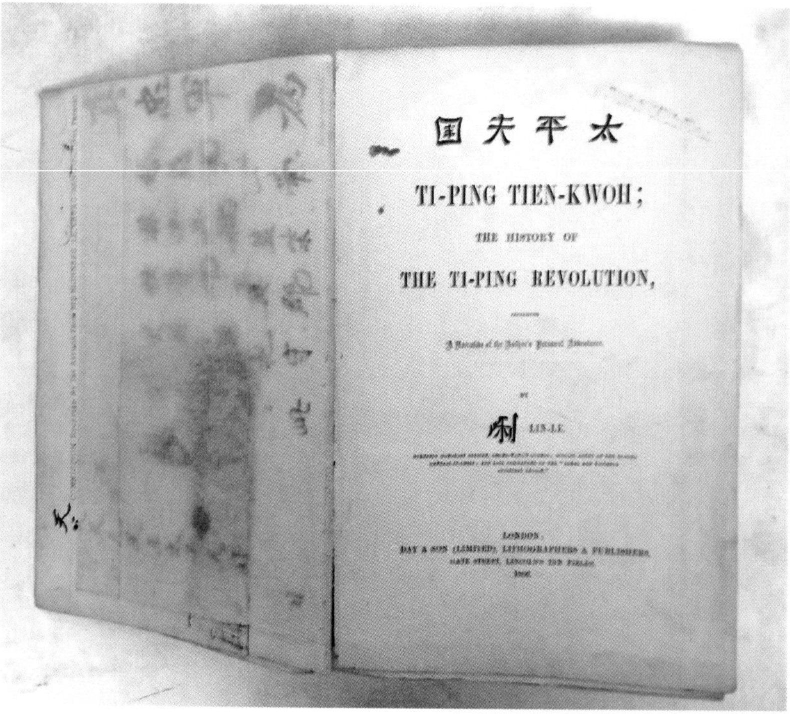

圖 2-4　英人呤唎所寫的《太平天國革命》一書，獻給忠王李秀成。出版於 1866 年。

睛，幾分像歐洲人；太平軍的前顱頭髮留長不剃，將辮子像頭巾一樣纏在頭上的樣子，綁上紅線，末端結穗的形象。呤唎將太平天國成員和滿清人的頭髮做鮮明的對比，並繪有比較插圖，從很細緻的外觀描述，充滿對太平軍讚譽。呤唎在第二卷的書中，特別關注為清軍效命的英人查理斯．戈登（Charles George Gordon, 1833-1885）將軍的行動和性格，提到戈登的部隊必須對許多暴行負責（詳下）。呤唎在一次參加太平軍的戰役中負傷，後來又因為患病不癒，轉回英國，一八七三年病逝，年僅三十三歲。他對太平天國的親歷和反對英國對華政策的尖銳批評，一些新鮮見解令英國人相當好奇。

機伶的西方國家與洋將助剿

一八六一年十一月清廷發生的一場政變使英國萌生了希望，已故咸豐帝的弟弟恭親王在這次政變中成了帝國的決策者，通融開明的恭親王準備與新條約相依為命，英國公使卜魯斯則準備提供一切機會讓他照此辦理。此後，英國對太平軍進行的干涉應當

圖 2-5　常勝軍將領華爾。*Asia*, Jul. 1928.

被視爲卜魯斯爲穩定中英關係而作的全面努力的一部分。沒有證據表明，英國害怕太平軍會成爲一個潛在的、更排外的政府。恰恰相反，倒是太平軍那些不出所料的弱點和無紀律，促使英國反對他們，轉而支持清政府。

清廷決定以洋兵助剿太平軍，當時北京和約既定，英、法、俄等國有意協助清廷平定太平軍，清廷明知此舉帶有讓外人訓練與指導中國軍隊而可能引發的危險性，但又迫於形勢，不得不要求外力介入。當時清廷曾國藩等人對國力尚不強大的美國較有好感，頗有借助美國之意，然而美國因爆發南北戰爭（一八六一—一八六五）之故，在中國的海軍幾全部撤回美國本土，美國政府內部焦頭爛額，無暇爲中國出主意，清軍祇好謀求私人的網絡。早在一八六〇年五月，蘇松太道道尹吳煦（一八〇九—一八七二）便著手徵集一支規模不大的「夷勇」。以吳煦和蘇松糧道楊坊（一八一〇—一八六五）爲首的上海紳商僱用一支私人部隊，楊坊是浙江銀行家，曾當過怡和洋行的買辦，而來自美國的「冒險家」——華爾（Frederick Townsend Ward, 1831-1862）擔任統領和訓練。同樣來自美國的白齊文（Henry Andres Burgevine, 1836-1865）和弗雷斯特（Edward Forrester）擔任華爾副手，這支部隊後來被稱爲「常勝軍」。華爾曾在中國輪船上任過職，在美國馬薩諸塞的賽勒姆（Salem）度過童年後一直在海上和陸上從事冒險生涯。華爾最初受雇於中國商人楊坊，華爾和地方官紳來往密切，娶楊坊女兒爲妻，清政府批准其加入中國籍，並正式下令把洋槍隊改名爲「常勝軍」，他也因而升爲副將。中文資料有稱他爲「華飛烈」，「願任中國臣民……輸誠而內附」華爾率領的中國軍隊約有五千名，用西式槍礮，這支軍隊戰績昭著，成爲清廷對付太平軍的主力之一。華爾於一八六二年九月慈谿之役，重傷殞命，李鴻章時爲江蘇巡撫，命滬道「吳煦等改爲中國冠裳，易棺收殮，葬於松江，以全其效命中朝之志」。

白齊文的父親曾是法國軍官，後移民美國北卡羅來納州。有資料稱白齊文在一八五三年前曾擔國會議員，然後在克里米亞戰爭期間應徵加入法國軍隊，因勇敢而獲得勳章。在太平天國的早期階段，他站在清軍一邊，擔任常勝軍的副司令，並在華爾死後接替指揮常勝軍。清廷任命白齊文，事實上違背了華爾的意願，華爾傾向由他忠誠的菲律賓部下馬卡納亞（Macanaya）接替他的指揮官職位，但中國朝廷卻選擇了白齊文。白齊文果然是無法駕馭的人，後爲李鴻章所撤換，因其將華爾之岳父楊坊鼻、頭、胸膛打傷，吐血不止，並將發餉之洋銀四萬餘元搶去。接著事態急轉直下，白齊文背叛了清朝，加入了太平天國的軍隊。後來他被遣送回美國，不得再進入中國，但他在走了一半的旅程後又偷偷回到了中國。清朝官兵在廈門再次逮捕了他。李鴻章想除掉他，但害怕美國政府因美國人在華享有領事裁判權而抗議，一時不敢下手。一八六五年，白齊文與清朝官兵在前往中國上海的路上被淹死在廈門附近海裡，不少人認爲白齊文是在李鴻章的命令下被謀殺的。

太平天國政權為何無法維繫

太平天國迅速興起於中國江南富饒之地，最終卻無法存續成爲一個有效成功的新政權，究竟該如何看待這場變亂？

孔復禮早在一九七八年出版的《劍橋中國史．晚清篇》中提到在十九世紀中葉，農業中國形形色色的叛亂連綿不絕，沸反盈天，但這些叛亂團體之間僅有偶爾的合作，這使它們很容易就被鎮壓。他認爲太平天國關於救世主的宣傳和教義的排他性，在中國傳統社會的背景下很難維繫下來。首先，太平軍的上帝會和教義的排他性，妨礙了太平軍與其他叛亂集團的合作。其次，太平軍摒棄傳統的社會價值準則，這個事實也使他們更難於將勢力伸展到所占城鎮以外的農村內地。而清帝國通過地方團練竟然成功地對太平軍占據的一些城鎮重心以外的農村保持控制。最後，孔復禮指出，太平軍比同時代任何其他叛亂都更加專心致志地直接對付他們的時代危機，並提出解決危機的具體辦法。太平天國頒布新的土地所有制（天朝田畝制度），實施新的地方控制

圖 2-6　華爾的中國夫人——上海商人楊坊之女。*Asia*, Jul. 1928.

結構以及對個人與國家之間嶄新關係的見解，這些都是針對清帝國後期那些令人矚目的問題作出來的眞正的反應。由於太平軍這一特有的現象以及太平軍產生的十九世紀中葉的社會史背景，要把它只歸諸爲王朝衰亡史這一習見的類型，恐怕是很難的。

太平天國由盛轉衰當然和其內訌有關。早在一八五六年太平軍就發生嚴重內訌，在天京事變中，太平天國東王楊秀清、北王韋昌輝以及一些天國精銳將軍死亡，這次內訌造成軍、民約兩萬人喪命，各方勢力爲保有自己的生命、權位和地位，濫殺無辜，此一事件普遍被認爲是太平天國由盛轉衰的轉折點。連太平天國將領中最富有謀略的翼王石達開都遠走四川，最後在清軍攻剿下，石達開爲保全自己部下生命而投降，最後被清軍所凌遲，爲其個人歷史增添幾分傳奇色彩。

圖 2-7　華爾死後清廷為其立祠，上有「同仇敵慨」四字。*Asia*, Jul. 1928.

湘軍勇於殺敵，但也濫殺平民。一八六一年（咸豐十一年），湘軍曾國荃攻破太平天國重鎮安慶，數萬安慶軍民被施以恐怖的暴行，無數亡魂死於湘軍刀下，曾國藩的幕僚趙烈文在《能靜居日記》中寫道：「殺賊凡一萬餘人，男子髫齔以上皆死，……婦女萬餘俱為掠出」，「軍興以來，蕩滌未有如此之酷者矣」。曾國藩在給曾國荃的家書中提到「殺賊至多」甚至痛哭流涕，自責不已。曾國藩是中國傳統文化的理想型代表人物，忠心耿耿於清帝，體現道德、剛毅和克制精神，但湘軍殺敵之殘酷無情，使曾國藩身後評價備受責難。曾國藩比洪秀全大二歲，出身湖南湘鄉的務農子弟，會試中舉後曾做到禮部侍郎（相當於現在的各部次長），但他政治事業的重要起點是靠地方團練湘軍圍剿太平天國，並將自己視為孔孟的忠實信徒，以〈討賊檄文〉痛罵洪秀全之大廢孔教而揚名起家。曾國藩擔任兩江總督後節制江、浙、皖、贛四省軍事。湖北巡撫胡林翼與他志同道合、相互合作，親弟曾國荃上前線打硬仗。以後曾國藩舉薦他的學生李鴻章做江蘇巡撫，友人左宗棠做浙江巡撫。至此，長江中游和下游都是曾國藩的勢力範圍，於是得以通盤籌劃，對洪秀全採大包圍戰略。

在國際因素方面，美國史家普拉特認為一八六一年美國內戰的爆發迫使英國必須有所行動，因為英國不能同時冒著失去美國與中國市場的風險，必須想辦法恢復其中一個的秩序。例如英國本可能介入美國內戰以重啓棉花貿易，但卻選擇投入中國內戰。事後英國首相曾把介入中國一事，當做英國爲何得以在不干預美國內戰下仍能熬過經濟崩潰的原因。或者換句話說，英國靠著對中國內戰放棄中立，才得以對美國內戰保持中立。

一八六二年，由李鴻章所率領的淮軍，在英國的援助下加入上海的戰線。加入李秀成軍隊的英國青年呤唎宣稱英國干涉太平天國之事，是爲了守護鴉片貿易中的既得利益，並強烈譴責戈登屠殺基督教教徒的太平天國人民，「每當我想起自己的國家對他們（太平天國）的態度，便以自己是英國人的身分感到羞恥」。英國在職軍官戈登接替華爾、白齊文之後，於一八六三年出任常勝軍統帥。戈登曾是在第二次鴉片戰爭爆發後，被派駐來華，於一八六〇年九月抵達天津，其後參與了英法聯軍佔領北京與火燒圓明園的行動。擔任常勝軍統帥的戈登嚴禁士兵劫掠，在軍中採以嚴刑峻法，軍紀嚴明，屢立戰功，遂有「中國人戈登」（Chinese Gordon）之綽號。常勝軍與淮軍憑藉著近代化武器發動一波波對太平軍的攻擊，一八六四年五月，太平軍最後的要塞——常州失守。一八六四年七月（同治三年），湘軍在曾國荃領導下攻破南京，洪秀全服毒自殺（一說病逝），太平天國滅亡。湘軍攻進南京後，爲永絕城民抵抗的疑慮，再次對無辜城內平民施展暴行，其慘烈比安慶之役更爲嚴重，有記載「（湘軍）一破城，見人即殺，見屋即燒，子女玉帛掃數入於湘軍，而金陵遂永窮矣」。以致南京人民有稱曾國藩爲「曾剃頭」。

太平軍餘部勢力，最後在李鴻章的淮軍和洋兵洋將的協助下被平定。一八七二年五月，太平天國李文彩（原屬翼王石達開餘部）在貴州敗亡，是最後一支打著太平天國旗號作戰的太平軍部隊。梁啓超曾說李鴻章生平對外人「常帶傲慢輕侮之色」，但他最敬愛常勝軍將領戈登與美國總統格蘭特（Ulysses S. Grant）。一八六四年，常勝軍解散後，李鴻章奏請兩宮太后，授予戈登清代最高武職提督稱號、賞穿黃馬褂；另外，英國也晉升戈登爲中校，並賜「巴斯勳章」（Companion of the Order of the Bath），後來調派至蘇丹擔任總督，不幸於一八八五年死於蘇丹內戰。馬祖列島有一「高登島」，係光緒年間爲紀念戈登鎮壓太平天國

圖 2-8　李鴻章於紐約格蘭特總統墓園植樹立碑紀念，作者攝於 2006 年。

而以其姓氏命名。

平定太平天國一事，將李鴻章推上晚清重要的政治外交的舞臺，此後到他死前（一九〇一）晚清內政外交幾乎倚重在他一人手上。美國總統格蘭特退休後舉行環遊世界的行程，一八七九年到訪中國時，讚譽這位素有「東方俾斯麥」（The Bismarck of East）之稱的李鴻章「充滿睿智和身段圓融的本領，以漢人（China man）受到韃靼王朝（Tartar dynasty）的尊崇，位高而權重」。格蘭特將軍崛起於美國南北戰爭，據載這次他和李鴻章的碰面場景，李鴻章自負地說：「格蘭特將軍和我鎮壓了歷史上最知名的叛亂」，還開玩笑說他姓李，格蘭特的對手也姓李（指：南方的李將軍，Robert Edward Lee, 1807-1870）。

晚清督撫權力和軍隊私有化之遺緒

過去曾有學者主張太平天國起事後，清廷平亂措施之結果，造成各省督撫權力擴張，形成所謂「外重內輕」的局面，甚至提出「地方督撫專政」或「督撫集權」說法。一般教科書亦曾有民國成立以後軍閥時代之起源，可以上溯於清末之地方督撫權重之說。然而，究竟咸、同之後督撫如何權重？其權重在何處？而清廷對各督撫是否失去控制權，聽其專斷自治？對此，劉廣京在《經世思想與新興企業》一書中曾有文討論。簡言之，他認爲晚清督撫的權力在軍權和財政權上雖有上升，但其權力仍受到相當的節制，而晚清中央與地方之關係錯綜複雜，各省之情況亦未必盡同，若將民初軍閥時代之淵源推及晚清地方督撫權重，則有待商榷。十九世紀中葉到一九〇〇年以前晚清督撫權力的主要觀察如下：

晚清督撫雖直接對皇帝負責而非對各部負責，但各部對督撫下屬之文武官員則不乏控制之權。舉例而言，各省之道府州縣除若干要缺照章依「本省題調」之外，其補用乃由吏部向朝廷推薦，或於合格之人員中，抽籤決定。督撫對道府州縣雖有監督和考績之權，惟督撫之考語須由吏部審核，升遷黜陟，吏部有調整控制之權。由是，中央能利用各省主要負責官員之間的彼此牽制，維持一種無形之勢，督撫在軍事及財政方面，因此不能切實集權。

以地方軍權和財政權而言，督撫的權力的確有上升，但不能過度誇大其權力。清末出現了一種新型官軍，即所謂「勇營」，如湘軍淮軍等是，自始即由督撫支持，而終歸督撫指揮。所謂「勇營」乃由朝廷詔許、由政府給餉之半正式之軍伍，但它不屬於八旗和綠營之正式軍事編制，也不是從地方零星之團練直接轉化而來。曾國藩所辦之湘軍為勇營最大規模者，同治初年有十二萬人之多。至光緒初年，每省皆有勇營，惟其兵額則較湘、淮軍為少。同、光之際雖然八旗綠營仍繼續存在，但太平天國、捻軍以及西南、西北之回民起義皆為勇營撲滅，各省鎮壓民亂維持治安亦仰賴勇營。督撫委派勇營之將領多由督撫揀選委派之，因此，咸、同以後，督撫確實握有較大之軍權，但仍舊必須向朝廷請示。

如上所言，晚清督撫權力是有所擴張，但仍稱不上專斷，劉廣京特別提醒晚清督撫之權力仍受到兩種力量的節制，一是省內層層單位自下而上之節制。即使「勇營」也並非完全受督撫左右，勇營內部基層組織之間的個人與個人關係，以及營官多半忠於原來受其拔取之統領，此中種種個人鄉土戚屬之間的關係，牢不可解。（亂事平定後，勇營數目逐一減少，而光緒初年勇營的數目已不再膨脹）。二是，督撫仍受中央有效的監督與控制。其一咸、同之後，清廷之所以能有效控制督撫乃基於晚清政治與文化兩個最根本的事實。其一為傳統儒家之忠君觀念之根深蒂固；其二為朝廷對督撫之任免仍有絕對之權柄。同治以後清初控制各省的嚴密制度已不能一一維持，而清廷為維持實際行政功效起見則重用漢人。同治朝漢人任總督者，約比滿人多一倍，一八七五年（光緒元年）至一九〇〇年的二十五年間，總督中漢人佔八一・五％，滿人僅占一八・五％。至於巡撫，同治朝漢人占八七・三％，光緒朝一八七五—一九〇〇年間任用旗人稍多，仍不過全數之二十三％，漢人居七十七％。然而，需留意的是清廷仍維持傳統對士人的控制政策，其選用總督依然堅持科舉出身，且大多為文人督撫，督撫中有軍功而能有實際軍事經驗者並不多，也就是說晚清督撫對清室之安全並無大威脅。

慈禧太后及助其鞏固政權之軍機處，除利用文化及綱常倫理為之維繫政權外，同時利用朝廷之絕對權威來統馭各省政策，亦即時常更動督撫之人事，使其在一省之任期不致於過長。從一八六〇—一九〇〇年間大多數之督撫任期皆甚短暫，以任期三年之內者爲最多。所以，過去史家忽略了多數督撫任期的統計數字，而將少數任期較長之督撫視爲普遍現象。至於任期最長之總督即人所盡知之李鴻章，任直隸總督長達二十五年，其間又兼北洋通商大臣，內政外交集於一身，爲極其特殊之現象。清廷之所以予一些漢人以特長之任期，乃借用其平亂中有治軍及籌餉之經驗，由其治理重要省份，足以維持清室之安全，並解決朝廷供應不誤。像左宗棠任陝甘總督十三年，即其平定陝甘回民，遠征新疆之時期。曾國荃、劉坤一任兩江總督較久，亦與其治軍理財之能力有關。任期長久之督撫行爲是否合例亦常遭各部挑剔，奏請處分。朝廷雖倚重督撫甚殷，而實仍控制之。

依劉廣京的見解，晚清一般的督撫，在專制王權之下無論其志向在造福生民，抑僅維持個人權位，一方面需與勇營統領官合作，以求地方安謐；另一方面則設法儘可能整頓財政釐金雜稅，以應付朝廷之攤派。一八五三年爲籌措軍餉以對付太平軍，在各地水陸交通要道設關卡，徵收「貨物通行稅」，此後清廷於全國各地遍行釐金制度。太平天國之後各省勢力的眞正成長，不在於督撫之專權，而在下層軍事與財政制度之變化。依劉廣京的說法，晚清一般督撫權力是有上升，但它們絕非野心勃勃之半軍閥，督撫對於府州縣之人事控制權實僅較咸豐朝前略增而已，對軍事權亦受到勇營內部之層層節制。我們可以說太平天國之後，由於中央政府面臨內憂外患，是有一種地方主義（localism）興起的趨勢，主要是地方軍事和財政的發展而愈形強烈，但是它和晚清督撫的權力是不能混爲一談的。即如李鴻章、劉坤一、張之洞等重臣，亦斷不能有「專斷」或「自治」之地位。及至義和團事件時所謂「東南互保」的局面，則是政治情勢崩壞的情況下，所採取的一種緊急救亡圖存策略。在八國聯軍兵臨城下時，由兩江總督劉坤一、湖廣總督張之洞、兩廣總督李鴻章、山東巡撫袁世凱等重臣達成協議，獨立行動，不參與清廷對列強宣戰，以避免帝國的富庶之地陷入戰火。此一政治情勢實爲特殊，無法用以解釋太平天國之後到一九〇〇年間晚清督撫權力結構之普遍現象和細緻變化。

太平天國內戰發生之後，久不能作戰的清政府正規軍八旗和綠營無法發揮國家部隊的作戰力，而有招募之地方鄉兵（勇營）。加上原來的地方團練，這些招募來的臨時軍隊或團練，並沒有「國家化」。據王爾敏對勇營制度的深入研究，所謂「勇」者不同於「兵」，主要來自招募之勇，參加者均由個人身分參加，由統將以個別分子選募，此一關鍵，亦私軍形式之必然條件。勇營之沒落，主要原因在於不堪適應現代戰爭之所需，亦即在現代國防任務上，勇營制度實暴露組織體系之簡陋單弱。中日甲午戰爭，爲勇營沒落之起點，事後即有「新建陸軍」（新軍）之代興。新軍爲甲午戰爭之後編練的新式陸軍軍隊，爲清末新政的一部分，袁世凱爲新建陸軍督辦。新建陸軍又名北洋新軍，發展成北方的六支主力部隊，也具有私人網絡和個人效忠性質。

軍隊的國家化是成爲具有現代意義的「國家」之重要元素。在太平天國的歷史中，我們看到攻下南京的湘軍係由地方鄉勇起家，充滿個人領導和地方主義的觀念，它往往被視爲近代中國私有軍隊的開始。一些學者認爲，這一軍隊私有化的領導精神後來傳給李鴻章所部的淮軍，而淮軍又傳給袁世凱的北洋軍閥，軍隊的私有化一直到一九三〇年代仍困擾中國政治局勢。湘、淮軍是士兵聽從個人指揮，帶有不歸屬國家指揮的風險，從近代中國的憲政之路和國家治理而言，軍隊「國家化」始終是一條漫長的道路。

＊＊＊

英法聯軍焚燬圓明園的暴行，不僅令清廷痛心疾首，其所代表之西方文明的英法聯軍如何蹂躪中華文明燦爛瑰寶的象徵，也成爲刻骨銘心般「國仇家恨」的歷史記憶，且幾乎是鋪天蓋地衝擊數代中國人對於這一段歷史的全面認知。然而，圓明園被火焚的受辱歷史，也必須從《南京條約》之後中外交往的歷史元素中去理解英國爲何要刻意燒毀清帝最鍾愛的皇家大樂園？中外關係中遭致了哪些不可化解的誤解，終於導致英軍的瘋狂洩忿行爲，而由此反思雙方或多個國家彼此曾經有的誤失，深化理解戰爭究責的內外因素。歷史往往來自於我們選取哪一部分的記憶，近代中國歷史中往往強調外人不應干涉中國內政，但太平天國的叛亂中，清廷卻要求英軍或美國方面提供救援，由於洋兵洋將和淮軍的合剿，並借助西方的近代化武器，大大有助於平定這場亂事；並且一八六〇年的北京修約也代表著清廷希望建立一種相對合諧的關係，以換取在這場亂事中快速維繫清廷國祚的認可和安定。

太平天國之後的近代中國歷史發展，我們仍舊可以看到一種反覆的相似。而一種道德的純潔性往往是「起義」集團的一方試圖以此贏得人心的手段，但也往往十分諷刺的是，在初嚐權力後，集團內部立即陷入權力的分食爭奪，進而背叛了革命的理想性。太平天國在政權剛步入正軌之時，就發生內部分裂的狀況，便決定了該運動必然的失敗。不僅如此，民國建立以後各種反覆無常的政治亂象、國共內戰及權力鬥爭的歷史，與太平天國的這段歷史，竟有著驚人程度的相似。這些攸關近代中國的革命與國家重建中所牽涉的普遍性命題，包含了政治藍圖的意識形態和理想、國家制度和社會重建、統治階層的個人欲望和控制，以及如何維持高度權力集中以鞏固政權之穩定（最後卻也往往因此而加速政權解體之危機）等等問題，而其最後的代價，往往是激發內戰造成人民傷亡之悲劇。太平天國的歷史，究竟帶來怎樣的政治遺產，使我們得以反思二十世紀以來中國一再發生的政治危機和國家統治的根本性問題，避免歷史悲劇以不同的形式一再重複發生，或許是重讀這段歷史的警惕。

第三章

試煉中的帝國——自強運動

一八六〇年代開展的自強運動，是一群洋務派官員和知識分子在謀「師夷之長技以制夷」的基礎上，藉充實軍備等手段，以達到富國強兵的目的。美國漢學家芮瑪麗（Mary C. Wright）於一九五七年出版其代表作《中國保守主義的最後抵抗——同治中興》，從書名即說出中國向西方學習時之欲拒還迎的掙扎，同治時期由一群捍衛儒家價值體系的傳統仕紳所主導的洋務運動之改革，奮力挽救了清朝國祚，使之得以再延續六十年，是所謂的「中興」。事實上，同治皇帝登基時年僅六歲，他是咸豐帝與慈禧太后所生之長子，在位僅十三年（一八六二—一八七四），同治皇帝年幼即位且短壽，肯定不會是眞正的中興之主，而是由一批忠心耿耿的洋務派大臣創造出的一股清新改革之風潮。

過去的論著往往將一八九五年北洋現代化的海軍敗於日本，視爲自強運動的失敗與結束，但近來學者愈來愈不以成敗論自強運動，因爲從近代中國開眼看世界的漫長過程而言，這一運動仍扮演了由上而下啓動按鈕的關鍵作用。當然，也有學者持論，比起日本的明治維新大刀闊斧的現代化改革，自強運動充其量衹是在傳統的經世致用之學中找尋改革的努力，稱不上眞正的維新。歷史評價是見仁見智的問題，端看作者採取怎樣的基本立場。不論其成敗，至少我們可以將這場改革運動，視爲近代中國自我探索並進行改革的一場試煉。

一九八〇年代台灣學界使用「自強運動」一詞，肯定這一運動務實改革的自強本質，當時中央研究院近代史研究所從庋藏的經濟外交檔案做出多本專論，迄今仍是此一領域的扛鼎之作。中國大陸則使用「洋務運動」一詞，在一九八〇年代以前的研究，大多批判清政府與帝國主義合作，借助外人的科學技術來維持統治階級利益的立場，而對中樞主事者多持以負面評價。近二十年來包括大陸學界也對洋務運動的階級鬥爭史觀有所修正，又因一九八〇年代中期中國大陸的改革開放，對於洋務運動所帶有的改革開放精神也逐漸轉移爲正面評述，並有不少推陳出新之作。本書採用「自強」一詞，並非站在兩岸學界的某種特定史觀，而是「自強」一詞頻繁出現於當時奏摺、諭旨和士大夫文章，支持自強運動的官員和知識分子則統稱爲洋務派。而這一時期，正是西方國家在工業革命後的快速進展，從清廷向西方學習的角度而言，中國是直接參與和利用了工業革命後的果實，包括人力、物力、技術專家和各種資源（知識與物質）。本章主要著重西學、技術與兵工企業的興辦，至於外交上的變革則放在第五章〈邁入國際大家庭〉。

一、大膽嘗試的自強方案

一般提到自強運動的時間，係包含同治、光緒二朝，由慈安、慈禧兩宮太后所主導推動的新政革新，持續三十五年（一八六一—一八九五），直到清軍北洋水師在甲午戰爭中全軍覆沒而徹底失敗。主要推動人物由咸豐皇帝同父異母弟恭親王奕訢爲首和中樞大臣曾國藩（一八一一—一八七二）、李鴻章（一八二三—一九〇一）、左宗棠（一八一二—一八八五）、張之洞（一八三七—一九〇九）等人爲代表。一八六一年設立「總理各國事務衙門」，此爲中國專設外交機構的開始，亦爲洋務運動的第一項相關措施。「總理各國事務衙門」，通稱爲總理衙門，簡稱爲「總署」。到了一九〇一年八國聯軍後慈禧的庚子新政中，正式將總理衙門改爲外務部。

「自強」一詞係一八六〇年代英法聯軍占領北京後在士大夫之間令人耳目一新的討論，它包含內政與外交兩個相應的層次，對外接受條約制度，與歐洲列強傾向妥協合作，雖然主要重點放在與列強維持和平的精神，但建立中國自己的軍事技術力量則有助於維繫這種和平。早在一八四〇年代魏源的《海國圖志》書中，便闡述了「師夷長技以制夷」的思想，主張學習國外先進的科學技術以抵禦外國的侵略，使中國走上富強之路，他認爲夷之長技有三：戰艦、火器和養兵練兵之法。李鴻章率淮軍與太平軍作戰期間，看到英、法先進的兵船彈藥，曾致書曾國藩道「深以中國軍器遠遜外洋爲恥」、「日戒諭將士虛心忍辱，學得西人一二秘法，期有增益。」一八六四年（同治三年），他又寫信致恭親王和文祥說：「鴻章以爲中國欲自強則莫如學習外國利器。欲學習外國利器，則莫如覓制器之器，師其法而不必盡用其人。欲覓制器之器與制器之人，則或設一科取士，士終身懸以爲富貴功名之鵠。」在這封信中使用了「自強」一詞，中國必須學習外國利器，建議納入機械工程爲科舉專才，成爲士人終身獲取功名的目標。恭親王和文祥在奏稟中也重申「自強以練兵爲要，練兵又以制器爲先」，「我能自強，可以彼此相安，潛懾其狡焉思逞之計。……今既知其取勝之資，即竊其取勝之術」。

此一時期與鴉片戰爭後的消沈不同，各省出現了一批朝氣蓬勃的督撫。清廷最早因爲要應付太平天國而重用曾國藩、李鴻章和左宗棠等人，他們最初因反對太平軍而凝聚制勝的想法——學習洋砲；在專心致志剿滅太平軍之際，也採取了向西方學習的具體行動。李鴻章在這批中興之士中扮演了關鍵角色。

圖 3-1　奕譞（中）與李鴻章（右）、善慶（左）攝於天津海光寺行轅。Public domain, via Wikimedia Commons.

一八七〇年李鴻章以直隸總督身分兼領北洋通商大臣，自強新政大多在其麾下。由於北洋通商大臣有保衛畿輔重地的職責，李鴻章可以直接和上海道台聯繫，商討有關防務和貿易事務。更由於江南製造總局是李鴻章奏請設置，所以他對製造局兵工事業也有發言權，雖然最後的決定權屬於南洋通商大臣。被李鴻章尊稱為師的湘軍創始人曾國藩死於一八七二年三月兩江總督任內，其後不論誰被任命為兩江總督和南洋通商大臣，李鴻章都盡可能設法與他們合作。

李鴻章之崛起、安然立於朝廷，並大權在握，很大部分得力於他個人建立的私人武裝部隊——淮軍。到一八七一年，淮軍約達四．五萬人，其中一三五〇〇名駐紮在直隸。按照朝廷的旨意，其餘部隊分別駐在山西（三〇〇〇人）、湖北（三五〇〇人）、江蘇（四五〇〇人）及陝西（兩萬人）。湘、淮軍先後崛起於鎮壓太平天國的地方團練，之後李鴻章的淮軍和部屬仍然是主要的保衛朝廷力量，不僅在直隸，在其他省份——分別由各該省督撫統領——也是如此。在清法戰爭和清日甲午戰爭中，淮軍仍在各主要戰線上作戰。從軍事、內政到外交，李鴻章位尊權重，在清末自強運動和官督商辦企業中，李鴻章操盤各項新政，時人或後人對他毀譽參半，我們還會在以下的細節中提到。

改變中國的洋顧問

咸豐十一年（一八六一）二月，總理衙門正式成立，次年即創設京師同文館，開啓中國新學的起點。京師同文館的教習包括洋教習和漢教習。洋教習擔任外國語文和科學課程，以職責的不同分爲三個等級：總教習、教習和副教習；洋教習職掌各國語文或西學的講授，每日上課兩小時，至於譯書則是課餘的事。光緒十一年（一八八五），總理衙門奏請獎勵丁韙良等三名教習時便說：「各館洋教習教授功課是其專責，若令兼理譯書未免事屬分外。」由於教習只管上課的緣故，影響該館譯書工作很大。漢教習講授漢文功課及稽查有無洋教習傳教情形。由於京師同文館最早期的洋教習如包爾騰（John Shaw Burdon, 1826-1907，一八七四—一八九七年任香港維多利亞教區主教及聖保羅書院校長）和教授法語的司默靈（A. E. Smorrenberg）等人都是傳教士，總理衙門雖曾與之約束不得傳教，爲防範起見，便令漢教習暗中稽查，但據載，一些洋教習仍在課堂上和學生討論宗教問題，學生中也有信教者。

關於同文館的研究，台灣學者蘇精對於京師同文館學生上課的學習情形有清楚的記載。京師同文館初期學生全是八旗子弟，漢教習也自八旗官學的候補漢教習中考取，後來才放寬條件。同文館漢教習待遇比照八旗官學教習，每月薪水銀錢八兩，光緒年間提高到十二兩，除薪水外並按照京官待遇支領米石折銀，其多寡則依各人官品高下不等，京師同文館還供應早晚兩餐。漢教習在館兩年期滿，無論是舉人或貢生出身，都由總理衙門奏請以知縣用，續留館教習兩年，奏保以知縣分發各省候補，並加同知等銜，仍再留館一年與接任教習共相訓課後，再到各省候補。京師同文館的學生人數最初只是英文館的十名，隨著規模的逐漸擴大，遞增至後期的一百三十餘名。以待遇而言，分爲兩種：一是領有膏火的（領公費），可稱之爲額內學生；另一人數較少而不支領膏火的（不領公費），可稱之爲額外學生。京師同文館初期的學生年齡較小，僅學過滿文，因此除了外國語文，每天上午仍學漢文，下午才是洋文功課。後來入學年齡放寬，又分成前後兩館，後館仍學漢文。

同文館在美國傳教士丁韙良的主持下，在課程方面有較完整的規劃。一八六九年他辭去教會工作，出任京師同文館總教習。一八九八年中國第一所官辦現代大學——京師大學堂建立（今北京大學前身），丁韙良出任西學總教習，曾出使歐洲各國的大學士許景澄任中學總教習。此外，一八七二年英國傳教士德貞（John Dudgeon, 1837-1901）在同文館講授解剖學和生理學課程，德貞曾在北京首創了一所西醫院，其人其事直接影響了晚清醫學和西方醫學的接軌。在這一時期前後，同文館大約一百名學生當中大部分還是八旗子弟，但後來表現秀異的學生卻是曾在上海同文館學習過的漢人青年。上海同文館設於一八六三年三月，由江蘇巡撫李鴻章奏請仿京師同文館之例，設立於上海，初名「上海外國語言文字學館」，後改名爲「上海廣方言館」。同文館和廣方言館培養了許多日後成爲外交的人才。清代的五十多名出使大臣中，出自於同文館就有十二名，約占四分之一。然而，同文館最初的目的是興辦西學，並不是以培養職業外交官爲目標。

在晚清來華外人中，丁韙良和海關總稅務司赫德（一八三五—一九一一）是最可以相提並論的兩個人，而兩人也私交不錯。當同文館中的洋教習薪俸較爲優渥，清廷逐漸感到支薪吃緊、力不從心時，赫德同意每年從海關稅收中撥款給同文館解決這一難題。著名漢學家史景遷巧妙比喻在引進西學的角色，丁韙良「燃燈」，赫德「供油」，相互濟用。丁韙良翻譯的美國人惠頓（Henry Wheaton）所著的《萬國公法》（*Elements of International Law*）是近代中國理解西方國際法的一本極重要的書籍。丁韙良提到恭親王奕訢對他異常客氣，見面時總是親熱地握起他的雙手，還給他取了綽號「冠西」，頗爲恭維他的學問，從此「丁冠西」之名不脛而走。丁韙良提到一八八七年

圖 3-2　清末海關總稅司赫德。*Asia*,1910.

一位參觀過同文館的外國人讚譽同文館「或許是中國現存的傳播西方科學和思想的最重要的因素」。

丁韙良要到一八九〇年才和李鴻章首次見面，當時李鴻章希望正有意返美休假的丁韙良，向美國政府傳達清政府和人民對美國當時正執行的排華法案的不滿之情，李鴻章還曾爲丁的一本書《增訂格物入門》作序（一八八九年）。丁韙良對李鴻章推崇之至，甚至說除了孔子，沒有一個中國人在國外能獲得如此響亮的名稱。一八九六年李鴻章出訪歐美，受到各國政要重視，在美國紐約時，丁韙良中斷他在美國的休假，趕去陪同，一九〇一年李鴻章過世，丁韙良曾有專文紀念。丁韙良在一八九六年出版的《花甲憶記》（*A Cycle of Cathay: or China, South and North, with Personal Reminiscence*）記錄了他在抵華後所見所聞的內政外交情形，時間約從鴉片戰爭開始，記錄重要外交事務的觀察、中外人士交誼、譯介書籍的想法、旅遊詩歌也收於此書中。他回顧道：「回憶六十年內華、洋外交情形，漸易漸善，中國之進步，較前代尤文明也。」這本回憶錄出版時清帝國已是一個衰敗的帝國，但是丁韙良認爲中國向西方學習是種「覺醒」，正走向進步的道路。但他的書稿墨跡未乾，不久便因義和團事件的排外動盪，同文館一度被迫停辦，後來被併入京師大學堂（一八九八年成立）。丁韙良在華生活逾六十年，一九一六年因肺炎死於北京，享年八十九歲。

洋務派組織的翻譯機構主要是京師同文館翻譯處和江南製造局翻譯館，同文館的翻譯偏重法律，上海江南製造局則翻譯了不少多兵家之言。同文館的出版業務以丁韙良的《格物入門》和畢利幹（Anatole Billequin, 1837-1894）的《化學指南》爲濫觴，後者在同文館建立了中國第一座現代化學實驗室，且對化學術語的譯名有重要的貢獻。曾爲《中國教會新報》主編的英國傳教士傅蘭雅（John Fryer, 1839-1928）於一八六八年加入江南製造局翻譯館，他和徐壽、王德均、華蘅芳、徐建寅等人合作翻譯各種科學技術書籍。先後在翻譯館供職的口譯人員還有金楷理（C. T. Kreyer）、林樂知（Y. J. Allen, 1836-1907）等。林樂知主編的《萬國公報》是知識分子獲得西學的最主要來源，影響甚大，發行量在一九〇〇年左右曾達四、五萬份。而傅蘭雅口譯的科技史著作數量最多，被稱爲「傳科學之教的教士」。他和徐壽合作譯著的《化學鑒原》，首次提出一套完整的元素漢譯原則，並介紹了當時所知的六十四種元素的漢譯表。在數學方面，江南製造局先後譯出《運規約指》、《代數術》、《微積溯源》、《三角數理》、《代數難題解法》等數學著作。這其中絕大部分是傅蘭雅和著名數學家華蘅芳合作譯成，在中國數學界具有很高的評價。但是傅蘭雅的數學翻譯，並不是毫無爭議的。另一位傳教士狄考文（Calvin Wilson Mateer, 1836-1908）對江南製造局出版的數學書籍提出了批評，狄考文在他主持的登州文會館一直致力於初級教科書的編寫，認爲數學符號是一種世界語言，所有的文明國家都會使用它，他對阿拉伯數字的引進持積極態度。傅蘭雅和狄考文在數學著作譯介和教科書編寫上最大的分歧就是是否採

圖 3-3　海關總稅務司赫德墓，位於英國英格蘭伯克郡比斯漢，作者攝於 2015 年。

用阿拉伯數字的問題。傅蘭雅始終不認可在翻譯和教育工作中使用阿拉伯數字，他在一八九〇年的傳教士大會上言辭激烈地表達了他的觀點：「中文的『三』都要用阿拉伯數字『3』來代替嗎？我們必須在中文書籍中使用不可思議的阿拉伯數字，讓天朝大國人們感到困惑嗎？」這些圍繞中國是否應該引進阿拉伯數字的觀點，顯現如何向中國引介的西學的不同方式的論辯，在當時很難預見採取何種符號標準將帶來怎樣的思考方式和影響。

傅蘭雅在華活動晚期時，將美國亨利・烏特（Henry Wood, 1834-1909）的著作《通過心靈攝相的理

First-class Train on the Imperial Chinese Railway
Passengers being supplied with food at a statior

圖 3-4　約 1900 年清帝國的一等車廂，在停駐站供應餐食的情形。Parsons W. Barclay, *An American Engineer in China*, New York: McClure, Phillips & Company, 1900.

想建議》（*Ideal Suggestion Through Mental Photography*），翻譯爲《治心免病法》。這是一本具有強烈宗教色彩的心靈治療的書，亨利烏特原本是個商人，半百之後他患有憂鬱症，深受精神衰弱、失眠與消化不良之苦，轉而投入有關「新思想」的研究，並完成多本論著。傅蘭雅希望以這本小書勸導中國人透過對「心」的鍛鍊，戒除鴉片、菸酒，而達到免病的效果。傅蘭雅的譯本中，有一份〈美國波斯頓城烏特亨利自序〉，此序文中說，「泰西各國近來醉酒之徒，年增一年，而中國鴉片之害亦更甚於前。」若要醫治酒癮與鴉片癮，只有靠「治心」之法。考諸亨利烏特的原著並沒有這些文字，此篇強調鴉片煙癮之害的文章顯然是傅蘭雅自己的見解。傅蘭雅所謂治心之法，便是將「善念之字樣編成訣要」在戒煙院中張大字樣警示布告。傅蘭雅在鴉片戰爭之後，積極強調中國需要透過教育以便使道德與精神得以復興，最終能革除鴉片、纏足與八股文等「三大害」。傅蘭雅翻譯時所使用的「治心」與「心力」等詞彙和觀念，強烈的吸引了維新派青年譚嗣同以及他同時期的知識分子。

不惟是翻譯，傅蘭雅還想讓西方的科技展示在中國人面前，一八七六年他創辦「上海格致書院」（Shanghai Polytechnic Institution and Reading Room），從其英文名稱可以得知以引進西方物理技術爲宗旨，該機構固定展覽科學和工藝器具，開辦講授科學知識，逐步成立一所科技圖書館。傅蘭雅與徐壽於一八七六年（清光緒二年）在上海創刊《格致彙編》期刊，這是中國近代第一份綜合性中文科學期刊，刊載適合大眾閱讀的文章，介紹西方科技，包括電報、醫學、電鋸，德國克魯伯（Krupp）公司製造的武器，西方發明家瓦特等人的生命事蹟，還開闢了生動的讀書通訊專欄。有關鐵路技術與線路操作的知識，也是通過《格致彙編》傳播的，它向中國讀者介紹了英國鐵路車站的圖像，有軌道、隧道與橋樑等的建設藍圖的技術圖畫，還有鐵路跨越露天景觀的全景畫面。徐壽過世後，其子徐建寅持續這項任務，直到一八九二年刊物停辦。

傅蘭雅帶有向中國人引介西方的科學的狂熱激情，後來又於一八九〇成立益智書會（Education Association of China），積極統一科技專業術語，直到一八九六年，傅蘭雅離開中國，並接任美國加州大學柏克萊分校首位東方語言和文學專任教授。在傅蘭雅離開中國之際，中國正從甲午戰敗中甦醒過來，意識到單單學習洋人的科技仍是不夠的，必須展開更徹底的變法。傅蘭雅在中國的貢獻，曾國藩之子曾紀澤曾多次造訪江南製造局，賦詩贈傅蘭雅說「聲名冠南湯，電火亮螢蟲」，喻其聲名遠勝明末清初來華傳教的耶穌會士湯若望（Johann Adam Schall von Bell, 1591-1666）。

人才訓練與機器製造

一八六〇年代馮桂芬、李鴻章等人已非常注意工業人才的訓練。馮桂芬主張用授予舉人來獎勵兵工技術人才，並不妨聘請外國技術專才來指導。「宜於通商各口設船砲局，聘夷人數名爲師，招內地善運思者從受其法，以授眾匠，工成與夷制無辨者賞給舉人，一體會試；出夷製之上者，賞給進士，一體殿試」。李鴻章的主張，比馮桂芬還進一步，不僅可開局延請外國教師，且可派人去國外學習。一八六五年，總理衙門一度「議派旗兵，前往外國，布置機器局中，學習製造」，因受保守派反對而不果，李鴻章曾在致總理衙門的信中說：

圖 3-5　約 1900 年清帝國的二等車廂，無頂蓋。Parsons W. Barclay, *An American Engineer in China*, New York: McClure, Phillips & Company, 1900.

……鈞意既不欲輕於一試矣，不如仿照外國語言文字館之例，在於京城或通商海口設立外國機器局，購買外洋人鐵廠現有機器，延請洋匠，教習製造，而別選中國精於算術之士，分充教習，以洋匠指示製造之法，以中土探明作法之原。

李鴻章的意見，最早並未受到重視。爾後在李鴻章和少數官紳的先後倡導下，清廷在一八六六—一八九七年始陸續興辦了一些訓練實務人才的學校，例如：北京「同文館」，福州「船政學堂」，上海「機器學堂」，天津「電報學堂」、「水師學堂」、「武備學堂」和「醫學堂」、湖北「武備學堂」等等。然而，辦理之初，風氣未開，士子多不感興趣，如同文館的天文數學館，招取滿漢舉人及歲貢、拔貢、恩貢、副貢、優貢生（此爲清代貢生制度的原稱）。因報名者無多，連監生及雜項人員亦一律收考，在入學者一〇五人中，有六十人中途藉故退學，另六人死亡，所剩者三十九人，除去被淘汰者外，到一八七三年畢業時只有十四人。

自強運動在軍事工業通過引進大機器生產技術，在各省成立了新的軍事工業，以加強軍事力量。例如：天津機器製造局、上海江南製造總局、湖北漢陽兵工廠、金陵機器製造局、福州船政局。兵工業的經費，來源不一，大體說來，規模較大的，多依靠海關洋稅；一般的小廠，或自軍需餘額項下開支，或由善後局、籌防局撥給，或出自厘稅，或來自戶部、兵部和工部補助，亦有來自商人捐款。

江南機器製造總局（簡稱江南製造總局、江南製造局）成立於一八六五年，爲晚清中國最重要的軍工廠，也是近代最早的新式工廠之一。由兩江總督曾國藩，江蘇巡撫李鴻章奏請於上海虹口創設機器製造局，並開辦造船廠，爲後來江南造船廠的前身。成立之初，該局以所購買的美國旗記鐵廠（Thomas Hunt & Co.）和總辦丁日昌、會辦韓殿甲所主持的兩個炸彈局爲基礎。一八六七年遷高昌廟後，廠址佔地四百餘畝，初建有機器廠、洋槍廠、汽爐廠、木工廠、鑄鋼鐵廠等。繼建有輪船廠，船塢全長五六〇呎，船塢水深三〇呎。一八七五年設槍子廠於龍華鎮，次年建火藥庫於松江城內。後來又將汽錘廠改爲砲廠，建砲彈廠，設有水雷廠。一八九〇年設煉鋼廠，置英國式十五噸西門士馬丁煉鋼爐（Siemens-Martin open-hearth furnace）一座，三噸煉鋼爐一座。到了一八九九年，該廠已有工匠兩千餘人；廠所分設三十餘處，廠屋一千五百餘間，汽機鍋爐三十餘座，大小機器八八五部，船塢一座。有這些設備，江南製造局具有修造輪船、修造槍砲、製造火藥和子彈，以及鎔銅煉鋼等能力。

江南製造局的機器由容閎自美國購得。容閎是第一個從耶魯大學畢業（一八五四年）的中國人，在一八六三年進入曾國藩的幕府。江南製造局開辦之初，有洋匠三人，指導華工數百人工作，其後隨工作性質常聘請新的洋匠，譬如一八八六年出使德國的許景澄向朝廷報告歐洲軍火製造的新發展，謂江南製造局所造阿姆斯壯砲（Amstrong）已落伍，江南製造局即聘科尼士（Cornish）爲技師加以改良，於一八九〇年造成新式鋼砲。此新式鋼砲的砲彈需要栗色火藥，一八九一年江南製造局又派人去天津機器局學習製造栗色火藥，到一八九三年，江南製造局在龍華建立了栗色火藥場。另一方面，江南製造局亦謀求技術獨立，於一八九八年設立工藝學堂，學生五十人，修業四年，先習中文、外文、數學及繪圖，然後選學化學或機器，預計學成之後，除任教習和受總理衙門差遣者外，部分即派在江南製造局或金陵機器局服務。到了一八九九年時，江南製造局大部分技術人員皆爲中國人，只有兩名英籍工程人員。

在天津則有一八六六年成立的天津機器局，亦是向外國訂購機器。成立之初一方面由崇厚派英人威妥士（J. A. T. Meadows）赴英購買機器，另一面由總署委託赫德在英國購買機器，而丁日昌亦在上海代爲訂購機器兩份；這些機器，皆由英船陸續運抵天津。一八七二年，又增購外洋輾藥機一副。一八九一年建煉鋼廠，向英國新南關機器公司（New South Gate Engineering Co.）購買了一套西門士煉鋼的最新設備。

然而，當時機器主要來自進口，製造局又以仿製西方機器爲主，而這一時期西洋機械日新月異，中國廠的機器和製作不能及時更新。這一現象如同其他工業化落後國家在推動新興事業中難以克服的屏障，加以缺乏技術方面的人才和眼光，清政府並沒有克服此一魔咒。一八九八年英人貝斯福（Charles Beresford）參觀全國七所機器局，即滬、寧、津、漢、粵、閩、川等局，他看到滬、寧、粵三局尚在打造舊式抬槍，曾大爲譏誚。而閩、滬兩局當時以造船著名，所造之船大部爲砲艇，連極力支持造船的李鴻章都不滿意，他曾說：「閩、滬現成各船，裝載不如商船之多，駛行不如商船之速。」又說：「閩、滬各廠所製者，皆西洋舊式，只可做無事時巡防，有事時載兵運糧之用，實不宜於洋面交仗。」

另一缺憾是，中國官場始終存在著人事大於制度的習性問題，且中央與地方各懷詭計，事權不一。李鴻章對此各自爲政「各沾沾自喜」的情形看在眼中，他在致友人書中說「愈分愈多，則愈不足以成事」：

> 津、滬機器局巨費，在各國視若毫芒，近日粵、山左、湖南踵行之，各沾沾自喜，坐井而不知天大。莫如歸併一局，分濟各省，或可擴充，以抵西洋之一小局。愈分愈多，則愈不足以成事。

李鴻章對歸併一局的主張甚有見識，但試想如果把他所一手創建的滬、寧、津三局裁撤，而另建他廠，他亦不見得會贊同。在當時紛然的軍政派系之下，許多督撫自然不願放棄自辦兵工業的機會，而支持別人。官辦工業既由各省督撫所倡辦，而督撫間又抱著本位主義，各省皆不欲本省的錢拿去支援別省的機器局，而自辦機器局又能提高督撫的身價與聲望，於是在同治初期，江蘇、福建、直隸等地一經設立機器局或造船廠後，各省即紛紛設立。在一八九〇年代，張之洞等人曾主張將江南製造局遷往湖南，理由是滬局靠海太近，很容易遭到外國海軍的攻擊和封鎖。而在上海的江南製造局總辦卻大力反對，表面上的原因是因上海地處便利之地，有採購和進口運送上的便利，但暗中的原因是地方官不願讓製造局離開江蘇省，不僅江南製造局留在上海可使江蘇省分配到大量的關稅，而且也可以提高江蘇省的地位。這種地方本位主義，各自爲政的情況，應是自強事業難以更換體質的一大硬傷。

學者討論清季官辦工業，頗多留意到冗員多、糜費重和地方主義的問題。以江南製造局而言，它由湖南人曾國藩所創，局中人員以湖南人最多，顯然有強烈的地域主義傾向，往往每換一總辦，新總辦即帶來一批私人，以致冗員日多，薪俸開支日重。自強事業中所推動的幾個計劃，包括輪船招商局、紡織企業公司和煤礦開採等等，都以個別治標，少了政府整體有效的協調個案。李鴻章形容自己是裱糊匠，何處有破漏問題就先彌補何處，而未能廣納和統整到一個整體的國家建設體系中，體系的僵化、圖利的私己主義或無能的調整，以致最終走向停滯和衰敗！

購買「李──阿思本艦隊」

「李──阿思本艦隊」（Lay-Osborn flotilla）事件是發生在一八六一年至一八六三年之間，清帝國通過海關總稅務司李泰國向英國購買艦隊而引起的一樁重大糾紛，這件案子可視爲自強運動向西方學習船堅砲利的開端，而購艦案的直接目的則是爲了攻打太平天國軍隊和鎮壓海盜行爲。尹傳順的研究針對「李──阿思本艦隊」的購買、談判、合約簽訂、遣散與拍賣，深入中英方面的多元史料，重新探索了這個生動而完整的案件。

英國人李泰國爲公理會傳教士李太郭（George Tradescant Lay, ?-1845）之子，李太郭曾擔任過英國駐廣州和廈門領事，他曾寄望其子儘早到中國學習，對中國印象良好，不幸的是一八四五年李太郭病逝。李泰國十五歲時始抵達中國，擔任見習翻譯。他的中文學習能力強，很快就得到英國駐華商務監督包令爵士（一八五四年起任香港總督）的賞識，一路官運亨通。一八五四年擔任上海副領事，這時他才是二十二歲的年輕小夥子，被戲稱「娃娃領事」。同年上海因有小刀會之亂，英、美、法提議在上海設立海關稅務管理委員會，以方便和清廷辦交涉。李泰國不久又接任了江海關（上海海關）稅務司，薪資優渥。後來又獲得英國特命全權代表額爾金伯爵的重用，在《天津條約》的談判中擔任通譯的角色。由於英方談判代表不諳中文，使得李泰國的通譯角色備受倚重，像英國所提出的中方必需接受外國公使常駐北京的條件和其他《天津條約》各款，李泰國悉心堅守英國立場。

一八五九年，上海海關稅務司制度開始推動到其他口岸，這套的新海關制度，由中方遴選洋人署理，職稱「總稅務司」。這位曾脅迫清廷簽訂《天津條約》的年輕人，被南洋通商大臣任命爲總稅務司，駐紮上海。一八六一年一月，在通商大臣兼江蘇巡撫薛煥（一八一五—一八八〇）的奏請下，咸豐皇帝正式任命李泰國爲大清海關總稅務司。一八五九—一八六一年間李泰國將上海的海關制度拓擴展到《天津條約》所開放的其他口岸。不久，李泰國請病假返英休息，其總稅務司之職由粵海關副稅務司赫德暫代。

赫德於一八六一年七月到達北京，予人誠懇可信賴的感覺，清廷這時似已略嫌李泰國態度傲慢，而有意將目光轉向赫德這位年輕人。根據英國駐華公使卜魯斯（Sir Frederick William Wright-Bruce, 1814-1867，其兄爲額爾金伯爵）的報告：「恭親王本人日益友善、謙恭，赫德先生的誠懇與坦率令恭親王印象深刻，大爲激賞，因而強力慰留赫德在北京襄助清廷處理問題……恭親王總是稱他爲『我們的赫德』，若是碰到合理但棘手的建議，恭親王總會說『我們要有一百個赫德，就可以採納了。』」當時江浙軍情緊急，清廷對外兵助剿及購買外國船礮事，採積極態度，一八六一年恭親王奕訢等人提議購買西方武器。在北京的代理總稅務司赫德與恭親王談及江南軍情，力主向外國購買船礮。一八六二年三月，赫德函告在英養病之總稅務司李泰國，在英購買一隊火輪軍艦，立即送到中國。李泰國在該年七月寫信給赫德：「謹記你與恭親王的關係，親愛的夥伴，是我們指使他們，而不是他們指使我們。」李泰國開始與英國海軍名將阿思本（Sheravd Osborn）艦長接洽，請他指揮這支艦隊，李泰國對阿思本說：「我希望我們的艦隊是海上最精良、裝備最先進的艦隊！我們既然做，就要做得出類拔萃。」

恭親王早已顧慮到此艦隊不受中國調度的可能性，故諭令曾國藩等「將應用將弁、兵丁、水手、礮手等人，於該船未到之先，一律配齊」。然而李泰國在英國，竟自行決定聘用英國海軍上校阿思本爲該艦隊司令，全部官兵，悉募英人充當。在中國而言，絕不能接受「爲李泰國所把持」的艦隊，但又恐英人「藉口挾制，欲撤不能，並恐因此尋釁，貽中國以無窮之累」。據研究指出，李泰國和阿思本簽訂的「合同十三條」令清政府極度不安，合約提到的「總統」爲統帥之意，第一條和第二條如下：

第一條：中國現立外國兵船水師，阿思本允作總統四年。但除阿思本之外，中國不得另延外國人作為總統。

第二條：阿思本作為總統，凡中國所有外國樣式船隻，或內地船僱外國人管理者，或中國調用官民所置各輪船，議定嗣後均歸阿思本一律管轄調度。

此外，恭親王對第四、五和十條等內容，亦甚爲不滿。其中「第四條，凡朝廷一切諭阿思本檔，均由李泰國轉行諭知，阿思本無不遵辦。若由別人轉諭，則未能遵行」。恭親王奕訢批：「查阿總兵並非李泰國屬員，何以必由李泰國轉諭，始能遵行？本爵原箚李泰國文內，祇云此船辦就，駛赴上海聽候撥用，並無該船總兵必歸李泰國傳諭，不准別人傳諭之語。若照此辦理，則中國爲其束縛。本爵原箚內，並無此意，是以不能照辦。」清總署否認曾授權李泰國簽訂這份合約，雙方對於合同的認知有極大的衝突，「以上三款（按：第四、五和十條），皆與中國有礙，且與原箚不合。」清廷同時覺得李泰國處事強悍跋扈，英使館的參贊威妥瑪（Thomas Francis Wade）也說李泰國是咎由自取，他毫不訝異李泰國以失敗告終，「這必須歸因於李泰國所採取的荒謬立場，他忘了自己的身分，並嘗試發號命令，還有脾氣太壞了」。李泰國則很不服氣地向英國政府辯解他必須使合同嚴格的理由如下：

> 除了那些定下的條件之外，我決不會同意在任何時候幫助一個亞洲大國獲得一支強大的部隊；我深知，若不受任何條件的限制，它（指：大清）遲早會受到誘惑，並把這支部隊帶向對抗我們自己的利益或其他歐洲大國的利益，進而導致各種複雜情況，而阿思本上校和我理所當然地將會被犧牲。

在李泰國離華的這兩年，赫德將海關制度推及八個新口岸，從各領事館招募年輕翻譯在這些口岸充當骨幹職員，並以上海爲藍本，到了一八六三年建立一套統一的海關業務流程。同時，赫德也不顧忌在他的中國主子面前自抬身價，這時的赫德顯然已對名義上仍是總稅務司的李泰國造成威脅。遠在英國的李泰國察覺到這點，在提及購置艦隊的信件中略事教訓赫德一番：「我相信你絕非有意，但你已上下不分了。你把自己弄得像是總稅務司，我反倒成了你的下屬。你要我把屬於中國政府的錢移交給你，並交出所購買的物品，我絕不接受這等安排，但我向你保證，我從未懷疑你對我的忠誠，不過我的確認爲你已被成功沖昏了頭。」

李泰國事件最後經美使蒲安臣（Anson Burlingame, 1820-1870）數次斡旋，始取得協議。有一說是美國政府爲了避免在南北戰爭受北軍封鎖的南方邦聯乘此機會購入該批艦隊，因此授意駐華公使蒲安臣介入協調。在交涉過程中，由於「李—阿思本艦隊」的費用沒有著落，李泰國曾有意讓步合同，考慮可能讓船艦人員接受清廷方面的調度。李泰國於《我們在大清的利益》中寫道：「如果人員們沒有可支付的薪水，可能會導致叛變或者海盜行爲，因爲在合同沒有批准的情況下，阿思本上校將無權力對部隊行使任何法律管束，而它不可能——理所當然——在沒有薪水的情況下維持一個禮拜。」然而阿思本來華後，發現艦隊將遭解散的命運，阿思本態度傲慢強悍，「我自豪地說，部隊的每一位軍官和人員都支持我認爲必要實踐的行動方針。」阿思本給英國政府的報告，將「李—阿思本艦隊」失敗的罪責歸咎於以恭親王奕訢爲首的大清官員們，並沒有責難李泰國。

李泰國事件終於落幕，艦隊駛歸英國，英國交還船款，弁兵薪工以及往來船費，由中國償付。此事清廷共耗費銀一六九〇〇〇〇兩，合五五〇〇〇〇英鎊，而一無所得。李泰國遭清廷解除他在海關稅務總司的職務，並馬上派任赫德接任這一職缺。

首任海關總稅務司李泰國被辭退了，總署在事件後的奏摺提到「惟李泰國辦事刁許，以致虛糜鉅款，實難姑容。現由臣等將其革退，不准經理稅務，該夷狡猾異常，中外皆知，屢欲去之而不能。今因辦船貽輒，正可藉此驅逐。」就其結果而言，赫德等於是此一事件的獲益者，赫德在就職海關總稅務司時有言：「輪船水師半途而廢，深愧辦理不善，時報不安。乃蒙王爺大人曲諒愚愧，不記其過，而更以總理稅務之事賜之委用，此尤所感悚交縈者也。」阿思本艦隊的解散，也由此開啓了海關的赫德時代。

李泰國事件中，英國女王曾發布樞密令，表達對「李—阿思本艦隊」的支持，但未對詳加考察李泰國是否擁有如他所聲稱的權力的等等行爲負起責任。事件結束後，國會議員有人表示女王陛下政府與「李—阿思本艦隊」沒有任何關係，所以不需要負起任何的政治責任；因爲英國駐華公使卜魯斯至始至終都沒有干涉這件事情，而是委託美國華公使蒲安臣和清廷溝通，以解決此事情。事實上卜魯斯不可能置身事外，李泰國是在卜魯斯認可之下，始能在英國從事購買火輪船和招募船員，但是英國政府在清廷後悔後，並未大力支持李泰國或阿思本的率性任爲。李泰國是一位有能力、有企圖心，且對大清海關的最初建立有貢獻的人，但是他的確犯了一個可能干涉中國軍事指揮權的極大錯誤。

對於李泰國，史學家史景遷曾論道：「平心而論，締造大清帝國海關制度的人是李泰國，而不是赫德。李泰國開創了一個誠實、公平的關務傳統；李泰國雖然倚重英國人，但他在人員的遴選上還是謹愼老道的。李泰國所建立的這套海關制度，終究還是以替中國牟利爲宗旨。但是，李泰國的性格囿限了他的成就。他個性幼稚，不懂得察納雅言、分層授權，對於他自認可能威脅到他權位的人懷恨在心。所以，很快就樹敵無數，且不善於鞏固既有支持者對他的忠誠。這種種人格特質的侷限，很快就導致他的權位岌岌可危」。於是，到了一八六〇年，李泰國便同時失寵於英國人和中國人，英國人對這位訓練有素、受過良好教育的年輕人失去了信賴，中國人則不信任他的行徑，厭惡他的傲慢。

不論如何，李泰國事件說明清廷想單純依靠靠外國來購買海軍艦隊遭遇的困難。但是，也由此而引出兩項積極的成果：一是清廷決定興辦自己的造船工業；一是其後聘用洋員時始終不忘權操自我。當時英國議會就有人持論「李—阿思本艦隊」的失敗，並不代表著大清的退步；相反地，認爲清廷拒絕外國的干涉，正是代表它從一種自卑感中覺醒，因爲沒有什麼比在自己國家內部事情上尋求外界幫助來得更羞辱（degrading）。此後，我們看到清廷聘用英國皇家海軍軍官琅威理（William Metcalfe Lang, 1843-1906）擔任軍事教官時，就避免了受制於外人的同樣錯誤。

二、現代化海陸軍和官督商辦企業

海軍的萌芽

近代中國海軍萌芽於清季自強運動初期的福建省。一八六六年閩浙總督左宗棠奏請設立福州船政局，不久獲清廷批准成立。福州船政局是以船堅砲利爲目標的軍事工業之一，修建船舶爲其最主要任務。不僅如此，左宗棠還提出在船政局內附設學堂，招收學生，以訓練造船製器的工匠，並訓練駕駛人員。一八六七年初，船政局附設的「求是堂藝局」開始招生，是爲近代中國第一所海軍學校。此一教育機構一般稱之爲船政學堂，分學習製造的前學堂和學習駕駛的後學堂，後學堂培養的人才日後多上艦服務，因此可說是近代中國海軍軍官的搖籃。福州船政後學堂在一九一三年收歸北洋政府的海軍部管轄，更名爲福州海軍學校。一九三一年十二月又刪去「福州」二字，稱爲海軍學校。由於學校位於馬尾，因此一般均稱之爲馬尾海軍學校，簡稱馬尾海校。一九四六年該校結束，新制的海軍軍官學校起而代之，馬尾海校總計存在約八十年，共培養了幾百名海軍軍官，成爲清末和民國中國海軍的主力，其影響力不容忽視。

清末中國急欲發展現代化海軍，一八七〇年代和八〇年代初期，駐節天津的李鴻章、駐節南京的南洋通商大臣以及福建和廣東兩省的官員們相繼而起，買船成風。光緒年間，洋務派派出大批官僚前往英、法、德、美等國採購軍事裝備，並成立了中國四支近代海軍——北洋水師、南洋水師、廣東水師與福建水師。結果是造成了一場混亂。建立起來了四支互不統屬的艦隊：北洋通商大臣和南洋通商大臣各領一支，福州船政局統帶一支，駐節廣州的總督也統帶一支。還有一些舊式水上部隊，包括長江水師在內。這些部隊的武器、船隻和訓練，不僅在地區與地區之間迥然不同，甚至在一個指揮系統內也各吹各的號。而且，由於缺少中央政府的指導方針（儘管赫德有過這樣的建議），各省官員經常被狡詐的軍火商所愚弄，甚至李鴻章也未能免遭他們的擺布，從歐美各國來的軍火商川流不息地在李鴻章的衙門、部屬和洋顧問之間牟利，而朝廷圈內人也與之形成一個利益網絡。

北洋水師是清朝新式海軍四支艦隊中投資最巨者，其規模之大，一度為亞洲第一。北洋水師購買的「定遠」、「鎮遠」鐵甲艦，其甲板、船殼均採用鋼質、鐵質，號稱「遠東巨艦」，是當時遠東噸位最大、火力最強的艦隻。北洋水師曾聘有數位外國高級顧問，其中英國皇家海軍軍官琅威理為赫德等人所推薦，曾職總教頭。琅威理曾經是阿思本艦隊的一員，當一八六三年，阿思本率領艦隊到達中國，年僅二十歲的琅威理來到中國，艦隊解散後，琅威理仍在英國皇家海軍服役。一八七〇年代清廷向英國陸續採購船艦，琅威理接受英國政府的派遣，參與交艦事務，因而得到赫德的賞識，遂商請他向英帝國海軍部告假，來中國工作。經過三年的交涉，一八八二年秋，琅威理來到中國，擔任「副提督銜水師總監督」（俗稱總查），職責是管理北洋海軍的組織操練、演習和教育，提督爲陸軍出身的丁汝昌。北洋水師中流傳著「不怕丁軍門，就怕琅副將」的說法，言其治軍甚嚴。北洋提督丁汝昌也認爲：「洋員之在水師最得實益者，琅總查爲第一」。

在日本於一八七九年吞併琉球以及伊犁危機發生後，一八八一年李鴻章奉旨向德國訂購兩艘期特汀式鐵甲船和一般鋼甲巡洋艦（但這批船隻要到清法戰爭後才運到）。與此同時李鴻章還計劃在滿洲南端的旅順口岸造一個大型船舶修造廠，將旅順和山東威海衛規劃爲海軍基地。到了一八八二年，清帝國擁有約五十艘戰艦，除了向各國購買外，還有中國船廠所自造，此時海軍艦艇的規模不小。一位美國海軍准將曾讚揚了他所視察的英製船艦，他說：「每一項現代海戰工藝器械都裝備到了這些新艦艇上：用水力操縱的具有大口徑和高速度的炮，以及機關槍、電燈、魚雷和魚雷艇，雙螺旋槳引擎，鋼製金屬撞角等等，不一而足。的確，這個艦隊的建材是完美的，但顯然若要使它確實發揮效益，它還需要一支具有文化水準的隊伍和一個完善的組織。」

事實上，李鴻章意識到需培養中國軍官的迫切性。一八六八年李鴻章派了七名淮軍軍官去德國學習戰爭技術（下詳），而在十九世紀七〇年代，爲中國海軍提供軍官的最好來源是福州船政局訓練的士官生，雖然江南機器製造總局有一個小規模的船上訓練計劃，但在福州舉辦的船上和岸上的訓練被認爲更加完善。一八七三年，四名從福州船政局修船科畢業的士官生取得艦長或大副的資格。一年以後，十四名輪機科的畢業生被委派到福州造的船上，其他七名合格工程師則等待分配。李鴻章急於想利用這批由在華洋人訓練的專業人才，不惟如此，一八七七年三名福州學生經李鴻章和沈葆楨的舉薦被派到歐洲去深造。在一八七二年派遣幼童留美學習的規劃中，李鴻章曾規劃這批幼童日後得以進入西點軍事學校學習，但美國軍事學校以該校錄取訓練嚴格為由，拒不接納。這件事讓向來對美國人友善的李鴻章頗為惱怒，以為美國人瞧不起中國人。

一八七五年以後，福州船政局日趨衰落。前兩任船政大臣沈葆楨和丁日昌卸任後，福州船政局落入能力較差的人手上，不久就被批評為軟、懶、貪的攤子。雖然對福州船政局的負面指控有些是來自朝廷保守派或派系鬥爭的結

圖 3-6　「定遠」號戰艦，從德國打造，是北洋海軍主力艦。作者攝自山東威海檔案館。

果，但李鴻章本人也形容他們「文秀有餘，威武不足」。李鴻章又上奏朝廷，在天津建立一所現代化的水師學堂，這是爲建立北洋艦隊所做的另一項準備工作。因爲恭親王的鼎力支持，李鴻章很快就得到了允准。一八八一年天津水師學堂建立（又名北洋水師學堂）。它的第一任學監是福州船政學堂畢業生的嚴復，曾在格林威治深造，同時天津水師學堂也延聘了數名外國教官。

一八八二年李鴻章通過赫德的介紹招聘了英國海軍軍官琅威理，他的主要工作是訓練艦艇上的現役人員。爲了吸引優秀子弟加入水軍行列，李鴻章在天津告示中強調指出中國新式艦隻將給上層家庭出身的青年人提供進入仕途的新機會。天津水師學堂的第一批學生只經過三年學習就畢了業，他們在清法戰爭中處於戒備狀態的艦艇上繼續接受訓練。雖然天津學堂幾乎沒有參加清法衝突，但由於英國是中立國家，琅威理仍被迫退出中國海軍的現役。他的臨時繼承者是一位表現平庸的德國人式百齡（August Sebelin），甚至有人說他毫無才能，李鴻章在一份文件上則說式百齡「夜郎自大」。從式百齡的資料看來，式百齡原以爲他受命爲一支艦隊的總指揮和艦隊上唯一指揮官，當他發現必須與中國的艦長並列指揮官職務時，性格剛強的他不願讓步，並且在李鴻章委派他突破法國海軍對臺灣的封鎖任務時，式百齡多所顧忌，最終他辭退了這一任務。這一過程不僅使式百齡與清廷關係緊張，也反映了清廷聘任洋員指導水師的諸多困難。到了一八八六年初，琅威理再度受聘來華訓練中國海軍人才。不論是式百齡或琅威理的聘任，都顯現聘任外國人擔任中國的水師教官，在指揮艦權上不可避免的矛盾心結。對中國將領而言，洋人有種傲慢和令人不信任的感覺始終存在。然而，中國要發展海軍現代化，又不能不倚靠外國軍事教官提供的訓練。據德國學者白莎（Elisabeth Kaske）的研究，式百齡來中國之前，還曾參與了美國南北內戰期間聯邦軍的海軍（北軍），有四年之久，獲得一定的軍事訓練。一八六七年式百齡加入了普魯士海軍，到了一八八四爲了赴中國工作而自動退役，他最初是與一個德國造船廠簽訂特別合同而被雇用來華。

上述各項急欲推展的海軍現代化，在甲午戰前發生一件憾事。一八九〇年初，北洋艦隊南下避凍，不久，提督丁汝昌率領部分海軍出巡海南。三月六日，「定遠」管帶（艦長）劉步蟾傳令降下提督旗，以劉步蟾爲首的閩系軍官宣示代行指揮艦隊。琅威理對此非常憤慨，因爲自己是副提督，不應換下提督旗（史稱「換旗事件」）。他向李鴻章抗議後，也未得到有力的支持，於是忿而辭職返英。當時福州船政學堂出身的高級軍官對琅威理的崇高地位表示不滿，琅威理則稱中國高級將領之間充滿驕傲自大和爾虞我詐的緊張氛圍，這些人「既愚昧又妒忌別人」。琅威理的去職特別不幸，它不僅促使中國學生被排除於英國海軍訓練的方式，而且使北洋海軍內部的標準也爲之下降。中日甲午戰爭中，威海衛的陷落對中國造成毀滅性打擊，所餘北洋艦隊的船隻不是被擊沈，就是被日本人俘虜，海軍提督丁汝昌和其他幾位陸軍將領紛紛自裁。赫德曾經非常痛惜琅威理的辭職，但他也承認琅威理的僵硬態度使整件事變得棘手而無法挽回。

甲午海戰爆發後，情況危急之中，清廷曾有緊急要求海關總稅務司赫德傳諭琅威理迅即來華，並要他悉心選募各洋員來華，切勿延遲，提到「琅威理前在北洋訓練海軍，頗著成效。自該員請假回國後，漸就廢弛，以致本年戰事未能得力，亟應力加整頓。」但未獲英國外交部的支持而未果，一九〇六年琅威理在英國逝世。

琅威理辭去北洋水師總教頭兼副提督一職，可以說是早期海軍中的重要一頁，而甲午海戰爆發後，他未能有機會重新整頓北洋水師，從英國對華政策而言也有重要意義。英國當時對東方問題的研判，顯現一種退縮的孤立政策，英國外交部、印度總督府都儘可能避免與日本發生任何糾紛，從而謝絕了清廷請求英國海軍隨北洋水師一道介入對朝鮮事務的調停。此事導致英國對中國的影響力削弱，將中國事務的決定權拱手讓給俄國、日本，還讓新興的德國分得一杯羹。

另一位德國軍官漢納根（Constantin von Hanneken, 1855-1925）在北洋水師中亦有一席之地。漢納根是曾任天津稅務司的英籍德國人德璀琳（Gustav von Detring, 1842-1913）的大女婿。曾任淮軍教練的漢納根，他原是一名德國軍官，退伍後應中國駐柏林公使李鳳苞之聘來華。崇尚德國軍事技術的李鴻章十分賞識漢納根對火炮以及工程技術方面的才

圖 3-7　德國工程師漢納根，受聘設計監造了旅順、威海海防砲台工程。作者攝自山東威海檔案館。

能，遂在籌辦北洋海軍時，聘請漢納根爲軍事顧問。漢納根後來擔任了北洋水師總教習兼副提督，黃海海戰爆發，漢納根與北洋水師提督丁汝昌在旗艦「定遠」指揮作戰。甲午海戰後，漢納根曾向清廷條陳節略，建議清政府向德國、英國購買快船，聘請外國軍官和水手。一戰爆發後曾短暫返德，戰後復來華經商，一九二五年病歿中國。

德意志帝國兵工專家之延聘

晚清自強運動中，德國兵器工業以及德國軍事教官受到李鴻章等人的重視，在晚清的軍事改革中有重要的幫助。根據白莎的研究，晚清時期總共有一百三十餘位德國軍人在中國不同的軍事機關充任教官或顧問，這數字不包含兵器工廠等地聘雇的技術人員。他們的任期從三個月到二十多年不等。具體工作範圍大致有以下幾種情況：一、在中國新軍中練兵，例如天津練軍和淮軍等。二、在中國軍官學校中培養軍官：例如天津武備學堂和黃埔水陸師學堂等。三、建設炮臺或在炮臺上訓練炮手，以旅順口、威海衛爲主。四、在從德國訂購的鐵甲船上，培訓技術人員和炮手。駐德大清公使館的招募活動可分爲三大波：第一波是一八八四年被駐德大清公使李鳳苞雇用的個人，其中包括陸軍和海軍的軍官和士官以及一名醫生，這些人是公使館主動招募的，分別在李鴻章和張之洞的手下工作。第二波是一八八五年與一八八七年隨同德國伏爾鑒（Vulcan）造船廠製造的五艘鐵甲船來華，並留在船艦上擔任教官的二十六人，分別在鎮遠號、定遠號、濟遠號、靖遠號和來遠號等船値班，這些人都是通過Vulcan造船廠推薦的。第三波是一八九五年充當軍事教官的三十五名軍人，他們是通過克虜伯公司推薦的。這三次招募，總共聘雇了九十一人，占德國在華軍事教官的百分之七十，由此可知德國軍事教習來華的鼎盛時期是在一八八四年到一八九五年這十一年中。剩下百分之三十的人中，也有一半以上是通過駐德大清公使館受聘的。由此可見俾斯麥主政時期的德意志帝國與清廷自強運動的兵工企業有相當密切的關係。

新式陸軍的開辦

一八八五年，李鴻章創立天津武備學堂，乃清末新式陸軍學堂的嚆矢。中國第一所訓練陸戰人員的學堂——天津武備學堂，一直到一八八五年才建立，即在天津水師學堂興辦的五年之後。新式陸軍的興建何以如此遲艾，頗令人難以理解。因爲一八七〇年代李鴻章就已著手派遣人員赴歐洲接受軍事訓練，也曾接洽讓中國學生進入西點軍校訓練（但不被接受）。早在一八七五年美國將軍埃默里．厄普頓（Emory Upto, 1839-1881）即曾向李鴻章建議應開辦一所武備學堂，但提案中有從美國陸軍聘用九位教師和教官，還加上一個學習六年英語的方案，李鴻章當時以花費過鉅而拒絕。指揮「常勝軍」平定太平軍的英國將領戈登，在一八八〇年曾敦促李鴻章興辦一所武備學校，但要到清法戰爭火上眉急，李鴻章終於認眞思考這一問題。値得一提的是，美國將軍埃默里．厄普頓是研究美國軍事戰略的開創者之一，曾在美國南北內戰中爲北軍效命，戰後任教西點軍校，一八六七年出版《步兵戰術》一書。厄普頓對美國的軍事史過度仰賴文官體系提出批判，主張美國應按德國的軍事制度模式進行改革，並且強調職業軍人和正規軍的建立，以便更有力地應付當代世界的挑戰。厄普頓提出的所有改革建議在十九世紀九〇年代和二十世紀初實施，並爲美國軍隊在第一次世界大戰中表現出的高效率奠定了基礎。

一八八〇年代當德國教官已抵達中國，李鴻章及其得力部屬周盛傳都意識到必須開辦陸軍學堂。周盛傳通曉西方的現代化武器，一再向李鴻章推薦要購買克虜伯大炮，林明敦式、斯奈德式等現代來復槍，加特林式炮等等。不惟如此，其他淮軍將領很早就認爲德國兵工企業和西洋陸軍操練値得仿效，但是何以清廷遲遲未能開辦新式教育培養新式陸軍軍官人才？有學者指出，遲遲不能開辦陸軍學堂的原因，可能是來自大多數勇營軍官的抵制，因爲他們不想在帶領的部隊中輸入新成分。儘管周盛傳同意按照西方模式興辦一中國武備學堂而向李鴻章提議創設新陸軍學堂，但出身於淮軍的周盛傳對一些老軍官反對人事變動亦心知肚明，他本人也曾表態過，新式學堂不一定能培養出優秀的將領。在十九世紀七〇年代被李鴻章送往德國受過訓的淮軍軍官之一的查連標，因精通西洋操法而特別受到周盛傳的褒揚，查連標就曾質疑率領常勝軍的英國軍官戈登的大部分軍事建議，他甚至責怪李鴻章在十九世紀八〇年代雇用的一些德國軍官不懂得夜戰和臥射的優越性。淮軍將領和洋將之間既合作又競爭的關係，不僅有軍事戰略的不同認知，也包括軍事領導權的個人因素。如果說淮軍將領最初可能對建立一個新式陸軍學堂有所不安，李鴻章出於安撫他們的情緒和疏通的結果，而延遲了天津陸軍學堂的建立時間，這是有可能的。

一八八七年李鴻章增加了一項旨在培養武備學堂軍官的五年計劃，應試者年齡限在十三——十六歲之間，並要求所受的中文教育應與其年歲相當，是否合格則以入學考試爲準，最初有四十名學生被錄取。每個學生須保證得在校五年，不得參加科舉考試，也不許結婚，父母喪可以請假，但假期很短。五年課程相當嚴厲：最初三年學一門外語（德語或英語）、算術、代數、幾合學、自然地理和中國經書等等科目；後二年包括射擊學、軍操、建築等科目。定期考試以做爲評定資格。天津武備學堂成立後，曾任淮軍教練和天津水師學堂的教習漢納根又出任武備學堂的教官。雖然天津武備學堂和其他洋務運動一樣都有經辦不善、貪汙腐化，並且與外籍教官間有諸多因語言障礙等因素的困難。但在二十世紀初許多重要人物都是武備學堂培養出來的，成爲日後北洋新軍的肇基，以及民國初年北洋軍閥的骨幹。

官督商辦企業之興衰

十九世紀六〇年代清政府創辦軍用企業之後，在原料、燃料、交通運輸、經營等方面都遇到困難，於是從七〇年代中期起，開始想借用民間力量來參與興辦各種企業。由於清政府財力不足，無力撥鉅款直接投資，且不能承擔虧損，便設想由商人出資認股，政府派員管理，這方法稱爲官督商辦。此處所謂官，有時是指政府，由官吏提撥公款代表政府投資；有時是指官吏個人，官吏以個人身分投資，有的則是挪用公款投資。官督商辦工業興起的一八七〇年代，當時外國貨特別是紡織品已湧入中國市場，外資工業也已在沿海各省建立，初興的官辦工業集中在兵工業方面，民營工業還相當幼稚。在這種情形下，少數地方官如直隸總督李鴻章、湖廣總督張之洞等，爲了維護中國市場不盡爲外人所奪，也爲了吸收新興的買辦資本，壯大中國本土企業，並爲了經營新企業以厚植私人的地位，乃倡議以「官督商辦」的方式建立新式企業。一些商人認爲官督商辦的形式，有「官爲扶持」，最初亦頗願投資。

根據張玉法的研究，李鴻章於一八七〇年代倡辦了三個官督商辦的企業，一為輪船招商局（一八七三年），二為開平煤礦（一八七八年），三為上海機器織布局（一八七八年）。由於制度沒有建立，人事常常發生紛擾，到一八八〇年代以後，商人對官督商辦企業不再有興趣。一八七九—一八八〇年馬建忠所提倡之官商合辦企業，實與官督商辦同義，表面上予商人較大的經營權，實則仍受官府干涉。一八八五年前後，李鴻章所倡辦的三個官督商辦企業，有兩個轉入盛宣懷之手，即招商局和上海機器織布局。盛宣懷代表李鴻章管理和監督招商局和上海機器織布局，經理變為官吏，官吏視企業為私產，隨便安插私人，私人資本乃裹足不前。張之洞在湖北倡辦工業，最初本著「官為商倡」的立場，希望先由政府投資倡辦某種工業，到該項工業穩定後，再引入商股。及至無法穩定，又採取「招商助官」辦法，向商人招股，但無大成。這可以湖北織布官局和湖北紡紗官局為例，兩者到一九〇二年都無法維持，便租給私人公司。官督商辦的另一型態為商辦官銷，此可以貴州機器礦務總局為例。貴州機器礦務總局，由巡撫潘霨於一八八六年設於青溪縣，採用「商辦官為督銷」的辦法，招商投資，不到十年也無法維持，便轉歸私營。上述官督商辦工業，李鴻章所倡辦的是一型，張之洞所倡辦的是一型，潘霨所倡辦的為另一型。李鴻章所倡辦的一型，官吏以個人資格與私人合營，最後吞併了私股，李鴻章不加干涉，因為李鴻章只利用專利、免稅等辦法保護其發展，對其內部的情形不加干涉。張之洞首先代表政府以官款投資，然後以保證利息的辦法吸收私人投資，由於私人投資不踴躍，加以地方財政困難，張之洞無力再投資，遂轉租給私人。潘爵所倡辦的一型，是私資官辦，由於私人投資少，需大量投入官款，當官款無法繼續投入，或倡辦的地方官離職，事業即停止。官督商辦工業起於官欲辦工業，以與外商競爭，因爲官的資本不足，必須吸收商的資本；又因爲不放心商爭利滋弊，官欲從中節制之，遂產生此種企業形式。

我們今天以後見之明來看待清季的官督商辦，可以很清楚地看到，在一個不受監督的官僚體制下，要利用民間資本，然後讓政府來監督企業，可能產生的諸多缺陷。主事者若未有科學化的管理思想，而政府本身又是球員兼裁判，它監督民間的參與，從中分利，而自己卻不受監督，如此一來很容易造成人事弊端。更且，官督商辦受制於傳統的官僚組織，使私人企業不敢大膽創新，而中央政府未能有效協調各種政策方案，使得一些推動的新政企業初期可能還帶有開創的銳氣，但久之勢必走向衰敗。比如輪船招商局之案例。

一八七三年輪船招商局成立，是晚清洋務運動的「官督商辦」企業中，最早引進西方技術和管理模式的最大航運企業。輪船招商局成立的主要目的爲借由民間投資、政府經營，用以發展中國內河和沿海的航運運輸，免得中國航權和利益始終掌控於外人手中。官督商辦的輪船招商局享有政府在漕糧運輸上的補助和免徵厘金等優惠措施，由熟諳生意、殷實幹明的商人朱其昂、盛宣懷和徐潤等人主事，重視資本籌集、銷售策略和拓展局務等能力，局務一時蒸蒸日上，成立之初即對之前獨霸長江等內河水域的英美輪船的生意造成威脅，使得像英國的太古和怡和輪船公司的優勢被壓下來。照理而言，受到清廷的津貼和公家指定的運輸生意，怎會被同一時期與之競爭的外國輪船公司給打垮？根據劉廣京的研究，一八八〇年代後期輪船招商局的官督商辦的統治機制便出了麻煩，在官商長期合作而無監督機制之下，突顯人性貪婪、管理不善，致使官商網絡間的負能量拉大，而拖垮了原本的基礎。最後，由政府補助的官督商辦企業，仍無法抵抗這些具有先進輪運設施的外國大型資本企業在中國內河的競爭。

據統計，一八七八至一九一六年的三十九年間，官督商辦和官商合辦之工業共四十一家。官督商辦或官商合辦之工業在中日甲午戰爭以前爲合資經營，中日甲午戰爭以後則多爲股份公司。無論合資經營或股份公司，無論官資多或商資多，負責辦理的人多爲官，或爲與官有特殊關係的人。所謂有特殊關係的人約有三類：一爲官的親屬，二爲官的私屬，三爲具有候補官銜的準官。由以上各例顯示，官督商辦之工業在組織方式上並無統一規定，但很顯明的是，官廳或官吏個人均極力設法對所辦的工業加以直接的控制，有些官吏更且假公濟私，或侵吞公款，將公款轉入個人名下；或壟斷一切，使投資商人無由置喙。在這種情形下，有些商股，加入了又退出，如果不退出，終被吞蝕殆盡，這是官督商辦工業不能大量吸收民間資本的最大原因，也是官督商辦工業不能發展的最大原因。

盛宣懷在官督商辦事業上佔有一席之地，他在一八七〇年初進入李鴻章幕府，頗具投資眼光，被稱爲「一手官印，一手算盤，亦官亦商，左右逢源」。他曾擔任輪船招商局成立初的會辦、一八八一年成立的津滬電報總局的總辦、開辦華盛紡織總廠等事業。華盛紡織總廠是李鴻章派津海關道盛宣懷經營的，當時並無嚴格的公務員制度，各級政府首長對他的屬員可以自由或奏准皇帝加以調動。盛宣懷經辦華盛紡織總廠，不是代表政府，只是代表李鴻章個人，所以盛宣懷可以自由向官商各界吸收股本，華盛的幾個附屬工廠亦莫不如此。一八九六年盛宣懷接辦湖北漢陽鐵廠，使這家原本廠、礦均是官辦的企業改爲官督商辦，後又開辦萍鄉煤礦。一九〇七年，盛宣懷奏請將漢陽鐵廠、大冶鐵礦、萍鄉煤礦歸併爲一大公司，名爲漢冶萍煤鐵有限公司。次年，漢冶萍煤鐵廠礦有限公司成立，改官督商辦爲完全商辦公司，成爲中國第一家煤鐵事業合辦的公司，由盛宣懷出任總理。一八九五年，盛宣懷上奏光緒帝成立北洋大學堂，爲中國近代史上最早創立的國立大學，次年又在上海創辦了南洋公學（上海交通大學前身）。盛宣懷一生參與輪船、電報、鐵路、鋼鐵、銀行、紡織、教育等諸多領域。他在官督商辦企業逐漸衰退時，或說收割了大部分的官督商辦的結果，汲汲於經營個人家族企業，並與官場中保持一定的距離，適時急流勇退，造就此後盛氏家族成爲聲勢顯赫的商業巨豪，是近代中國第一代務實開創而有前瞻眼光的大資本家。

李鴻章以直隸總督兼北洋通商大臣一生簽訂了無數對外條約，晚年更因簽訂中日《馬關條約》和八國聯軍後的《辛丑和約》而毀譽參半。亦有人以李鴻章大權在握，外交事務固不可能全操之在我，但對內事務更可以大刀闊斧，而指稱李並未全力促進清季的自強事務，甚有責難其放任坐視官督商辦企業的結構性貪腐問題（甚或其個人及故舊門生亦有涉入）；並批評若與同時間日本的自強運動相較，中國最高政治人員亦不過如此爾爾。然而，日本內閣總理大臣伊藤博文則視李鴻章為「大清帝國中唯一有能耐可和世界列強一爭長短之人」。我們可以看到，李鴻章在自強事業中對淮軍勢力的安插以及後來他一手培植的北洋海軍，都具有效忠李鴻章個人事業的特質，以其掌控軍政和外交大權，可謂功高震主，頗可取而代之。李鴻章的政治功過，祇能說明在中國政治官場即使像李這樣位高權重的人，也很難擺脫他所受的傳統尊君思想、沈屙的官場息氣和厚植個人勢力的私欲。

有學者將招商局與日本明治維新的國家干預政策做一比較。「三菱．日本郵船會社」自一八七五年受日本政府發展輪船航運業政策的大力扶植，將其視為「殖產興業」總體戰略的一環。在一八八〇年代中期三菱會社也和招商局一樣經歷了一次重大的人事改組，一八八五年三菱會社與共同運輸會社合併成為「日本郵船株式會社」，其後順利轉型，並快速取得在東亞水域的傲然航運成就。甲午戰爭後日本輪船企業在中國水域的航運經營取得飛躍發展，到一九〇三年日本已是世界第九大航運國。對照之下，李鴻章去世的一九〇一年，招商局已陷入勉力維持的窘境，招商局的革新成敗固然非李鴻章一人之責，但李鴻章等主事者確實未能及時把握可利用的權力資源來革新整頓招商局的機會，以推動具有長遠競爭力的經營方式。然而，這一時期中國和日本有一個最大不同的命運，亦即中國內部不停有內憂外患，讓李鴻章應接不暇，自強事業在這一惡劣的情勢中萌芽，已屬不易。一個國家的治理問題始終與其內外因素相關，也可以說政治動盪和戰爭因素始終是近代中國經濟發展過程中的重大障礙。李鴻章爲了推動自強運動所興辦的各項實業，並大力引用外人，的確有其膽識和眼光，亦不能全然否定。

洋務運動勢需仰賴中國本身所無的西方科技和人才，引進外國軍事教官和工程師，看來是理所當然之事，但是一百多年前的朝野可不這麼認爲。當時守舊派往往以各種似是而非的理由反對，李鴻章曾信函開明派的駐英公使郭松燾，就抱怨「官紳禁用洋人機器，終不得放手爲之」、「文人學士動以崇尚異端、光怪陸離見責」。一八七六年，由英國商人集資建築上海的吳淞鐵路，結果該鐵路通行未及半年，因火車壓死一個行人，激起附近中國居民的反對，幾經交涉後由清政府出資將這條鐵路拆除買回。上海地區已是風氣之先，猶然如此，何況他處！頗具開明立場的報刊《申報》，一八八六年年底曾有一文〈借才客談〉討論外國教官的功過說道：「夫安得擇善而聘之。大抵中國所聘者皆比國之無能者耳。試思彼國中有職人員，其肯舍其職而職我乎。即日亦爲國法所不容。」意思是說來華的外國工程師大抵都是在該國沒有能力的人，如果有能力怎會到中國來任職？也不會被他們的政府所容許。這份報導看出《申報》作者受限於自己的知識視角而做出振振有辭的評論，因爲不明白十九世紀末第二次工業革命之後，全球工程師和技術專家在全球各地遊走，甚至以高薪聘任的情況已頗爲普遍。清政府爲了學習新法不惜以高薪聘任洋兵洋將，這是不得已的氣魄和眼光，有時甚至是一種巨大風險。像十九世紀下半葉德國來華的一批軍人，他們的薪酬較之在德國服役時可增長四倍左右。對原本收入低微的軍士們而言，這樣的高薪尤其誘人。而清廷使用洋兵洋將在軍事上亦充滿受人挾制的隱憂，才會有像阿思本艦隊所引起的軒然風波。由這些事情都可以發現，開明派在實務推動上積極延攬洋人參與和購買西方機械，使中國成爲工業革命後進國家的受益者，在當時的社會條件和情境下，可謂起步維艱。

＊＊＊

自鴉片戰爭以後，清廷仍存有帝國的氣勢餘暉；在英、法第二次遠征後，始逐漸意識到帝國技術不如人；與列強之間一連串的戰役失敗，「上國論」的心理逐漸消弭，開始意識到中國在「天下秩序」的墜落危機。自強運動是中國人試圖扭轉這一尷尬處境的最初反應。這場帶有試煉性質的運動，初期略帶狂熱，但不久就因無法協調各種政策方案所帶來的雜亂無章而引人詬病。另一些開明的知識分子則不僅主張師法西技，更推向激烈的改革，戊戌六君子之一的譚嗣同就說「此皆洋務之枝葉，非其根本……今中國之人心風俗政治法度，無一可比數於夷狄」，倡議中國必須進行徹底全面的改造。由是，從長遠的歷史看來，自強運動是啓動近代中國的工業化、刺激中國反省本身的政治傳統和文化精神，並於日此後反覆探尋中國富強之路的一個起點。

第四章

邁入國際大家庭——國際法與多樣化國際組織

《南京條約》簽訂以後，中國與世界的關係進入到以條約基礎的國際秩序關係，清帝國開始意識到必須理解歐美國家在國際交往所依循的法理秩序。當然，就雙邊或多邊國家以聯盟、條約及協議的形式進行某種形式的合作，在中國歷史上早已存在。但是就中國參與全球國際秩序而言，十九世紀以後中國始進入具有國際主義精神之組織或歐美條約體系的秩序。這個國際體系大致係以一六四八年《西伐利亞和約》（Peace of Westphalia）以來所逐漸建構的一套主權國家間之國際交往準則爲起始，開創以外交會議訂立和約的先例；此體系更細節地規範國家與國家之間的戰爭行爲、和平秩序和法理的基礎，而歐美國家正是經歷此後二百餘年大小不斷的衝突與戰爭終於逐漸確立這一外交規範。十九世紀中葉以後，民族國家的意識愈爲強烈，該如何以外交斡旋達到國與國之間的和平交往？這種想法和手段使得國際法的運用愈來愈爲成熟；甚至連戰爭本身都發展出戰爭國際法，對如何宣戰、停戰、交戰國家與非交戰國家、中立國家和國家承認等等，都有法理規定。

十九世紀後半葉，是歐洲國際法相對成熟的階段，列強在對待中國的關係上，也正是處於這一階段。然而，要注意的是，中國雖然已被迫進入歐美國家所謂的條約主權國家所形成的一套國際社會體系；但歐美各國對待中國的方式往往不見得採用西方國家所建立的國際精神和原則，例如火燒圓明園的野蠻破壞文物舉動，便不符合歐洲自啓蒙運動以來知識精英對保留文化遺產的倡議，也不符合通過國際公約來規範戰爭對歷史文物之破壞的期望（在這一趨勢的倡議下，到了《一九〇七年海牙公約》始明文禁止在戰爭期間損壞紀念碑與文化設施）。此外，無可諱言的是，起源於十七世紀的現代國際法，在隨殖民主義逐步擴張到世界的過程中，創制了一整套修辭，來爲殖民活動提供理論支持。十九世紀的殖民佔領，後來多數以堂皇的國際法則而予以合理化。最典型的莫如所謂「無主地」（terra nullius）原則。「無主地」不是指無人居住的土地，而是指該地之原住民不具備擁有土地主權的資格。這個概念的律法化也與瓜分非洲有關。一八八八年，在瑞士洛桑召開的國際法協會大會上，德意志法學家 Ferdinand von Martiz 出於保障德國在非洲利益的需要，提議如此定義「無主領土」：「不被構成國際法共同體的主權國或保護國有效管治的任何地域，不論其是否有人居住」。這個提議當時引發很大爭議，但其基本邏輯成爲日後「無主地」論述之濫觴。一八七四年發生的臺灣牡丹社事件，日本出兵的藉口，便是以該地屬化外無主爲由，否定原住民的土地權利。

不論如何，隨著西力東漸，政府與民間的各種交往愈來愈頻繁，中國逐漸進入各式各樣的國際化進程，西方的藝文科學活動組織隨之傳播到中國來，使中國人的參與成爲全球史的一部分，例如博覽會和醫學會、奧運會等等。本章將先討論中國早期對於萬國公法的認識，中國人最初是怎樣了解歐美這套國際法知識的？其次，在理解歐美的國際法之後，清廷又如何以其對國際公法的認識，採取對自己有利的行動策略？又是如何派遣歐美使節團以進入國際大家庭？此外，清廷對國際法的因應往往是通過中外戰爭行爲來實踐的，因此，我們可以從清法戰爭的過程來理解清廷如何因應戰爭國際法中的禁令和中立等法理原則。最後，再討論清廷如何參與十九世紀末重要的國際組織和文教活動。這些活動不僅意味著中國人對世界格局的新想像、清政府參與世界的願望，也意味著中國人將改變理解自己的方式。

一、國際法的引進和實踐

欽差大臣林則徐早在一八三九年於廣州禁煙期間，就曾請求美國醫學傳教士伯駕醫生（一八〇四—一八八八年）翻譯瓦特爾（Emmerich de Vattel, 1714-1767）所著《各國律例》（*The Law of Nations*）的部分文字。伯駕在其一八三九年身處廣州時的《眼科醫局記錄‧第十卷》中對這一事件的有趣記錄如下：

> 病例第六五六五號，疝氣。欽差大臣林則徐……在七月份到這裡來，最初並不是為了治病，而是請我翻譯引自瓦特爾《各國律例》書中的部分文字，要翻譯的內容他已經備好，它們是通過大行商得到的，內容涉及戰爭、伴生的敵對措施（如封鎖、貿易禁運等）；它們是用小楷筆寫出的。

伯駕的譯文後來收入魏源著名的《海國圖志》（一八五二年版第八十三卷），作者的名字被音譯爲「滑達爾」，此人爲當時著名的國際法學者，美國開國英雄華盛頓等人都受其影響。由此亦可見林則徐爲了禁煙而費盡心機，令傳教士醫生伯駕編撰《各國律例》，以方便和洋人辦理交涉，而且譯出的內容主要是與戰爭相關的外交措施。

《萬國公法》的譯介

歐美國際法被系統地譯介爲中文，得從美國傳教士丁韙良說起。丁韙良譯介了美國人惠頓（Henry Wheaton）的《國際法原理》（*Elements of International Laws*），這是第一本漢譯的國際法的專書，開啓了中國意識到西方國際法原理的里程碑。惠頓曾任美國駐丹麥和柏林的外交官，後爲哈佛大學國際法學者，所著《國際法原理》多次修訂再版，並被譯成多國文字。根據丁韙良《花甲憶記》，他翻譯惠頓此書（中譯名「萬國公法」）的時間約始於一八六二年。次年藉由美國駐華公使蒲安臣的引進，丁韙良會見恭親王等大臣，對同文館和清廷增進外交知識多所建言，這此時丁韙良已著手翻譯的《萬國公法》剛好派上用場。恭親王云「檢閱其書，大約俱論會盟戰法諸事，其於啓釁之間，徵此控制箝束，尤各有法」，並派出總理衙門的四位章京陳欽、李常華、方濬師、毛鴻圖等四人幫忙潤色。最初付印了三百部以備內用，提供中外發生事故時之參考。不惟如此，清政府遇到涉外事件時，常徵詢丁韙良提供國際法的知識，在《花甲憶記》中就提到，一八八四年（光緒十年）清法戰爭危急之際，他正在西山避暑，突有一專使前來催他回京。因總署急問他「法人已在福州轟毀我船廠，將戰事也。請汝無他，惟願聞公法耳。按公法有敵國士商居留境內者，何以處之？子期明以語我。吾即開列數條」。丁韙良對清政府的建議不惟敵僑保護，他的函電中還提到西方各國關於戰爭中軍民有別的相關條文並呈送相關書籍。也提到戰時敵僑或令出境或令安居皆可，然在境內時則必須保護。次年，又向總署摘略了美國領事官之於本國僑民之管轄權力。這些都是有關近代戰爭國際法的重要原則。我們看到清法戰爭方酣的一八八四—八五年間，清廷的確曾要求葡萄牙駐澳門官員務必嚴守「局外公法」，「凡法船所需米穀、牛羊、甜水、煤炭以及軍火軍裝一切應用等物，務望不可接濟」，也曾要求禁止英國商民將煤油食物軍火運濟法船一事，援用的概念便是戰爭國際法，儘管清政府並未正式依照戰爭國際法對法國「宣戰」（詳下）。據丁韙良的說法，《萬國公法》刊行後，某大國的代表及報紙的評論反對他將國際法介紹到中國，批評他出賣歐洲人的利益，使中國人在戰敗（指第二次鴉片戰爭）後馬上學會躲在規則後面，以取得他們根本不配享有的權益。

十九世紀七〇年代中葉以前，清政府官僚和知識分子對於國際法知識的掌握非常薄弱，王韜、薛福成、鄭觀應等人有關「公法」的文章大致都在七〇年代後半期才出現。一八七六年清政府派遣郭嵩燾赴英通好，爲英國人馬嘉理在雲南被殺害事件而道歉，並出任了首位駐英公使，但過程中卻發生了沒有公使委任狀（「信憑」）及劉錫鴻副使的問題。這證明了這段時期的清政府對國際法知識的掌握仍流於粗疏。

郭嵩燾在出使英、法期間（一八七六—一八九一年駐英；一八七八—一八七九年駐法），曾在其日記中介紹了《萬國公法》產生的歷史。「近年英、法、俄、美、德諸大國角立稱雄，創爲萬國公法，以信義相先，尤重邦交之誼。致情盡禮，質有其文，視乎春秋列國，殆遠勝之。」薛福成認爲「西人風氣，最重條約。至於事關軍國，當以《萬國公法》一書爲憑」。因此宜將《萬國公法》、《通商條約》等書廣爲刊行，由各省藩司頒發州縣，大加傳布。他也承認國際政治雖常以武力爲後盾，以實力決定彼此之間的關係，但並不代表「公法」失去其作爲秩序規範的約束力。他認爲國家雖有大小強弱之分，但力量薄弱之國家既不能以力取勝，則無可選擇地必須乞靈於另一支配原則——「公法」秩序以維持國家之存續。薛福成可說是接受《萬國公法》的先鋒，認爲通過制定條約的中外規範和國際秩序的交往原則，或可能通過《萬國公法》以達到「自保」目的。「余嘗謂中國如有秦始皇、漢武帝、唐太宗之聲威，則雖黜公法、拒西人，其何向而不濟？若勢有不違，曷若以公法爲依歸，尚不受無窮之害。」

比較特別的是，李鴻章的幕僚馬建忠，他在法蘭西的學位論文是研究社會發展中的

「公司」（société），內容分爲三個部分：羅馬法的「合伙」、法國民法的「公司」以及法國商法的「有限公司」。爲什麼馬建忠會選擇「公司」爲題呢？因爲馬建忠抵達歐洲後，方知西方諸國富強的原因之一在於保護工商業發展而制定的「公司」政策。這些認識，多少得力於馬建忠在課餘之時，活躍於巴黎社交界，增廣見聞，尤其是法蘭西學院會員的啓發。由此，啓發了他的重商主義思想和拓展國際貿易的想法，例如主張以公司組織的經營模式，通過生產的規模效益，擴大中國生絲和茶葉的國際市場競爭力。馬建忠回國後曾出任輪船招商局會辦、上海機器織布局總辦，成爲李鴻章辦理洋務運動的旗手。

公法學會是在一八九八年四月由畢永年（一八六九—一九〇二）創立於長沙的學會。學會的成立，旨在「人物交戰」的世界中力求「自存」，培養「公法」專門人才，學習近代西方國際法知識，繼而仿效日本修訂不平等條約，恢復主權，厲行變法改革。由於相關國際法知識的極度匱乏，丁韙良的《萬國公法》譯著被複刻重刊，作爲應急之用。此外，同一年，長沙成立了法律學會，以研讀法律爲優先。長沙得風氣之先，早在一八九七年，維新派譚嗣同等人在湖南巡撫陳寶箴的支持下創辦了新式學校「時務學堂」，以梁啓超爲中文總教習，爲戊戌變法時期最早建立的新式學校之一。

戊戌維新時期，中國知識分子視「公法」爲天地自然之理，公法是在變法維新的號召下應運而生的，且維新運動所注意到的並非僅止於國際法，而是廣及整個法律秩序。康有爲積極推動設立「法律局」，以應對涉外事務。通過總理衙門代遞的摺子，請求光緒皇帝變法，康有爲建議內外新政必須設立專局，第一個條目便是法律局：「考萬國法律，以爲交涉平等之計，或酌一新律，施行於通商口岸，以入《萬國公法》之會」。康有爲的學生梁啓超在〈論中國宜講求法律之學〉（一八九八年，光緒二十四年）中慷慨激昂地呼籲，中國如果要進入文明大同社會，擺脫落後野蠻的地位，則必須講求法律之學才能自存，「今吾中國聚四萬萬不明公理、不講許可權之人，以與西國相處，即使高城深池，堅革多粟，亦不過如猛虎之遇獵人，猶無幸焉矣。乃以如此之國勢，如此政體，如此之人心風俗，猶嚚嚚然自居於中國而夷狄人，無怪乎西人以我爲三等野番之國，謂天地間不容有此等人也……故吾願發明西人法律之學，以文明我中國，又願發明吾聖人法律之學，以文明我地球。」從這一角度而言，從國際法的引介開始，也使中國知識分子反省到國內法律倫理的失序落後，而影響及於中國政體制度的批判反省。

隨著歐美國際法著作被大量翻譯成漢文，對國際法知識和國際法秩序的理解有更深刻的看法。另有些中文翻譯或是受到日本翻譯的影響，或是直接從日文轉譯，中國有不少知識分子的西洋知識因此是通過日文而吸收的。日本思想家福澤諭吉（Fukuzawa Yukichi, 1835-1901）關於國際法的主張被譯介到中國來，他將國際法視爲一種「外國交際」。在福澤看來，「交際」的主體是國家；「交際」一詞，已把獨立的、對等的、不同主體的概念作爲自明的前提。「外國交際」一詞的採用，正是因爲福澤注意到，相對於世界各國而言，日本這樣的國家必須是獨立的、對等的存在，而「文明化」則是國家的目的，主張遵守國際法，並與外國親善。根據林學忠的研究，翻譯「International Law」爲國際法，最先是由日本的箕作麟祥（Mitsukure Rinsho）開始。其後的一八八一年，東京大學在學科改正之際，採用了「國際法」作爲學科名，俟後「國際法」一詞逐漸普及，取代了「萬國公法」一語。其後的中國留學生也採用「國際法」這譯詞，並跟從日本以「公法」譯「Public Law」，以私法譯「private law」。由於中國的教科書多用日本譯本，因此各式學堂開辦的國際法科大多稱爲國際公法及國際私法。

派遣蒲安臣使團

一八六一年三月，「總理各國事務衙門」成立之後，清廷即有意派員出國，但對於歐美各國如何運作這套使節往來的禮儀規矩，是否能維持大清既有尊榮體制，清廷頗費思量。最終在一八六七年派遣第一支使團赴歐美考察，這支使團爲美國前駐華公使蒲安臣所率領，故稱爲「蒲安臣使團」。林肯總統原本指派蒲安臣擔任駐奧地利公使，但後來因故轉派爲美國駐中國的第一任公使。一八六七年當蒲安臣在北京的公使職務任期屆滿，準備打道回府之際，他卻受命在一八六八年帶領中國第一個前往西方的外交團隊，最後還代表中國人與美國簽下了中國第一份平等的條約。其後，他的任務延伸至俄京聖彼得堡，代表中國與俄國進行外交協商，最後不幸病逝俄京。蒲安臣是中國皇帝的外交使節，卻從未與皇帝見過面，對於他代表呈交給外國政府的國書更是一字不識，因爲他不懂中文，對中國歷史和文化瞭解也很有限。但是他的出使，在近代中國邁向國際社會又往前走了一步。

一八六六年總稅務司赫德請求返英完婚，建議恭親王奕訢、文祥派同文館學生隨行，以廣見聞。恭親王認爲此舉並非特派使臣，表示首肯，清政府派斌椿帶領其子廣英，以及德明（即張德彝）、鳳儀、彥慧等三位同文館學生，隨赫德同至歐洲遊歷考查。他們一行先後至巴黎、倫敦，及瑞典、俄、德諸國，英國女皇曾予接見，此是中國第一次派往西洋的觀光團，也爲日後的使團任務埋下伏筆。斌椿爲赫德的漢文文案，頗受赫德倚重，斌椿泰西之行留下了《乘槎筆記》、《海天勝遊草》和《天外歸帆草》三部著作，與他同行的同文館學生張德彝有《航海述奇》之作。斌椿自言是「中土西來第一人」，但是此行衹是帶有試探性質的首次考察團或參訪團，並非外交使團。同文館教習丁韙良稱讚斌椿的陣仗頗類似大使，全歐洲皆將斌椿視爲大人物，在無相應規格的委任狀下，得獲各國接見；還形容斌椿表情明智、舉止高貴，在每一個地方都留下良好印象。丁韙良道出斌椿此行的重要性：「一個這樣的非正式使團，如果是從其他國家派出的，則絲毫不值得引起注意，但是中國派出它則是一個歷史性的事件，表示著對外交接受。我希望這種接受可以促進皇帝繼續這一步，派出全權大使，最終設立公使館」。

到了一八六七年，總理衙門有鑑於英法聯軍的起釁乃肇端於修約問題，而翌年（一八六八）又屆修約之年，故心存戒懼，事先詳爲籌措。此時總理衙門主張遣使到外國以達「知己知彼」的目的，據《同治夷務》所載，有兩個困難：「一則遠涉重洋，人多畏阻。水陸跋涉，寓館用度，費尤不貲。且分駐既多，籌款亦屬不易。一則語言文字，尚未通曉，仍倚翻譯，未免爲難」。更何況要找到德行和才能兼優之人，相當困難。若不得其人，貿然前往，又怕貽羞海外。此時對於之前所顧慮的體制問題，竟然隻字不提，其實已經看出，挑選人才又能通外語才是最主要之問題。這時向來對清廷友好的一位美國人受到了關注。美國駐華公使蒲安臣聰明、從容、具幽默感，公使任內在北京外交圈人緣奇佳。根據丁韙良的說法，蒲安臣經常「帶著明亮愉快的表情」，身材「中等身高，骨架結實，額頭寬闊，一眼就能看出他的聰明，也總是妙語如珠；蒲安臣先生各方面都讓人喜愛，印象深刻。」

一八六七年十一月，美國駐華公使蒲安臣任滿欲歸國，總署大臣爲之設宴餞行。由於蒲氏於其任內之表現，贏得清廷之好評，此時又「自言嗣後遇有與各國不平之事，伊必十分出力，即如中國派伊爲使相同」，蒲安臣既有此表示，文祥乘機請他擔任中國使臣。經多次商議，赫德又從旁敦促，蒲安臣乃毅然接受。恭親王等人認爲，蒲安臣先前於英國李

圖 4-1　蒲安臣及其家人墓地，位於麻省塞奧本山公墓。作者攝於 2018 年。

泰國事件中曾悉心協助，而目前遣使出洋，苦思無人，而蒲正合適，故「臣等公同商酌，用中國人為使，誠不免於為難，用外國人為使，則概不為難。」恭親王指出，派遣中國使節會有極大的障礙，但是如果指派外國人擔任朝廷的使者，「則概不為難」，這裡說的是磕頭禮節的問題。同時提示，蒲安臣雖為「中外交涉事務大臣」，但不能擅自決定對外交涉，「凡於中國有益之事，令其不遽應允，必須知會臣等衙門覆准，方能照行。在彼無可擅之權，在我有可收之益」。在蒲安臣辭去美國駐中國公使職務的時機，正好為保守的中國官僚體系選擇他擔任中國外交使節的決定鋪路。

十七位高階官員，包括曾國藩、李鴻章等握有權力的總督，以及總理衙門的大臣都呈上了自己的意見，這時禮節的問題才又被提出來。曾國藩對派遣公使此表示支持，並提出康熙皇帝曾經在接見俄國官員時，免除了磕頭的繁文縟節。李鴻章則心繫馬戛爾尼（George MacCartney）率領使團來華禮儀之爭，引用《中英天津條約》的內容，提到英國外交使節「作爲代國秉權大員，覲大清皇上時，遇有礙於國體之禮，是不可行，」而「惟大英君主每有派員前往泰西各與國拜國主之禮，亦拜大清皇上。」李鴻章指出，一國對他國——尤其是敵對國家——相關事務毫無知悉，最爲危險不過。因此他支持對外派遣使節。衛三畏在一八六七年精準地向美國國務卿西華德（William H. Seward）報告，中國人透過選擇國內最年輕的人民，將這個最古老的國家以外交方式介紹給其他國家，表現出他們想「利用美國的合作，促進他們的最佳利益。」

恭親王深恐英、法二國疑慮猜忌，故使團中加入英人柏卓安（Joh M. Brown）及法人德善（E. de Champs），二人均「通曉漢文語，若派令隨同蒲安臣出使，兼可以籠絡英、法諸國，甚爲合宜」。柏卓安爲「左協理」，德善爲「右協理」。這次的出使可不是小事。除了蒲安臣之外，使節團共有三十多位中國成員，包括六名在中國同文館學習外語的學生，每一位搭配一位老師暨隨行人員，四名抄寫員，還有兩名軍官。記名海關道志剛及禮部郎中孫家穀二人，同任「辦理中外交涉事務大臣」，名位與蒲安臣完全相同。故此一使團中，有三名「辦理中外交涉事務大臣」。頒發給蒲安臣漢、洋合璧之木質關防一顆，「以資取信各國」。出使時期，以一年爲限，隨行譯員，有同文館英文學生德明、鳳儀，此二人曾隨斌椿赴各國遊歷，另有俄文學生和法文學生。志剛後來撰有《初使泰西記》，記錄此行。

使團行程，預定爲自上海乘輪船經日本赴美、英、法、比、荷、丹、瑞典、俄，再折回至普魯士、法、西、意，然後返國。一八六八年二月二十五日，使團自上海出發，四月一日抵舊金山，受到意外的熱烈歡迎，當時美國人民對於約定條約利權以促進中美貿易之事，並不甚關切，對於使團的奇裝異服卻十分感到興趣，四月二十九日，加州州長設宴款待，到會者四百餘人，頗爲一時之談。

一八六八年五月一日使團離開舊金山，乘船赴巴拿馬，改乘火車抵大西洋，再乘輪船北航，於五月二十三日抵紐約，志剛對紐約之描寫「街市喧闐，樓宇高整」人民安居樂業，新國之氣象頻頻稱道。六月，抵達華盛頓特區後，美國國務卿西華德（William Henry Seward）即以茶會招待，相談甚歡。此次聚會，對中國使團成員而言，實爲大開眼界，流露出喜悅之情；提到各國代表齊聚一堂，歡融一氣，「此與人臣無外交之義，其用不同」。志剛的《初使泰西記》提到：

……居時而往，已有各國使臣及各大員咸集，并有女客亦係各客內眷，逐一執手相見，因言凡地球四面七八萬里之人，能於一夕一處相會，實為罕有，眾賓無不歡悅，因思此等聚會，雖係西國之俗，而實具深意，蓋總理各國事務者，時與各國親信大臣，聚首歡融為一氣，無論潛消衅隙，即偶有抵牾無不可盡之言，言無不可輸之情，而連環交際，無非排解調處之人，是以各國之勢，易於聯屬，此與人臣無外交之義，其用不同。

志剛等人對於中國傳統所謂「人臣無外交」有不同的體認和想法已由此可見。志剛對於華盛頓之議事會堂，上下兩院之運作，觀感極佳，認爲美國議會秩序井然，「民情達而公道存」。對於開國華盛頓總統，志剛也流露欽佩之情：「以一廢退武職崛起於人心思奮之時，卒成數千里大業，而乃功成名遂身退而不爲功名富貴所囿，固一世之雄也哉」。

六月六日，使團謁見美國總統安德魯．詹森（Andrew Johnson）呈遞國書，「伯理喜頓（總統，President）逐一執手問好，並言深願幫助各國，願中國與美國日益和睦等語」。呈遞國書後四日（六月十日），詹森總統特設國宴歡宴使團，美政府各部會首長及與中國締約各國之代表均參加，美總統致詞曰：「中國與美國僅隔一衣水，實爲近鄰，將來交往日久，自必愈見和洽」，與會者「皆大歡喜」，美國政府對於「蒲安臣使團」，禮遇甚隆，確係事實。曾任職大清海關的史家馬士（H. B. Morse）稱之爲一種「奉承的歡迎」（Flattering Welcome）可見一斑。

蒲安臣在外交上最大的成就，是他在沒有獲得授權的情況下所簽署的一項條約。而這項條約的成功，也大多要歸功於他和西華德的友誼。「蒲安臣使團」於七月二十八日與西華德簽訂條約八款，世稱「蒲安臣條約」，蒲氏對於每一條款，均向使團中國官員解釋命意所在，並將之隨條約附呈總署。就當時中外所訂的條約而言，「蒲安臣條約」實爲對中國最友好，或者最無損於中國的一個條約。它包含尊重中國領土完整、主權獨立，並以平等地位待遇中國的原則。第五和第六條講的是中美間的自由移民。第五條的內容是：

> 大清國與大美國切念人民前往各國，或願常住入籍，或隨時來往，總聽其自便，不得禁阻，為是現在兩國人民互相來往，或遊歷，或貿易，或久居，得以自由，方有利益。

第六條表示：

> 美國人民前往中國，或經歷各處，或常行居住，中國總須按照相待最優之國所得

> 經歷、長住之利益，俾美國人一體均沾；中國人至美國，或經歷各處，或常行居住，美國總須按照相待最優之國所得經歷、長住之利益，俾中國人一體均沾。唯美國人在中國者，不得因有此條，即時作為中國人民，中國人在美國者，亦不得因有此條，即時作為美國人民。

華工自一八五〇年代抵達美國以來，普遍承受相當的歧視，尤其在美國西岸特別嚴重。蒲安臣、志剛與孫家穀，都親眼見到了當地中國人遭受的歧視與痛苦。於是《蒲安臣條約》的第一條，開宗明義要讓在美國的中國人能保護自己，免於歧視。這份條約不只透過第五條和第六條威脅西部各州大部分針對中國人的歧視法條，更重要的是，爲聯邦政府保護中國人提供法律依據。國務卿西華德自認有兩項條約是他這輩子最大的成就。一項是美國在一八六七年向俄羅斯買下阿拉斯加的協議，另一項就是隔年簽署的《蒲安臣條約》。前者的利益在於爲美國擴大領土，後者則在於擴張美國的文明。作家馬克·吐溫在《紐約論壇報》中稱此條約「也許堪稱人類至今所建構的條約中，最寬廣無私、最具包容性的一項。」條約簽訂後，使團本當即刻離美，但聞英國女王在瑞士養病，蒲安臣亦欲回原籍省親，因而延後赴英行程，使團人員分赴美國各地漫遊。其分別參觀各地建設與工廠設施，凡所見有顯微鏡、觀象臺、農器、電線設備、製糖廠、造船廠、紡織廠、鐵工廠、軍火廠等，無不嘖嘖稱奇。至八月三〇日始離美赴英，共計在美停留五個月之久。

蒲安臣使團在美國受到熱烈親切之款待，恰與下一個訪問國英國冷淡之態度成對比。使節團新任英國外務大臣克拉倫敦會見了蒲安臣等人，但並未像在美國獲得極大的熱情。使節團在英國遭遇並不令人意外。在中國做生意的英國人不喜歡合作政策，有些人也看不起蒲安臣美國人的身分。之後在法國，使團更沒有簽下友好聲明，失望離開。在普魯士所受待遇亦屬冷淡，但至少還見到了普魯士總理俾斯麥（Otto von Bismarck）。在抵達柏林後不久，使節團便與俾斯麥和普魯士皇太后會面。俾斯麥當時的關注焦點是統一德國。他和蒲安臣的協商，也環繞此事。整體而言，以使團在歐洲花費的時間和金錢而言，在歐洲所獲得的外交成果是相當有限。很不幸的是使團抵達俄國首都聖彼德堡後，蒲安臣於一八七〇年二月的嚴冬中突然病逝。使團續由志剛率領，赴比、意、西、法等國，於十月十八日返抵上海。

「蒲安臣使團」出使美國後，中美之間文教交流日漸蒸上，清廷在洋務運動推行下，遂有派遣幼童出洋學西事之議，選定的國家即是美國，此與「蒲安臣使團」所帶來之中美友誼，當有絕大之關係。清朝在一八七二年至一八七五年間每年向美國派遣三十名幼童留學，共有一百二十位男童前往美國學習。這項措施後來因清廷保守派的掣肘，李鴻章決定於一八八二年將這些留美幼童遣送返國。此時，美國西岸排斥華人之行動，又因被美國激烈種族主義者所煽動，有愈演愈烈之勢，一八八〇年代美國國會通過一連串的「排華法令」（Chinese Exclusion Act），幾乎撕毀了《蒲安臣條約》中的良善美意，造成中美關係的重大裂痕，從這一結果來說，著實令人遺憾。然而，在聯繫西方與東方，使節團的開創和貢獻不容小覷，邁出清政府派遣使節的第一步。

光緒元年（一八七五）四月，總理衙門決定向英、日等國派遣出使大臣。之後候補侍郎郭嵩燾和二品頂戴直隸候補道許鈐被任命爲出使大臣，總理衙門也制定了關於出使大臣的各項規定，並於九月發布了《出使章程》十二條。一八七六年郭嵩燾成爲首任出使英國的欽差大臣、一八七五年太常寺卿陳蘭彬駐美（一八七八年被任命爲公使）、一八七八—七九年崇厚首次派任俄國、一八七七年劉錫鴻派往德國、一八八一年李鳳苞派往奧國（兼駐德、荷、意）、一八八五年許景澄駐比利時等等，進一步開展使節外交。但是當時尚不知如何培養具備現代外交素養的職

圖 4-2　1872 年，第一批留美幼童中的二位合影。作者攝於 Hartford public high school 校史室，2011年。

業外交官，首批外交官就在摸索學習的艱難環境中建立起來，到了一九〇一年（光緒二十七年）設立外務部，對外交機構和培養職業外交官人才，又邁入一個新的階段。

有些學者習慣用中日比較的放大視角，以日本明治維新的表現成果，以此對映自強運動的挫敗。在派遣使節一事上，日本在一八七一年（明治四年）至一八七三年期間向歐美國家派遣了岩倉使節團，在岩倉具視（日本右大臣）的率領下，由政府官員、留學生等共一〇七人組成了一支浩浩蕩蕩的隊伍，其目的是爲了修改江戶時代後期與西方諸強簽訂的不平等條約，並考察西方文明。考察結果讓使節團成員意識到日本與先進國家相比落後很多，也對明治政府如何進行變革形成了共識。筆者以爲中日兩國在邁入國際社會的過程中，各有不同的曲折途徑，岩倉使節團並不是日本第一次向西方派遣使節團，若將蒲安臣使團放在近代中國本身的歷史脈絡，仍是意義重大。百年前任職大清海關的馬士在其名著《中華帝國對外關係史》

圖 4-3　清末留美幼童就讀的學校，該棟建築已燒毀，今不復存。作者攝於 Hartford Public High School 校史室，2011年。

評述蒲安臣使團說，「歷史的判決必將認定，使節團對於西方政府的政策確實發揮了作用，爲中國和整個世界帶來益處。」香港大學歷史系徐國琦在《中國與美國人》（二〇一四）一書重新評述蒲安臣說，「我們必須瞭解，他對中國人和美國人都堪稱鞠躬盡瘁，因爲美國和中國的利益是互相重疊，彼此相繫的。」蒲安臣使團開創中美友好關係的傳統，不能因一八八〇年代的排華問題使《蒲安臣條約》蒙塵，就貶抑這一使團最初走向世界舞台的創舉目標。蒲安臣使團緩和了當時中外的緊張關係，也可以說是使節團誘使西方列強給中國時間，讓它能以自己的步調發展。從這點來說，也是一種低調的成功。

戰爭法的初認識和援引

一八七四年秋，由丁韙良等傳教士在北京創辦的《中西見聞錄》刊登了兩則歐洲國家討論議訂戰爭規例以減輕傷亡破壞的消息。第一則，介紹比利時首都布魯塞爾「公議戰例」，即一八七四年八月二十七日簽訂的《關於戰爭法規和慣例的國際宣言》，內容包括對作戰人員與普通平民須區別對待，不准擄掠民物、擾害閭里，當撫恤戰俘等。第二則，講述「各國擬於瑞士會議弭兵息甲」，「酌改戰例」，即指國際法研究院設立了一個專門研究《布魯塞爾宣言》的委員會共同修纂草擬陸地戰例一事。《中西見聞錄》介紹歐洲各國對於戰爭法規、平民安置和撫恤戰俘等，這些主張代表歐洲國家有意將戰爭「文明化」，戰爭是士兵的戰爭，區隔出戰爭與普通平民，以及對陸地戰爭的相應辦法。《中西見聞錄》僅是國際法知識的介紹，對清廷而言，實不知如何認知或應對這些國際法原則——中立、禁運和宣戰。我們看到清法戰爭時期清政府開始採取有限的國際法知識落實在戰爭實務中。

一八八三年十二月，法軍進攻駐紮在越南紅河三角洲北圻的清軍，一般所謂清法戰爭以此爲爆發點，在此之前清法已爲越南問題爭議甚久。清法戰爭先從陸戰開端，接著有海戰和台澎戰場。一八八四年九月中旬，北京外交使團多次詢問總署，清、法目前是否處於實際戰爭狀態，但總理衙門顯然將使此事定調爲「國內事件」（domestic incident），係中國對越南宗主權的問題，因此毋須照會外交使團。然而，清廷總理衙門卻拜託日本領事要日本人千萬不能幫法國人載運燃煤，英、美領事也曾收到這樣的請求。當時法國方面也表明未正式宣戰，法國總理茹費理（Jules Ferry, 1832-1893）向歐洲各國政要表示中法並未開戰，法國駐上海總領事李梅（Victor-Gabriel Lemaire, 1839-1907）亦對外如此宣稱。然而攻佔基隆的法軍卻以中法處於「交戰行爲」（belligerent act）而強令阻止德國商船上岸卸貨。這種混亂不明各說各話的情勢，令各國駐華領事感到不知所措。

到了一八八四年十月，英公使巴夏禮針對清廷禁止英國商民將煤油食物軍火運濟法國船隻一事，表示清廷未將「中法業已開仗一事明布英國朝廷」，而法國駐京公使也表示無開仗之宣示，英商天祥洋行以煤斤接濟法船自不能視爲違犯局外之例，要求清廷准許英國商民得以運煤前往各個口岸，以免有礙商務。這份照會也提到英國輪船亦有裝運軍火接濟臺灣華軍之事，英國領事「實無權力禁止」。此外，次年（一八八五年）二月法國曾一度宣布將運往廣州以北的大米做爲違禁品，企圖切斷中國漕米的供應，遭到英國反對。因爲大部分運送米糧的船隻係懸掛英國國旗，指摘法國此舉違反中立國權利。但法國的禁運並未實施，因不久戰事即告終。

由此可見，中法衝突畢竟屬於國際法界定的眞正戰爭行爲，牽涉到同屬歐美較早進入國際法規範體系的法國，以致西方各國得以採取相應的外交措施，而清廷未正式遞送宣戰照會，就成爲攸關各國得在中國繼續合法保有自由出入條約口岸貿易和通商的理由。

清廷沒有正式宣戰，總理衙門卻照會各國務需嚴守中立，並封鎖中國港口。一八八四年七月，總署通告美國及各國領事略述諒山之役係法國挑釁，如今法國兵船滋擾中國口岸，以致貿易阻滯，財產損傷，「一切應由法國獨認賠補，絲毫與中國無涉，各國並應禁止各處商民，不得私自接濟軍前一切攻戰食用物件，以守公法」。此外，兩廣總督張之洞曾數次照會葡萄牙駐澳門官員務必嚴守「局外公法」：「貴國與我國和好日久，此次中法戰事，諒必守公法局外之義，凡法船所需米穀、牛羊、甜水、煤炭以及軍火軍裝一切應用等物，務望不可接濟，以敦友誼」。清廷是否藉此將清法戰爭造成外人在華條約口岸的貿易投資和航行內河等權益完全攤在各國眼前，進而冀望讓各國干預或進行調停？此一外交謀略，證諸總理衙門檔案是有此可能。

清法戰爭進行時日，清廷遲遲未向法國正式宣戰，即使其他各國公使頻頻詢問宣戰之舉。直到一八八四年八月馬尾海戰後福建水師幾全軍覆滅，一八八四年八月二十六日（光緒十年七月初六）清廷才頒發詔令對法國宣戰（對內下詔，但未對外有外交照會）。之後總署再次照會各國飭令其各行各礦商人「不准出售煤斤接濟法國兵船，以守局外之例」。同時，清廷對外宣告保護各國商民，下令閩省「將堵塞水路，保護口岸。所有各國兵商各船自宜暫緩出入」。但是清廷仍未依循西方近代國際社會的宣戰程序——通過法國駐華公使致達正式宣戰照會，並通告各國公使中國向法國宣戰一事。法國一方亦未明示對清宣戰，清法戰爭乃有「不宣而戰」之說。

一八八四年八月五日法國攻擊台灣基隆，二十二日攻擊馬尾，將戰爭的範圍直接擴大到中國本土，中法兩國雖已交戰，但是法國沒有宣稱與中國進入戰爭狀態。法國這樣做，是爲了避免中國援引交戰國權利以及希望利用遠東一些中立的港口作爲基地，因而只稱其行動爲「報復」。當時已有論者指摘法國的謬誤：法國不宣戰，本身因而未能行使交戰國的權利，而且亦無法禁止他國履行中立國義務，運輸糧食前往中國。清政府曾在八月二十六日下旨宣戰，但並未完成國際法程序中向各國公使布達宣戰，不能算是正式對外宣戰。

然而，清政府已知曉要同時敦請各國嚴守中立之例，按國際法的禁運原則，禁止接濟法國船艦。從這點來說未嘗不是一種進步。

清廷引公法為工具與西方各國談判，但無意用它改造已實行數百年的東亞宗藩禮制，到了危機重重的一八八〇年代，李鴻章等試圖調和兩種體制，以國際法修辭包裝宗藩制度，仍希冀西洋各國承認東亞傳統秩序。清廷在甲午的戰敗深深影響東亞局勢，東亞宗藩制度幾乎解體。隨即在一九〇〇年義和團導致的排外事件，中外衝突達到頂峰，以致八國聯軍武力懲罰、占領京津。中國最終以向歐美各國道歉的方式，以被改造成遵守歐美國際公法體系的象徵，向各國認罪求和，簽訂《辛丑和約》，並付出巨額賠款。醇親王於一九〇一年出使歐洲主要國家致歉修好，之後清廷參加一九〇四年美國聖路易斯世界博覽會，試圖展現庚子事變後中國接納四方的新氣象。很幸運地大清王朝沒有淪為像印度、越南或朝鮮一樣的命運，被英、法和日本等列強蠻橫剝奪主權國家的資格。

參加海牙保和會

十九世紀末歐洲各國在海外的激烈競爭，也嘗試用用和平方式來解決國際爭端，因而在一八九九年和一九〇七年在海牙召開了二次和平大會。這一會議突破了以往以歐洲大國做為國際組織的運作模式，其成員拓展到亞洲和中南美洲國家，可謂開啓了一戰後國際聯盟的形式。海牙保和會的目的在於限武及禁用猛烈軍火以謀求和平，從議決的結果以及後來國際仍走向大規模毀滅性的第一次世界大戰而言，當然不是成功的會議。戰爭行爲又因科技的進步，使得死傷範圍愈來愈大。然而，戰爭與和平互爲國際秩序的兩個主調，戰爭是爲了產生長治久安的和平，人類也在以戰止戰的過程中，將發動戰爭行動的程序、法理和手段愈來愈文明化。哈佛大學歷史系教授 David Armitage 從全球史的角度研究內戰，他引用了十八世紀啓蒙運動家伏爾泰的話，說「歐洲各國的所有戰爭都是內戰」，而十九世紀以來歐美各國的內戰走向了「內戰的文明化」（civilizing the civil war）。這一過程產生不介入內戰的反戰意識、人道主義救援、醫療組織以及各種謀求和平組織的誕生；將全球人民視爲一個大家庭，避免兄弟間的爭鬧打架。如果爭鬥無法避免，那麼關於戰爭行爲的所有規則（宣戰、止戰、中立和救助傷兵等等），在十九世紀中葉要求逐漸走入一種文明化的過程。雖然國際間的戰爭規模，隨著新科技武器的發明，傷亡愈爲慘重，但不可否認的是，國際法中關於戰爭行爲，終究發展成爲戰爭法，被視爲國際公法的一部分。

從鴉片戰爭以來，中國與西方帝國主義國家有不少衝突與戰爭，晚清政府參與了兩次海牙和平會議，對理解如何通過國際法解決戰爭行爲或者追尋和平秩序意義重大。第一次保和會中國派遣的代表團有當時駐俄公使楊儒，參贊何彥昇、胡惟德（一八六三—一九三三），翻譯官陸徵祥及金楷理（Carl T. Kreyer, 1839-1914）。這個盛會原來沒有名稱，但由於會議的目的在於遏止當時的軍擴競賽，縮小各國之軍力，限制使用武器，防止威脅和平世界的戰爭，成立仲裁，因此人們稱之爲海牙「和平會議」（Hague Peace Conference），即中國所稱之「海牙保和會」。除會章外，議定《和解公斷條約》、《陸地戰例條約》、《推廣一八六四年日來弗原議行之於水戰條約》等三項公約，及三項禁用猛力軍火聲明文件，由參會各國考慮是否加入。

清廷方面，將「海牙保和會」視爲外交之轉機，而且這次會議竟然是靠著俄國人的幫助。據第一次保和會中國代表駐俄公使楊儒的分析如下：「我中國辦理交涉數十年，歐美兩洲各大會向未與聞，去歲俄請入會，據外部面告，此係俄主顧念邦交，欲中國儕於各列國之列。……此次仰邀宸斷，飭議畫押，嗣後遇有郵政、商務、公法等會，皆可援引列入，不至見擯，裨益尤多。此誠近日外交之大轉機也。」楊儒此說當然也有委婉邀功之意，後來一九〇四年日俄戰爭爆發，戰場卻在中國東三省，顯現日俄兩國在中國東北的激烈競逐權益，當時俄國力促中國加入第一次保和會，背後應也有向中國示好的國際因素。

清廷於光緒二十五年（一八九九）初，先後接獲俄國、荷蘭政府邀請後，派遣出使俄、奧大臣楊儒前往。總理衙門討論後，大致同意楊儒所報告的主要入會原則，但仍略有猶豫。對《陸戰規例》最是擔憂：「中國各省旗綠防營，雖間有改習洋操，未必盡諳西例，設或准約，一但有疆場之事，轉多窒礙。」總署乃致電楊儒：除《陸地戰例條約》

外，其餘各約及聲明文件，均一併從眾畫押。對未簽署《陸戰規例》一事，聲明：「中國極願從約，惟陸軍尚未概用西操，俟練有成規，再行知照入會」。在交涉時，楊儒被告知由於紅十字會章推行於水戰條約，係源於《日內瓦公約》，中國應補簽《日內瓦公約》後，才能儲存此約。楊儒徵詢荷蘭政府外交部同意後，建議清廷同意授權荷蘭駐瑞士公使代中國補簽《日內瓦公約》。

清廷正式成為會員的過程為一波三折。據唐啓華的研究，若按照保和會會章規定，簽約各國將約本攜回本國，用印批准，再送回荷蘭外交部存儲，才算完成入會手續。清外務部的官方說法因中國「翌年遽遘拳匪之亂，所有此項檔案散失無存」，並未完成手續。直到日俄戰爭爆發後，清廷雖下詔宣布局外中立，但因不諳國際法，一些事件處理不符國際慣例，迭遭到日、俄質疑。而美國在八國聯軍之際重申門戶開放政策，更於一九〇四年底照會各國，建議舉行第二次保和會。清廷於是想借重保和會，乃積極與荷蘭交涉完成入會事宜。一九〇五年一月十七日，在荷蘭公使照會外務部的文中，始提到中國的入會文件已送達海牙並完成簽押。此外，加入紅十字會則幾經波折，直到一九〇四年七月十九日瑞士公使稱入會一節業經該國政府照准，並已通知各國。至此，中國才算在手續上完備加入一八六四年《日內瓦公約》之程序。

當清廷完成加入第一次海牙和約和紅十會入會的正式文件時，事實上歐美國家已敲響第二次保和會的鐘聲，而此時東亞局勢的日俄緊張關係已到了一個臨界點。

一九〇三年以來，日、俄兩國在中國東三省的競爭關係，緊迫危險，戰爭一觸即發。如果日俄戰爭一旦爆發，戰場卻不在日、俄兩國境內，而是在中國的領土之內，此時清廷該如何自處？在這種情形下，產生了中國應否中立、如何保持中立的問題。雖然其後清政府宣布中國中立，但如何救援東三省戰場上飽受戰禍之害的中國人以及如何確保中國在東三省的主權等問題，反而浮出水面。因此，中國亟需掌握戰時國際法，特別是中立法知識以應付當時局面，維護中國主權；也就是說，中國極需辨明歐美各國如何運用國際公法，並援用於實際行動。一九〇四年十月二十一日，美國照會各國，有意舉行第二次保和會，討論前次會議未盡各事宜。荷蘭政府隨後於次年一月十七日正式行文通知各國。時值日俄戰爭期間，清廷正補辦加入保和會之手續，加以保持局外中立的種種糾紛，更加體會到國際公法的重要性，內外大臣紛紛奏請積極參與第二次保和會。第二次保和會期間，中國外交代表團隨時向清政府匯報保和會的動態，縷析各國的立場、條約利害和中國應採行的主張。

一九〇七年第二次海牙保和會召開，共四十四國參加，是世界第一次所有主權國家都參與的國際大會。同時也是第一次大小國平等，實行一國一票的國際會議。第二次海牙會議雖由美國倡議，但在俄國堅持之下，由俄皇出面邀約各國與會。中國代表團由駐俄使館參贊陸徵祥率領出席，陸徵祥在此之前於俄京任二等翻譯十四年（一八九一—一九〇五），而由駐俄的陸徵祥率團也說明此時俄國在海牙和平會議的重要性。這時的陸徵祥以自己的參贊位階過低，希望清政府另派專使。「日本以蕞爾小國，一旦驟擠其地位與列強等倫者，能利用其戰勝之時機，亟派大使也。今吾國若能乘此萬國公會之時機而利用之，特派頭等專員，爲異日大使之先導，則國際地位必回復於無形。在日本收名譽於干戈，在吾國收名譽於玉帛」。很顯然，這是由於日俄戰後日本一躍爲東亞強國的地位，清廷如欲借助海牙和平會議，就應提高中國外交代表的官稱。由於大會會期急迫之下，外務部決定由陸徵祥升任出席保和會專使大臣，並由參贊錢恂任駐荷公使，會同辦理。清廷又敦聘美國前國務卿時任中國駐美使館顧問之福士達（John W. Foster, 1836-1917），借重其資望，代表中國出席保和會。因此，中國代表團共有三名全權議員：陸徵祥、美顧問福士達、駐荷公使錢恂，可見得清外務部之臨機應變，且延攬美國顧問亦有咨詢國際法之意。

第二次保和會的主要成果，大致有十四條，爲使讀者清楚了解其蘊涵，簡述內容如下：一、修正和解國際紛爭條約；二、限制用兵力催索有契約債務條約；三、戰爭開始條約；四、修正《陸戰規例》；五、陸戰時中立國及其人民之權利義務條約；六、戰爭開始時敵國商船之地位條約；七、商船改充戰艦條約；八、敷設機械自動水雷條約；九、戰時海軍轟擊條約；十、修正日來弗紅十字約推行於海戰條約；十一、海戰中限制行使捕獲權條約；十二、設置國際捕獲審檢所條約；十三、海戰時中立國及其人民之權利義務條約；十四、禁止自氣球上放擲砲彈擊炸裂物之聲明文件。清廷共批准一、二、三、五、九、十、十三、十四等八約，部分條約因中國相關條件不成熟而未簽字。

第二次海牙和平會議（保和會）進行期間發生了朝鮮三志士抗議事件。李儁等三人爲反對一九〇五年日本強加於朝鮮的《日韓保護條約》，使朝鮮成爲日本的保護國，在大會上控訴日本的罪行。李儁和同伴李相卨、李瑋鍾，帶著大韓帝國高宗皇帝的密信抵達荷蘭，想要參加正在舉行的「萬國和平會議」。他們本想藉此國際場合，抗議日本剝奪朝鮮外交主權，宣告朝鮮爲完全獨立國家。但會議主辦國拒絕他們列席，理由是朝鮮已是日本的「保護國」，不具備國際法承認的主權國家的資格。這個他們寄予厚望的國際社會，卻公開宣告朝鮮獨立爲「不合法」，李儁憤而自殺殉國，震驚大會。當時大會對朝鮮的訴求並未受理的冰冷態度，加上國內輿論的壓力等因素，致滿腔愛國熱血的李儁憂憤而死（關於李儁是否爲自殺，也有學者提出質疑）。不論如何，當時這件事也令與會的中國代表深受震撼，深憂國際現實並無所謂之「公理正義」。

我們現在以後見之明可以清楚理解當時所謂的國際法體系，並不是個開放的機制，它只承認「主權國家」具備主體資格，並且，十九世紀的國際法很多時候是被帝國殖民體系所操弄利用，建立一套不僅以事實殺人，還要以理殺人的法理工具。例如：「保護國」

（protectorate）這個概念，它來自一八八五年歐洲國家爲瓜分非洲召開的柏林會議，剛果在柏林會議中被定義爲比利時的「保護國」。名義上，保護國不像「殖民地」那樣由宗主國直接統治，但實質與殖民地差異不大，無非是有沒有一個形式上的本土政府而已。此後，它也被法國用來定義其佔領的北圻（越南北部）、安南（越南中部）、柬埔寨和老撾。日本在一九〇五年通過《乙巳保護條約》，剝奪朝鮮的外交權，即參照之前歐洲在非洲案例，將韓國變爲「保護國」，從法律上否定其本有的獨立地位。這些國際現實的因素，在當時參與保和會的中國代表團的代表也感知到弱國外交的無奈，號稱主持正義的國際和平組織竟然充斥著維護強權利益的氛圍。在清廷參與第二次海牙保和會的過程中，我們看到一批具有洞悉近代國際法的外交人才逐漸漸興起。早期出身同文館以及留學歐美或日本的法政留學生在參與國際會議中獲得歷練，爾後在清外務部或民國初年的外交事務中扮演重要角色。陸徵祥就是一個典型的例子，出身同文館的陸徵祥當時的表現獲得外務部尚書袁世凱的賞識，讚揚陸徵祥「通達時事，慮事精詳」。民國建立後，陸徵祥應總統袁世凱電命，從駐俄公使任所返國出任外交總長，並推動中國現代外交機構之改革，將清代「外務部」改爲外交部。

十九世紀國際間因爲「不宣而戰」導致國際危機不斷，例如：一七〇〇—一八七〇年間尚發生一〇七次未經宣戰的敵對行爲，使得「宣戰」程序愈來愈受重視。迄於二十世紀初以前國際間「不宣而戰」仍是普遍現象。一九〇六年「國際法學會」（International Law Association）通過決議，主張國際間非先提出宣戰書或最後通牒，即不得開始戰爭，一九〇七年第二次海牙和平會議正式接納此項主張，制訂《戰爭開始條約》（Convention on the Opening of Hostilities）。從國際法的運作而言，清末政府在第二次保和會以前並不知如何實施和完成宣戰程序。舉例而言，義和團事件時慈禧以光緒之名下達的〈宣戰詔書〉可以看作是清政府對內的一次動員令，並未完成國際法中向各國駐北京公使遞交宣戰的程序。一直要到第一次世界大戰爆發後，袁世凱政府才嫻熟處理了世界大戰初期維持中國的中立問題，劃定德、日兩國在中國山東的交戰區以確實避免讓中國捲入戰爭，到了一九一七年北京國會始通過決議，正式向德、義宣戰。第一次世界大戰期間，民國政府採取的便是戰爭國際法的中立和宣戰程序。

二、文化藝術等國際組織之初體驗

一八七〇年代以後，歐洲先進國家和地區發生第二次工業革命，技術的創新，蒸汽、輪船、電報、電話、火車等科技的突飛猛進，促進全世界國家、區域和個人的密切交往，由此又更進一步地改變和拓展了國際交往的形式，過去以政治議題爲主體的國際組織，逐漸納入新的元素。文化和知識交流領域內的國際非政府組織（NGO）在十九世紀末愈來愈多，出現了許多旨在促進科學家、藝術家和音樂家等跨國交流的組織，並建立了今天被稱爲「知識共同體」（epistemic communities）的組織——這是一個有著共同理念和利益的民間團體。但是，十九世紀末和二十世紀初的這些非政府組織中，政府仍往往扮演要角。舉一個典型的例子，當世界歷史學家大會計劃於一八九八年在阿姆斯特丹召開時，邀請信是以荷蘭政府的名義發出，並通過各國駐海牙（The Hague）的大使和公使（ministers）交給各國政府的。許多國家的政治領導人還作爲名譽主席應邀在列。在大多數情況下，接到邀請的外國政府會將邀請信轉給相應的部門，比如教育部門，然後再由後者聯繫教育機構、學術團體和個人，告知此一機會；有些政府則直接挑選學者去參加海牙大會，並資助其旅費。

十九世紀末和二十世紀初，歐洲各國正經歷一場文化活動熱絡交流的繁華盛宴，在歐洲主要城市召開的地理學家、藝術家、音樂家以及其他各類大會上，大都採取相似的邀訪會議和聯誼活動。如同研究一次世界大戰歷史的弗洛里安．伊里斯（Florian Illies）在《繁華落盡的黃金時代》所言，一戰前夕的世界是風華並茂，各項藝文和科學技術活動非常活躍，新型態的人類社會在戰前早已開花結果，但卻在第一次世界大戰造成無可彌補的文明大破壞。通過以下的描述我們可以看到，晚清中國在這場文化盛宴中並非完全缺席。

國際藝文活動之邀請與引進奧運會

一八七〇年以後，我們也可以看到歐洲各國的各式國際會議（政府或有民間參與的半官方性質）開始邀請清政府參與這些組織或會議。根據《晚清國際會議》一書所收錄，清政府收到邀請的以國家爲單位的國際會議就有一四五個項目之多，不含民間舉辦具商業性質的各種會議和展覽賽會，可謂生態盎然。除了上面提及的荷蘭海牙保和會之外，尚有比利時萬國鐵路公會、比利時萬國船公會、意大利羅馬萬國郵政會、英國倫敦紅十字會議等等。教育、藝術、文化方面的活動更是包羅萬象，包括：美國聖路易斯萬國書籍會、比利時布魯塞爾萬國博文學公會、奧地利維也納音樂紀念會、美國聖路易斯萬國精製飲食會、奧地利維也納各國求考花草學問總會、德國德雷斯頓城萬國美術教育會、意大利羅馬萬國建築研究會、意大利羅馬萬國絲業研究會等等。値得留意的是各種醫學的會議邀請項目繁多，顯示此一時期歐美國家向中國展示專業精進的西方醫學技術和知識傳播的圖像，甚至含括了獸醫、牙醫和精神疾病的會議，例如：比利時布魯塞爾萬國病症醫道公會、荷蘭醫治瘋人及心病會議、美國聖路易斯萬國醫館會、美國聖路易斯萬國牙醫會、比利時黎業斯萬國電氣醫學公會、菲律賓萬國驅疫會、美國華盛頓萬國研究醫治勞症會、菲律賓東亞醫會、美國萬國研究內傷醫學會、意大利羅馬百工人等有危險之事醫生研究會、挪威萬國消除痲瘋病會、法國巴黎萬國研究毒瘡會、法國巴黎萬國衛生公會、匈牙利布達佩斯各國獸醫會、意大利防治瘰鱇會等等。這些會議的邀請中國是否都有派員參與，我們並不完全得知結果。我們可以說，一八七〇年代以後的中國，雖經歷了二次英法聯軍的挫敗，但在這一過程中，歐美國家嘗試將歐美國家的醫學、教育和藝文活動推進到中國來。

到了二十世紀初的中國其實已廣受各種國際藝文活動的邀請。一九〇四年（光緒三十年）美國圖書館協會（American Library Assocition）曾於聖路易斯（St. Louis）召開「萬國書籍會」（International Library Conference），「欲聚晰各國書籍會情形，並欲考究各國各經理書籍館，攸關各國之要法」，此次會議主要針對各國圖書收藏與管理的文化議題。當時美駐華公使康格曾邀請慶親王奕劻派員參加，後來則由駐美公使梁誠選派美使館員與會，當年清廷亦同時參加了美國聖路易斯城盛大舉辦的萬國博覽會，清廷急欲向外人展示一個庚子事件後「幡然醒悟」的中國，而相當重視這些活動。

一九〇八年（光緒三十四年）九月二〇日在柏林召開的「萬國保全文藝及美術權利公會」可能是中國首次獲邀參加國際版權同盟組織的開始。該年農曆三月初六，德國駐華公使雷克司（Grasf von Rex）在致慶親王奕劻的照會中正式向中國提出這項邀請。照會中提到，該次會議源自瑞士京城伯諾（即一八八六年伯爾尼會議），歷經巴黎改良會議（一八九六年），此次在柏林公會甚爲關鍵，因爲「訂一新章以邇近發明版權新理爲依據，並聯合迤前在伯諾及巴黎兩處所各條」。其後雷克司亦照會外務部提出正式邀請。外務部與學部會商後，決定派駐德大臣孫寶琦派員前往。到了該年八月，可能因電報延擱，中國駐德國官員向柏林和會表示對此事尙無所悉，以致德國再度照會清政府「開會之日期臨迫，應請設法即刻使貴國駐德大使得其應得之命令」，不久孫寶琦電悉屆時將派員前往。有資料顯示，一九〇八年（光緒三十四年），沈瑞麟任職駐德國公使館代理二等參贊時，曾兼任萬國保護文藝美術版權公會會員。至少在二十世紀之初，中國已受邀參與國際版權同盟之組織。

在中國參與國際藝文活動和組織中，目前很受關注的當屬國際體育賽事奧運會，它也是在清末被引進來，並且和清末中國人受辱的「病夫」心態產生聯接。現代奧運在中國的興起之路，與近代中國尋找新的國家認同和國際化的開端幾乎同時。一八九五年，中國被日本人打敗，許多人認爲甲午戰敗意味著舊中國已死去，當下的問題已經不再是如何保存儒家文化，而是如何轉變它。具有影響力的政治改革分子梁啓超，在他的〈新民說〉一文中寫道：「然則尙武者國民之元氣，國家所恃以成立，而文明所賴以維持者也。」對梁啓超和許多人而言，這種「尙武精神」是西方強權與日本國力的關鍵。梁啓超主張，失去尙武精神已經使中國成爲「其人皆爲病夫，其國安得不爲病國也？」的國家。一八九五年，嚴復在天津《直報》中撰寫了〈原強〉一文，提出了中國是一個「病夫」的說法。嚴復認爲中國要富強，中國人的身體也需要改變，於是提倡「體育救國」，提出了新的身體觀。

香港大學徐國琦教授在他的名著《奧林匹克之夢：中國與體育，一八九五—二〇〇八》中比喻一八九〇年代的中國人正在飽受一場「精神危機」之苦，在二十世紀之交，中國人努力想擺脫「東亞病夫」的咒念。

一八九六年，首屆奧運會在希臘成功舉辦。剛好在前一年，美國傳教士在天津建立了中國第一個基督教青年會（YMCA），該組織非常重視體育運動。基督教青年會開始向中國人介紹奧林匹克運動，推廣現代體育。一八九五年，在中國人被日本打敗的傷痛中，基督教青年會在天津成立了第一個直接分部。這個組織透過贊助競賽、期刊、演講等方式推廣現代運動。在基督教青年會的領導下，中國在一九一〇年舉辦了最早的全國競賽，當中主要的幹部與裁判都是外國人，競賽使用的官方語言是英語。一九〇八年倫敦奧運舉辦，當時即將接任南開大學校長的張伯苓也許是第一位嚴肅討論這些運動競賽，並且清楚陳述中國應爭取參加奧運競賽的中國人。一九〇八年的《天津青年》曾刊出中國人的〈奧運三問〉一文：亦即中國何時能派運動員去參加奧運會？運動員什麼時候能夠得到一塊奧運金牌？何時能舉辦奧運會？〈奧運三問〉被視爲是中華奧運夢的開端。此後，中國人始對國際體育賽事有所意識，盼望有朝一日中國人也能現身在國際體育賽事中。但由於各種因素，包括對運動本身的文化精神不足、運動選手的專業和訓練，乃至政治經濟條件等因素，中國遲遲未能參加奧運會。一九二八年，宋如海作爲武漢、漢口的基督教青年會幹事前往阿姆斯特丹觀摩，回國後出版了《世界運動會叢錄》一書。在這本書中宋如海把「Olympia」巧妙譯成「我能比啊」，展示出中國人渴望向全世界證明，中國人和西方人也能和西方人一較長短的情愫。中國首次派員參加奧運已是一九三二年，由中華民國政府正式派員參加在美國洛杉磯舉行的第十屆奧運會。在此後一百年來，奧運會對中國人來說，從來就不是一種單純的體育運動，而是帶著強烈的追求奧運金牌的「強國夢」；就此而言，近代中國參與國際文教組

圖 4-4　1904 年，皇貝子溥倫親率代表團參加聖路易斯世博會。Public domain, Missouri History Museum.

織，背後亦呈現一種中國式的民族主義意識情結。

參加世界博覽會

在博覽會方面，自英國一八五一年英國倫敦水晶宮舉辦「萬國工業博覽會」，藉由各國商品、文化和技術的展示交流，也展現大英帝國的氣勢榮光。「萬國博覽會」，英國稱爲「great exhibition」，法國稱之爲「exposion universelle」，美國人稱爲「world's fair」，總體展示了現代文化的所有意象和課題。據趙祐志的研究，博覽會傳入之初，總署對其性質稍有誤解，以爲係

圖 4-5　1904 年聖路易萬國博覽會中國館。Public domain, Wellcome Collection.

展覽稀奇古怪之物，故多翻譯為「聚珍會」、「聚寶會」、「賽珍會」、「炫奇會」、「賽奇會」等，時人即言「吾國舊時賽會二字，不求本意，謬譯曰賽珍，遂若賽會為炫奇鬥異之舉者」。一八六六年總署奏報法國明年開創「聚珍大會」，「各國希奇貨物無不集顯」。一八七三年奧國維也納召開萬國商品陳列公會，總署奏報：奧國公使希望中國能將各省「有趣之貨物」送往參展，而總署初不願參加，因「中國向來不尚新奇，無物可以往助」，後經奧國公使一再懇請，總署始同意商民自由參加。但至一八九〇年代中期以後，總署已漸將「珍」、「寶」、「奇」字取消，多僅稱「賽會」，總署對博覽會的認知，似乎已漸轉向「賽」字，重「競爭」而輕「奇特」。從一八六六年總理衙門首度受邀參加法國巴黎博覽會起，至一九一一年清朝覆亡為止，在短短的四十六年期間，共計收到超過八十次以上的邀請。其中，清廷組團參加了十三次，寄物參展六次，派員參觀十一次。

一九〇四年聖路易斯博覽會的經費，為在此之前歷次總和的三倍，共令直隸等各省分籌七十五萬兩。這次萬博會是美國為紀念一八〇四年美國從法國手中購得路易斯安那屬地而舉辦的百年紀念慶祝活動，邀請各國參展的函件由美國國務院發出，美國總統麥金萊（William McKinley）強調參與萬博會活動是美國政府和人民的深切期待。清廷不僅規劃參與了這次博覽會盛會，並強烈表現庚子事變後中國接納四方的新氣象。以往清廷參與博覽會多任命商人自行參展或由海關和當地使館策劃及派員參加，但這次參展則完全由清政府中央統籌，清廷派出貝子溥倫爲正監督的參展團。慈禧太后還送展一幅美國女畫師畫的巨幅畫像，畫中的慈禧雍容華貴，試圖扭轉西方人對她在義和團事件中留給外人的負面形象。英文流利且熟知美國文化的黃開甲擔任副監督，且提早一年即至聖路易市規劃中國館，據說是所有參展國家代表入進該地的第一人。畢業於耶魯大學的黃開甲，是一八七〇年代留美幼童之一，後來留在耶魯深造。黃開甲廣爲結交美國媒體以造勢，首次出國的正監督且是皇族的溥倫，其一舉一動令美國人的好奇。中國館由兩位英國建築師設計，以牌坊、門樓、亭臺等構成，充分表現本土建築風格和特色，中國館門口有幾位少年身著戲裝歡迎遊客。

一九〇四年聖路易斯博覽會對日本也有特殊的意義，日本當時已打敗清廷，且和俄國人競爭中國滿洲地區的勢力範圍，日本政府非常重視此次博覽會能大大宣傳日本做爲東亞領袖的意義，派出農商務大臣清浦奎吾率團參展。日本館設計成一座皇家花園，小橋流水，主建築仿照京都金閣寺，又糅合了美國南方建築式樣。此外還有一處竹製茶室，展示甲午戰爭後獲得的新殖民地臺灣。從中、日兩國的發展而言，中、日皆於一八六六年首度收到參加博覽會的邀請，但日本隔年即已派員赴會，而中國則拖至一八七三年始在奧國公使的再三催促下，基於外交考量派員參加。一八七三年奧地利維也納博覽會，日本花費五十萬巨款，組織了一支包括工部部長在內的七十人龐大考察團，反觀中國，則僅派遣六名海關客卿入會。當中國還在猶豫是否參加他國的博覽會時，日本早已朝向自辦博覽會大步邁進，一八七七年明治政府創辦了自己的首次博覽會，並以法律規定每五年召開一次，後雖未完全照辦，但至一九一一年日本已舉辦過六次博覽會。

一九〇四年聖路易斯博覽會除了有各國的國家館，還有其他主題展，其中重要一環是「人類學館」，這是整個世博史上規模最大的「人類動物園」，由當時美國民族學局負責人麥基（William John McGee）主持，不少知名人類學家參與。九名日本北海道的阿伊努人（Ainu）原住民於一九〇四年四月抵達美國密蘇里州的聖路易斯，加入這次的世界博覽會。他們不是來觀展的，而是和其他來自世界各地的二百多名的原住民一起，作爲展品供遊客參觀，同時展館還彙集了包括阿伊努人在內的世界二十多個土著部族人群及其生活面貌。有觀者稱阿伊努人是「神秘的日本小原始人」，驚訝於其乾淨、禮貌、信基督教。比較奇特的是展出阿伊努人並非日本國家行爲，卻得到日本官員的默許。這或許是明治政府自一八六九年拓殖蝦夷（後改名「北海道」）以來，便對世居於此的阿伊努人實施同化和歧視政策的結果，此舉似意味著連野蠻的阿伊努人都可被進化成文明種族的象徵，那麼「正統眞正」的日本人當然已進化到一種高等文明境界。世博會舉辦之時，日俄戰爭正酣，日本期待著這場戰爭是「黃種人」對「白種人」的歷史性勝利，日本人將超越了俄國人，進化成「最文明種族」。

一九〇四年世博會展覽會共有十二宮，中國展品主要置於「人文教養宮」，其他各宮有關美術、運輸、電力、機械、漁獵等，或是涉及原料或是涉及新技術，中國對此無法嵌入。「人文教養宮」（Liberal Arts）含蓋範圍最具彈性，此外，在「教育和社會經濟宮」展示中國文法書籍和儒服等，中國雕刻、器俱、茶葉、藥材、礦石和寧波傢俱亦在展示之列，這些原就是外銷商品，通過展示更加吸引各國商人的注意。很可惜的是清廷並未意識到將中國工藝與古代文物專門置於「美術宮」，以呈現中國傳

圖 4-6　1915 年舉辦的舊金山萬國博覽會，是唯一保留博覽會原址的建築物，作者攝於 2022 年。

統文化的特質，也可能是籌辦不及或其他人為因素所致。這次展示也出現一些插曲，例如：聖路易斯博覽會的主辦方曾委託清朝海關官員找一名纏足女性，欲放到人類學館中，後因中方抵制而作罷。但在博覽會另一邊的「遊戲園」裡，商家竟租來一位隨夫赴美的纏足女子，在中國茶園中奉茶。此舉又引來華文輿論抨擊，經幾位中國留學生長時間抗議，園方經理才同意撤去。這次的有些展覽頗多現今看來只是獵奇，商家為吸引觀摩人潮，一處中國展室，內有泥塑人偶一組，包括裹腳婦女、兵丁、乞丐、煙鬼、娼妓等等，還有煙槍、煙燈、刑具。大清海關的英國官員甚至帶著三百雙小腳弓鞋前來售賣，清朝官員曾加以勸阻，卻沒有結果。

清廷逐漸認識到辦博覽會不僅可建立國家形象，促進中外友好，更有助於商業流通。一些有眼光的商人將目光投入具有競爭意味的商戰，他們一方面希望商人團體在博覽會中扮演更重要的角色，同時也對過去由海關洋員總攬博覽會之事有所不滿，強調應該由華商準備「商貨」來維護主權，改變中國人形象並爭取利益，這種想法逐漸醞釀成一股經濟民族主義的風潮。接著在一九〇五年的列日賽會中，清朝官方終於擬定了〈出洋賽會通行簡章〉二十條。簡章中除了對於參展物件的品質、洋文說明、買賣行為有所規定之外，最重要的是：對於未來的賽會，國內工作由商部負責通知各省，由督撫中介；而國外會場工作，由外務部和商部聯合處理，不再由海關總稅務司主持一切；並且「凡有害風教衛生各品不准赴賽」。一九一〇年在上海著名實業家張謇等紳商的倡議籌辦之下，在南京主辦了「南洋勸業會」，設第一、第二、第三參考館，陳列來自歐美日本各國的展品。東南亞、日本、英國、美國、德國等國多有展品參會，這是中國首次以官方名義主辦的國際性博覽會，主要目的是「振興實業，開通民智」。

一百年之後，二〇一〇年中國上海終於舉辦了第一次綜合性世界博覽會，共有二五六個國家、地區、國際組織參展，吸引世界各地七千三百多萬人次的參觀人潮，迄今仍是史上規模空前的世界博覽會。上海世博會的中國館以電子高科技表現的動態版「清明上河圖」再現古代都城各工百業的繁盛熱鬧，與一八五一年在倫敦水晶宮舉辦「萬國工業博覽會」之華麗壯盛，兩者一致呈現世界博覽會予人似曾相識的展示帝國之本質和想像！

＊＊＊

就事實言之，十九世紀後半大英帝國擁有世界上超過四分之一的土地，包括部分亞洲和非洲等地，其殖民政策並不具有平等性質，對一個正在失去東亞秩序主導光環的清國，又豈能奢望大英帝國以歐美主權平等國家的方式予以對待？然而，在這一中英碰撞的過程中，英國政府也絕非以強盜邏輯來對待具有悠久文化傳統的清帝國。更重要的是，清政府亦以有限的國際法認知採取有利的外交斡旋，並展開派遣使團的第一步。另一方面，十九世紀末和二十世紀初中國陸續受邀參加國際文教組織會議，成爲組織會員，甚或在中國設有分會，清廷也受邀參加各種賽奇會。二十世紀初清政府首度參與近代第一個國際和平組織——海牙保和會等等，並將之比喻爲中國傳統弭兵會的形式。這些國際化的圖像不論是出於主動參與或被動邀請，都拉近了中國與世界的距離。

總而言之，近代以來一部西力東漸的歷史，一方面帶有帝國主義船堅砲利進入中國的背景，但是我們也不能忽略接受者的中國一方有它的積極和主動性，從而使得近代的中國的命運有別於亞、非等其他殖民地。而恰恰是一個具有深厚文化載體的古老中國，它的主動參與近代世界體系，打開了中國人對世界的認識，並開始參與近代世界體系的跨政府組織和非政府組織。這一部中國參與各式國際活動、形成國際大家庭成員的過程中，民族主義始終是一種催化劑，從蒲安臣使團之派遣到世界博覽會之參展，乃至於參加奧運之夢，不僅展示中國對自我形象和自我認同的更新夢想，也是試圖扭轉世界對中國之認識的努力。

第五章

衰頹的帝國——周邊關係與列強競逐

一八七〇年代後，清與周邊國家或地區的關係趨於緊張。俄國在西北的活動、法國對越南的殖民興趣、日本在朝鮮鼓動親日勢力等等，這些議題進一步突顯過去清帝國與周邊關係秩序的進一步崩解；不僅中國作爲「天朝上國」的傳統觀念受到了前所未有的衝擊，同時在東亞宗主國的地位也受到了強烈的挑戰。這些原來清帝國所界定的藩屬禮治秩序，其內部也出現親華路線或跟隨歐美或日本的不同利害想法，隨著歐美列強和日本勢力範圍加快擴大，重構「天下秩序」成爲清帝國面臨的全新課題。

在大清與周邊國家／地區的關係，在過去很長的一段時間內，中國國族主義者強調滿人漢化，是滿人能成功統治中國的主要原因。近年來以美國爲首的新清史學者通過對滿文檔案和其他少數民族語言史料的解讀，從非中原觀點評估清朝，而強調滿族統治者與中亞游牧民族、地區和文化的互動歷史。新清史學派引起學界之不同觀點的論戰，此處姑且不論。然而，如果我們將滿人最初向外擴張的歷史，放在更大的國際地圖，也就是，從十六與十七世紀建立的歐洲國家競爭體系產生了國家創建、軍事動員、商業成長等發展過程中來看，濮德培（Peter C. Perdue）便主張，清帝國擴張邊疆時期與歐洲的擴張具有合理的相似性。他重新書寫了十八世紀新疆、蒙古與西藏如何被清帝國納入版圖，而成爲「中國」的一部分。從十七世紀初到十八世紀中葉，當清帝國將邊疆往外拓展之時，事實上是參與了競爭性的國家創建過程。若延續此一脈絡，當我們描述本章十九世紀末沙俄與清王朝在西北衝突時，應理解到，海疆上一再敗給英、法歐洲國家的大清國是多麼想維繫其對草原民族的征服和統馭，而其妥協或退讓，不論是從海上或從陸地，都顯現其不再是競爭型的帝國了。

甲午戰爭是一場日本爭奪東北亞霸權的重要戰役。清、日兩國因朝鮮問題而開戰，但不論清廷或日本方面的論述都少了朝鮮本身的觀點，清廷方面過度合理化本身朝貢主的身分，而忽略其中一部分朝鮮人想脫離與大清國的冊封關係，欲爭取獨立自主的開化想法。日本藉故出兵，卻規避了對朝鮮的侵略本質，而西方媒體對中日爆發在朝鮮半島、遼東、山東半島及黃海等地的這場大規模戰爭，似亦未對清廷做爲被挑釁的一方有很大的同情，而是帶有隔岸觀火的冷靜——觀察日本在明治維新以後如何展現其現代化軍備的國力。同時，日本方面動員日本報紙通訊發動媒體戰，有意展現日本現代化的軍事科技，強烈對比清帝國之停滯和落後。自強運動時期所打造的北洋艦隊定遠艦，在甲午戰役黃海海戰中遭擊沉沒，成爲清國朝野上下的集體恥辱。由此顯現清廷國家體制的改革已無法面臨跨世紀的東亞變局。

甲午戰爭後東北亞秩序的改變，顯現清帝國的無力招架，接著歐洲國家競相提出「勢力範圍」，在這一深刻危機中，美國適時提出門戶開放政策。一連串的事件顯示出一八七〇年代以後列強在中國的角逐競爭是一種具有世界性質，且彼此互爲牽動而愈演愈烈的爭鬥，最後不得不以全面開放中國門戶而收場。美國適時提出的「門戶開放政策」，表面為列強競爭下不得不然的一種國際妥協方案，事實上卻成為清廷的救贖，反而延長了這個垂垂老矣的帝國壽命。本章重探一八七〇年代以後，清與周邊國家或地區關係的疏離和崩裂，此一過程牽涉列強在中國的國際競爭，而這些周邊國家或地區的主體性，過去則被忽略或隱蔽，近年多元立場的新觀點逐漸浮出，拓展了我們對相關議題的理解縱深。

一、周邊和區域關係的瓦解

中國「征服論」與蒙、疆歷史新頁

十九世紀中葉魏源所寫的《聖武記》論述了清王朝建立至道光年間清帝國征服「邊疆」的過程，呈現合理化擴張行為的「昭昭天命」思想。書中連結了軍事征服、對外關係與內部改革，成為士人建構清初疆域擴張與聖主鴻圖大業之定型化詮釋。早在魏源之先，曾擔任軍機處章京的趙翼，大半生在西南邊疆任官，著有《平定準噶爾方略》。趙翼在《皇朝武功紀盛》（一七九二年）中，討論了七次清帝國的戰爭，包括緬甸與台灣這二次他曾參與的戰役，肯定軍事擴張與強化邊界控制之必要。不少士人描述噶爾丹的戰事時，多將年輕富有活力、勇氣的大清皇帝對比「邪惡」的噶爾丹，並且渲染征服過程中擁有上天神靈的加持。這種強調清帝國之豐功偉業，平定中亞、歐亞等少數民族的叛亂，且訴諸自然力量和神靈啓示的說法，奠定了近代以來「中國征服論」的論述基礎。中國士人將乾隆十全武功的勝利視爲將「我們的蒙古人」納進中國的自然過程，慣把蒙古、新疆視爲中國自古以來的領土；他們僅視準噶爾爲叛亂者，否認蒙古人存在廣泛的反清情緒，更忽略了蒙疆草原民族的自主性。這一觀點的形塑和深化成爲中國國族主義者歷史記憶和意識形態的一部分。強調清乾隆十全武功等等盛事，事實上摧毀了當地的另一個帝國，魏源等文人的記載雖有其政治和軍事上的洞見，但站在二十一世紀的多元和多民族視角，可以發現長期以來中國民族主義史觀是和魏源等清代文人的想法頗爲契合。

伊犁是清地方行政的一個府。下轄與俄屬突厥斯坦接壤的新疆北部境內的九個城市。伊犁地區戰略地位重要，自然資源豐碩，土地肥沃，水草豐美，而且擁有石油、煤、金、銅、鐵等礦產，被視爲新疆最富饒的地區之一，是新疆的經濟糧倉和國防要塞。誰控制了伊犁等於就控制整個新疆，因此，新疆民族夾在清與俄國之間，備嘗侵擾之苦。一八五一年，清國與俄羅斯人簽訂《伊犁、塔爾巴哈台通商章程》，開放伊犁惠遠城、蒙古邊境上的楚呼楚（塔爾巴哈台，今塔城）與綏靖城貿易，俄國由此開始在新疆的貿易和權力迅速擴張。

同治年間新疆各地發生「回民叛亂」，根源於清帝國地方行政的腐敗。自一七五九年乾隆征服新疆以後，新疆被當做軍事殖民地管轄，設有伊犁將軍。滿洲征服者輕蔑地將這些回教徒臣民視爲未開化的土著，並橫徵暴歛，引起當地回教徒的不滿。在此之前被清帝國驅趕到浩罕（Khokand）的前統治者和卓（Khojas）們則一直熱中於重建他們的統治地位。和卓是宗教和政治的領袖，在清帝國一七五九年征服以前，他們統治著喀什噶爾（新疆南部）。清帝國征服後的一百多年中，他們時時號召新疆境內同一宗教的教民發動叛亂。

十九世紀中葉以來，清帝國面臨太平天國和捻亂等政治騷動，西北問題突顯帝國的邊塞危機。此時又有浩罕汗國和沙俄的勢力介入，使當地的政治發展，受制於不同外力的左右。喀什噶爾的叛亂者向浩罕汗國求援，導致浩罕將領阿古柏進入新疆。阿古柏英勇善戰，於一八七〇年自立爲喀什噶爾以及部分北疆的統治者，建立汗國。俄國方面則擔心阿古柏政權的建立將影響其在伊犁的貿易，因而出兵侵入伊犁一帶，一八七二年阿古柏與俄國訂立商約，英國人接續也簽訂了商約。

在清王朝一方，此時出現了海防和塞防之爭，它關係著如何維持帝國命脈的國防戰略。十九世紀中葉以來因英、法強權自海上而來，引起朝臣對海防的重視。一八七〇年代以後又因台灣牡丹社事件，日本藉口出兵台灣，使得清廷同時面臨海防和西北塞防的雙重壓力，朝臣對該如何防衛海疆或邊塞的國防問題曾熱烈討論何者爲優先。東南海疆危急之際，是否要對新疆發動一場代價昂貴的遠征？以李鴻章爲首的一派力主加強海防，發展海軍，以應付海上的侵略者，被視爲海防派的代表。而左宗棠爲首的一派則主張加強西北防禦，必須一體防衛新疆、蒙古和北京。若失去新疆，蒙古將不可守，京師也肯定受到威脅，因此主張防禦西北，是塞防派的大將。塞防派認爲俄國與清國隔鄰邊界，俄國既可從陸路進入，亦可以從海上進入中國，他們將俄國的侵擾比做心腹之患，而英、法、德等西方國家的威脅則是次要的肢體之病。事實上，塞防或海防之爭，顯露身疲力乏的帝國將面臨前所未有左右夾擊的全面國防危機。主張塞防優先的左宗棠平定捻亂後，於一八七三年撲滅陝甘回亂，接著積極建設陝甘地區。到了一八七五年清廷又任命陝甘總督左宗棠督辦新疆軍務，展開「西征」。左宗棠坐鎮蘭州，爲了對付阿古柏軍的洋槍洋炮，由南方調派熟練工人，甚至聘有外籍工程師，協助製造武器。左宗棠的部屬劉錦棠在一八七六年攻克北疆，此舉令固守南疆的阿古柏惴惴不安。由於阿古柏在此之前曾和英國簽訂友好協議，並互派大使，阿古柏乃派遣使者向英國求援。但左宗棠的部隊很快就擊垮其勢力，一代梟雄阿古柏最後飲毒酒自殺身亡（一說是被人毒死）。一八七七年，清軍已收復了除伊犁外的新疆全境，伊犁則仍爲俄國駐軍所控制，持續十餘年的新疆「動亂」最終結束。

爲了收回伊犁，一八七九年清廷派出崇厚遠赴聖彼德堡和俄國人交涉伊犁問題，崇厚擅自與俄國簽訂《里瓦幾亞條約》（或稱《中俄交收伊犁條約》），在克里米亞的里瓦幾亞簽訂），清國損失了不少在蒙古、新疆貿易通商的一些權利，並付出俄國的軍費損失，等於以相當大的代價重獲伊犁孤城，而該地區十分之七的土地經濟利益幾乎都在俄國勢力之下。朝臣以爲該約得不償失，紛紛責難崇厚，要求改約和懲辦崇厚。史家多稱崇厚出使之際，俄國人對他極盡阿諛奉承之能事，使他毫無戒心，以致匆匆簽下一紙糊塗約。崇厚被判決秋斬的消息在西方駐華使節中傳開後，各國代表們紛紛營救，覺得對外交使節被判以如此重刑，不僅違反國際法，更極爲不文明，在此國際壓力下清廷緩議處決，崇厚得以刀下留命。

清廷接著派出年近七旬的左宗棠率軍離開肅州，出嘉峪關向哈密進發。而同時沙俄也增兵伊犁，清俄關係再度緊張。爾後爲避免衝突擴大，清召回主戰派的左宗棠。一八八〇年清派出曾紀澤，名聲顯赫的曾國藩之子，前往聖彼得堡另議新約。曾紀澤在此之前曾任英、法公使，是晚清外交人才中少數能使用英語的人，據說曾紀澤在三十歲以後發憤學英文，稍解英語文字。

一八八一年二月二十四日，中俄雙方在聖彼得堡簽訂了《改訂條約》（《聖彼得堡條約》），同時，簽訂了關於賠款交納辦法的專條、中俄《改訂陸路通商章程》和附件《俄商前往中國貿易過單卡倫單》。中俄《改訂條約》共二十條，主要內容有俄國歸還中國伊犁地區，但仍割去霍爾果斯河以西、伊犁河南北兩岸原屬中國的一部分領土；中國償付俄國「兵費」等九百萬盧布約合五百餘萬兩白銀；俄國商人得在新疆和蒙古各城貿易，暫不納稅或免稅等事宜；俄國在肅州（今甘肅嘉峪關）和吐魯番兩地增設領事。與先前的《里瓦幾亞條約》相比，中俄《改訂條約》除賠款增加了四百萬盧布外，在領土、行政和商務方面，中國成功收回了一些主權。清政府爭回了之前劃失的伊犁南境特克斯河流域兩萬多平方公里領土，但仍失去了霍爾果斯河以西地區和北疆的齋桑湖以東地區。論者多稱曾紀澤議訂的這次和約，是第一個因中國反對而推翻前約並收回部分主權的條約，是外交談判的重大勝利。然而，嚴格而言，它的成就不宜被過度誇大，因爲清廷仍舊付出賠款，而且對俄人在蒙疆貿易和行政上在此前後的權益改變並不大（清廷後來在一九一〇年想重啓談判，收回部分權利，但未有結果）。史學家徐中約則認爲這次和約反而助長了清廷保守勢力的壯大，一些清流派文人更加認爲是他們的堅定立場促成了這次和議的成功，使他們過度相信他們有能力解決對外關係的難題，因而更助長他們好發議論。清流派（清流黨）一般被視爲保守的改革者，比起頑固的保守派略爲開放，他們多來自翰林院，而與李鴻章等洋務派對立，形成當時政治派系。

一八八四年（光緒十年），清廷採納左宗棠的建議，將原本被視爲「西域」的新疆，正式設立爲新疆省，省會設於迪化（今烏魯木齊市），成爲清「國土」的一部分，由此改寫了清國與新疆史的新頁。

清法戰爭與安南

安南爲越南古名。中越兩國山水相連，彼此有傳統的宗藩禮治關係，清朝政府對越南負有保護的責任。在十九世紀中葉後，法國入侵越南，逐步建立起法蘭西殖民帝國在東南亞的領地。一八六二年六月，法國和越南阮朝簽訂第一次《西貢條約》（即《柴棍條約》），將西貢一帶的地區割讓給法國。普法戰爭爆發後法國戰敗，一度推遲了法國在東南亞擴張的進度；但到了一八七四年安南與法國簽訂《第二次西貢條約》，承認越南是法國的保護國。一八七四—七五年間清廷疲於應付牡丹社事件和英國駐華使館翻譯官在雲南被殺害的馬嘉理事件（The Margary Affair），無暇照應。安南爲抗拒法國的干擾，持續與中國聯繫，並且尋求安南邊境上的一支非正式部隊——劉永福率領的黑旗軍之協助。一八八二年四月，已經侵占越南南部和中部的法國軍隊，又向北推進，攻占了北部重鎮河內。

清法戰爭前後的國際情勢有利於法國在東亞的擴張。十九世紀七〇年代末至八〇年代初歐洲列強對巴爾幹半島的爭奪，逐漸催生以法俄同盟和德奧同盟爲代表的不同陣營，列強間的合作與競爭延伸到了東亞地區。當時德國俾斯麥政府頗樂見法國在東南亞的殖民擴張，以期轉移普法戰爭後法國因戰敗而對德國人的復仇者情緒。清法開戰後，法國委託俄國駐華領事代管各地的法國商人和傳教士，據說俄國駐煙台領事館曾向法軍提供旅順港的地形、砲位、兵力、德國教官、艦船噸位等情報，雖然半個世紀多前（一八一二年）俄國人才英勇抵抗拿破崙入侵，但此時俄國人頗有暗中助法，實則藉以牽制清廷，爲俄國人自己謀利之舉。由此可見當時帝國主義國家在競合關係之機巧現實。

一八八三年法國軍隊進攻越南順化，並和越南訂立條約，讓越南脫離中國的藩屬地位，成爲法國的保護國，清廷朝野一片譁然。然而，此時清廷在和、戰之間舉棋不定，一方面想保有對越南宗主國的地位，一方面又擔心與法國正面交鋒，懼敵的心理卻不允許它去和一個西方一等強國打仗。李鴻章在天津與法國駐華公使寶海談判，尋求和平解決的途徑，李鴻章和恭親王兩人態度審慎，卻遭到了一批學者型官僚的攻擊和訕笑。這些學者滿腹經綸，例如清流派領袖張佩綸，但在外交和軍事上既無實際經驗，也無眞知灼見的具體策略，只有充斥紙上談兵的空論。他們鼓吹應對法國採取強硬態度，在奏疏中一再慷慨陳詞力主好戰的行動路線。這批自居清流的讀書人藐視法國爲「強弩之末」，譴責姑息的態度會縱容貪得無厭的敵人提出日益增多的要求。他們甚至語帶鄙夷地把李鴻章比作臭名昭著的宋代奸臣秦檜。

此時海關總稅務司赫德駐倫敦的代理人金登幹（James Duncan Campbell, 1833-1907）發來的一份報告使清廷相信，安南的法國軍隊不會貿然投入大規模戰爭，只要開放河內和紅河的貿易和航行便可消除爭端的根本原因。於是清廷命令李鴻章和法國公使進行談判，李鴻章與法國談判代表福祿諾（François Ernest Fournier, 1842-1934）於一八八四年達成協議，要求中國承認和安南所簽訂的全部條約，清廷撤退在東京（今越南河內之舊名）的駐軍，而法國則應允不要求賠款，不侵犯中國，並同意在將來與安南締結任何條約時不使用有損於中國威望的字眼。這一協定更激起了清流派的憤懣，他們上奏要追究李鴻章的失職。處於困境的李鴻章一時進退困難，而法國便以中國背信，繼續發動攻擊。左宗棠奉旨以欽差大臣身分督辦閩海軍務，挽救戰局。到了八月，法國海軍將領孤拔率船襲擊福州，在一小時內擊毀十一艘中國兵船，將原本由法國協助建造的福州馬尾廠全部摧毀，當時已調往福建負責海防的張佩綸率先脫逃，並向清廷謊報軍情，致使清廷以為清軍在此役中獲勝，後來張佩綸在眞相大白後被充軍東北。有趣的是張佩綸充軍回京後，早年他所抨擊的政敵李鴻章，因賞識其飽學博文之才，竟將其長女配嫁予張佩綸為繼室，但李鴻章又為避開私嫌，未能保舉張佩綸，以致張晚年頗為抑鬱，於一九〇三年病逝。順便一提，著名現代女作家張愛玲的祖母即是李鴻章長女李菊耦。

一八八四年十月初，法艦在全殲福建水師後轉而進攻台灣，進犯基隆和淡水，劉銘傳放棄基隆退守淡水。法軍進攻淡水被擊退，轉而對台灣實行海上封鎖，次年初法國海軍的二百名陸戰部隊又從基隆向台北進攻。一八八五年三月底，法軍占領澎湖島等地。海戰戰事不利後，清政府清楚已無法阻止法國軍艦北上大沽口，而此時朝鮮又發生甲申政變，清廷更擔心日本和法國聯手向清廷開戰，恐將危及國祚。這一期間，馮子材在中越邊境鎭南關擊退法軍，史稱「鎮南關大捷」。清軍在榴霰彈炮火中衝鋒陷陣，以死傷慘重贏得勝利，馮子材也因此留名青史。法軍不久放棄諒山據點，此時精疲力盡的清廷急於有一個體面的下台階，在占有此一進攻優勢中，卻於四月初和法國達成停戰，慈禧下詔撤軍。一八八五年六月九日，清廷以李鴻章爲全權代表與法國公使巴德諾在天津會談，簽訂《中法新約》（即《中法會訂越南條約十款》），主要內容就是重新確認了一八八四年李鴻章所允之協議，承認法國對越南的宗主權。和約簽訂之後，法國軍隊撤出澎湖，停止對台灣的封鎖，清朝軍隊撤出越南。

安南的喪失對清廷而言，標誌著已經經營了二十年之久的自強運動的失效。外交、政治和技術上有限的現代化，未能使這個國家得以保衛較親華的藩屬國安南。左宗棠認爲諒山之役清軍並未戰敗，卻和法國簽訂和平協議，認爲李鴻章壞事以致喪失安南。之前簽訂《伊犁和約》的曾紀澤，在一八八三年七月任駐英、法公使時給左宗棠的信中陳述「一腔憤血，何處可灑！」「此案每下愈況，始終誤於三字：曰柔，曰忍，曰讓。」他期望通過向英美社會輿論來伸張正義，以阻止法國政府的侵略舉動。鑒於曾紀澤在對法交涉中的嚴厲立場，福祿諾在給李鴻章的密函中，提出議和的一個先決條件，必須先撤銷曾紀澤的駐法公使職務。爲了儘快達成和約，清廷果然讓步，於一八八四年四月免去曾紀澤駐法兼職，改派許景澄出使，從而將曾紀澤排除在清法交涉的圈子之外。

半個世紀以來，有一些學者認爲清廷的優柔寡斷和舉棋不定造成了災難。堅定的作戰政策本來可能制止法國的侵略；如果堅持和平政策，本來也可以保住福建艦隊和馬尾船塢；可是，庸碌無能的領導層卻毀了這二者，而且還喪失了安南這一朝貢國。然而，歷史人物的評價總是最難的。從另一方面也可以說清流派意氣用事，無補於實際，並且讓主其事者陷於內外困局。清廷若非自知無力持續抵抗法軍，進行曠日彌久的消耗戰，也不會以勝求敗，委屈至此。事實上，李鴻章對清廷的實力毫無信心，清法戰爭海防危急之中，李鴻章等人爲了保護初創立的招商局輪船事業，在一八八四年將招商局旗下所有輪船「暫時」賣給美國旗昌洋行，雙方密約待戰事終止後，再由招商局買回。這場交易略帶有李鴻章個人的「托孤」性質，可以說是李鴻章個人的政治風險，萬一戰事結束後旗昌洋行抬高身價反爲美商所制，或者旗昌翻臉不認密約不願回售，將造成招商局的巨大損失。這件事突顯了李鴻章在清法戰爭時爲保住自強事業最有希望的招商局成果，不惜和美國政府和旗昌洋行賭上自己的晚年仕途，其精心盤算的過程，顯示出李鴻章晚年外交上仍不糊塗的作爲。

清法戰爭結束後，清政府進一步意識到了海防的重要性，乃加緊重整被打潰的北洋艦隊。此外，戰爭過程中愈加顯示台灣戰略地位的重要性，遂於臺灣設省。首任巡撫爲清法戰爭中在台灣率軍擊退法軍的劉銘傳，劉的出任當然歸於清法戰爭中防守台灣有功，此後造就了劉銘傳治理台灣的一番事業。

洋務派的朝鮮觀

在傳統的天朝禮治觀念的影響下，清廷思考朝鮮問題仍舊是宗藩體制下所顯現的外交格局。洋務派的朝鮮觀根據人物和時期的不同，展現出些許的差異，即使是李鴻章本人在不同的階段，他的想法與觀念也有所差異，李鴻章早期對朝鮮的態度傾向放任，後來逐漸採取穩健變通之道。在朝鮮和日本發生江華島衝突事件（一八七五）後，日本於次年派遣了駐華公使森有禮（一八四七—一八八九），試圖打探清國官方對於這一事件採取何種態度。李鴻章在會面時表示：朝鮮貧弱，不足以敵日本，中國雖然可以通過條約來責問日本不應該侵犯中國屬國，但是日本會說中國一直推諉不管，屆時又能拿日本怎麼辦？如果清國不管不問，不免讓朝鮮失望、日本離心，這不免對屬國及鄰友太薄，最後兩面不討好；如果將來日本侵凌朝鮮，或者侵占「東三省根本重地」，中國「遂失藩蔽，有唇亡齒寒之憂，後患尤不勝言」。森有禮拜訪李鴻章之時，李鴻章曾揮筆疾書「徒傷和氣，毫無利益」八個字送給他。這兩人的會面問答，極其傳神地表達了李鴻章務實又想維持清帝國顏面的想法。同時，總理衙門速向朝鮮朝廷寄出密信，勸告朝鮮忍辱負重，以期暫弭兵釁，並建議「將奏請禮部轉行朝鮮一節作爲收場，以示格外和好，藉答來意，而略緩其逞強黷武之心，更於大局有益」。顯示清廷僅僅注重自身宗主國的名位，在出現紛爭之時，卻希望息事寧人，採取消極應對的態度。

清廷的朝鮮政策及政治觀，約略分成激進派與穩健派兩種，他們不見得是同時期出現的主張，祗是爲了方便理解，將其分類。第一種看法是提倡對朝鮮進行直接統治，以此來穩定邊防，這一部分的朝鮮觀係立足於清國視角，主張應當直接介入朝鮮內政，控制朝鮮政治。代表人物有張謇（一八五三—一九二六）、張佩綸（一八四八—一九〇三）等人。張謇於一八八二年撰寫〈朝鮮善後六策〉上呈朝廷，提出：「於朝鮮則援漢玄菟，樂浪郡例，廢爲郡縣；或援周例，置監國，或置重兵，守海口，而改革其內政；或令其自改，而爲練新軍，聯合我東三省爲一氣。」使朝鮮完全處於清朝的監視與統治之下。同年，清議派張佩綸又奏陳〈朝鮮善後六事〉，提出了六條應該對朝鮮實行的策略，主要有：「理商政」，派遣大員爲朝鮮通商大臣，理其外交，預其內政；「預兵權」，即選派教習，代購洋槍，爲之操練諸軍，護衛一方國土；以及「救倭約」、「購師船」、「防奉天」、「爭永興」（防禦日本和俄國占領朝鮮的永興灣）等主張。與此同時，張佩綸也提出需同時提防日本和俄國的野心，主張「覬朝鮮者非獨日本也，即俄人亦竊睨之，防倭不防俄非十全之策矣」。駐日公使何如璋（一八八三—一八九一）於一八八〇年向李鴻章上書〈朝鮮三策〉，提出「於朝鮮設駐辦事大臣，比蒙古西藏之例，期其內國之政治及外國之條約皆由中國爲之主持，外人不敢覬覦，是爲上策」，至於中、下策，亦帶有干預朝鮮事務的主張。

第二種看法是提倡應維持屬國體制下同朝鮮的宗藩關係，採取穩健派的作法，他們認爲朝鮮的對外開放已經在所難免，中朝兩國關係宜與時俱進。據說最初提出朝鮮爲了抵抗日本，應當與外國開展交往的人是法國駐上海軍官，後來受聘爲福州船政局正監督的日意格（Prosper Marie Giquel, 1835-1886），他在同治十三年（一八七四）提出了這一想法。光緒初年福建巡撫（後兼任總理各國事務衙門大臣）丁日昌在一件奏摺中，提出清廷宜開放朝鮮與外國通商的建議，以防止日本對朝鮮的吞併。李鴻章曾和駐日公使何如璋（一八七七—一八八〇年在任）的函電中，陳述了自身對朝鮮問題的想法，提到應當在宗藩體制下有所變通，吐露朝鮮應對外開放的想法。一八八〇年駐日公使黃遵憲著有《朝鮮策略》，在朝鮮王朝使節金宏集訪問日本時贈予他，並帶回漢城。這本小冊主張朝鮮宜「親中國，結日本，聯美國，以圖自強」，共同抵禦俄國的南下，同時引進西洋文物。《朝鮮策略》在朝鮮國內引起了巨大的反響，國內勢力也分爲了贊成和反對兩派，最終主張朝鮮應當開放的國王高宗和大臣們逐漸接受了這一策略。

李鴻章的變通和主張開放，反映在他力促一八八二年《朝美條約》的簽訂，這在清朝和朝鮮間的宗藩外交關係上掀開了嶄新的一頁。爲了促使朝鮮同美國派遣的提督薛菲爾（Robert Wilson Shufeldt, 1822-1895）簽訂條約，李鴻章在談判期間努力斡旋。一八七一年三月七日，美國政府通過總理衙門向朝鮮國王轉交一份外交照會，明白表達美國願意與朝鮮和平通商的立場，顯現美國人願在尊重清廷宗藩禮治下，與朝鮮打交道。李鴻章在長期對外交涉中，認爲美國人友善，也傾向何如璋、黃遵憲等人的開明外交新思維，以爲朝鮮終不能閉關自守。既不能閉關，則不如傾心結好，如此或許可以避免朝鮮脫離宗主國的結局。在這之前李鴻章還曾致書給在日本的薛斐爾，邀請他儘快到天津晤面。後來兩人的會談中，薛斐爾告訴李鴻章，美國對朝鮮的政策只有兩個要點，一是希望借中國之力與朝鮮締約修好；二是希望與朝鮮發展通商貿易。薛斐爾的陳述更使李鴻章堅定了促使朝鮮對美國開放的信心。此後，《朝美條約》得以順利簽訂，並沒有像之前日本的鎖國政策被美國培理准將（Matthew Calbraith Perry, 1794-1858）用巨礮打開一樣。

李鴻章等洋務派擔心因日本的介入而致使與朝鮮的宗藩關係破裂，而爲了防止這一現象的發生，洋務派將中朝兩國的關係置於一種新舊秩序並存的態勢之下。當時朝鮮爲了盡快作爲自立自主國家獲得國際上的認可，不斷地展開對外活動，但同時清朝也試圖保住自身一直以來作爲宗主國的身分地位。一八八七年，朝鮮向各國派遣使臣，當時擔任「清朝駐紮朝鮮總理交涉通商事宜」全權代表的袁世凱緊盯這一事件，迅速向總理衙門報告。一八九〇年五月，袁世凱在得知朝鮮趙大妃逝世的消息後，即刻向李鴻章拍發電報，表示：朝鮮國大喪，各國派遣弔唁使臣，朝鮮王在各國使臣在漢城停留期間，欲向外界展示自身的主體存在，並不希望清國派遣欽差大臣，因此欲藉此次機會向外界各國明確展示這一正式確立體制。結果機伶的袁世凱反而建請從政治層面利用此次機會，向世界各國傳達朝鮮仍然是宗藩關係下的清帝國屬國這一信息。

清廷援引國際法中的某些理論，以此來賦予宗藩觀念和宗藩秩序之合理性，尤其是對國際法屬國理論中許多模糊的部分進行自我解讀與應用，以此讓宗藩關係的構建顯得更爲順理成章。從清廷方面的評價而言，清廷所實施的朝鮮政策，使朝鮮在一八七九—一八九四年十餘年間均維持了一種較爲穩定的局勢。然而，若從朝鮮本身的角度來看，清廷的這一態度不過是在其他西方列強國家和日本的行動範圍內，一種便宜行事的外交立場。韓國學者金勝一認爲在這樣的歷史背景下，朝鮮通過與列強簽訂的一系列條約被賦予了雙重的國際身分：在宗藩關係內部，朝鮮是作爲中國的屬國；而在宗藩關係以外的世界，朝鮮則成爲一個獨立主權國家。因此，當時的朝鮮處於這種雙重身分之下，一方面要在東亞和歐美兩個世界之間艱難地踽踽獨行，另一方面卻要受到來自宗藩體制和國際公法的雙重制約，受到雙層夾擊，實爲朝鮮之不幸。

總之，在甲午戰爭以前，清廷的朝鮮觀不論是穩健派和激進派兩方，雖有手段上的差異，但是均是站在維護清朝固有利益的同一陣線。相對於一些思想保守的官僚，洋務派對近代西方新知識的理解提升到了一個新的高度，但他們大多數仍無法擺脫舊思想對其產生的巨大影響。以洋務派的代表人物李鴻章爲例，他意識到朝鮮必須要開放，且應當與西方國家簽訂條約，建立關係，但他內心深處根深蒂固的宗主國思想卻使他在制定朝鮮政策之時，只考慮到了清朝得以繼續生存的危機感，卻全然沒有意識到只有朝鮮發展成爲近代國家才能實現獨立自主，也忽視了朝鮮人民追求社會新變革的潛在意向。這是李鴻章所處的時代予個人眼光之限制，史家難以苛責。

夾在清國與日本國之間的朝鮮悲歌

如前所述，日本在牡丹社事件出兵台灣後，清廷開始有對日警戒論的聲浪。此後，洋務派官僚中以邊境防衛爲主題，出現了「海防與塞防」的論爭。在這場論戰中，「海防派」的李鴻章認爲，兩次的鴉片戰爭都發生在東南沿海地區，顯示出海防力量的薄弱，這也正是未能阻止日本出兵的原因；並且主張，爲了收復伊犁而在新疆展開的軍事作戰應該立即中止，將其預算運用在強化海防之上。對此，「塞防派」的左宗棠反駁道，在俄國與中國之間有著綿延的國境界線，所以俄國的南進政策將會對中國造成威脅；且英國等從海上而來的外國勢力，所謀求的不過是通商貿易上的利益，而陸路上的外國勢力則是懷抱著領土侵占的野心，因此西北地區的防衛才是較爲緊急的課題。

如一般所知，日本的鎖國門戶是被美國海軍准將馬休・培理於一八五三年率艦隊駛入江戶灣而強行開啓（史稱「黑船來航」或「黑船事件」）。二十餘年後，歷經明治維新運動後的日本便仿效培理的砲艦外交，逼迫朝鮮簽訂《江華條約》（亦即《日朝修好條規》，一八七六年），包括開放釜山等通商口岸、承認日本的領事裁判權、免除商品的進出口關稅等內容。這是近代日本站在優越的立場，和外國所簽訂的第一個不平等條約，然而條約文字意指朝鮮和日本訂約才是自主之邦，否則朝鮮則將淪爲中國的次等臣民。約文有：「朝鮮爲自主之邦，保有與日本之平等權利，否則中國享有所謂朝鮮的宗主權。」《江華條約》帶有征服中國的核心意圖，但征服中國的第一步則是征服朝鮮，接著日本擁護已下台的大院君，做爲傀儡政府。可以說當時朝鮮內部皇親權貴相互爭奪政治權利，並引外援。朝鮮內部又分爲親華派和開化派。前者親華派爲「事大黨」，主張仍服侍老大哥清廷，維持良好宗藩禮治關係；後者開化派又稱「獨立黨」，主張向開明進步的日本學習，不排除朝鮮可與日本聯合，擺脫清朝控制，走向自主獨立的近代化道路。

朝鮮的開化思想和開化派在十八世紀後半期由實學北學派的樸齊家（一七五〇—一八一五）等人的倡導下逐漸成形。實學思想力求「學以致用」，強調儒學思想中的「經世致用」，並且實事求是地尋求解決社會問題的改革方案。到了十九世紀七〇年代開放門戶前後，形成了以樸珪壽（一八〇七—一八七七）爲核心的思想體系，後繼的代表人物有金玉均（一八五一—一八九四）、洪英植（一八五六—一八八四）、俞吉濬（一八五六—一九一四）等人。開化思想根據朝鮮的歷史時期和不同領域進行區分，各自擁有不同的內涵。首先，十九世紀七〇年代的「開化」是與「開放門戶」作爲共同的一個概念來使用的，必須要具備外國知識才能夠稱之爲開化思想。發展到了十九世紀八〇年代，這一觀念逐漸發生改變，轉爲通過外國技術來實現國家富強的思想。到了十九世紀九〇年代，這一思想被認爲是倡導國家獨立（國權）和國民權利（民權）。因此，朝鮮近代的開化思想實爲打破傳統不變的政治社會秩序、引進西方先進思想文化和社會制度、實現國家富強、建立近代民族主義國家，並積極發展近代產業經濟的主張。

隨著開放的程度不斷擴大，朝鮮的各種內外矛盾也逐一顯現。朝鮮自一八七〇年代以後政權動盪不安。閔妃外戚集團自一八七三年發動宮廷政變推翻原來的大院君執政後，扶植高宗上台，標榜開放改革。先後同日本簽訂《江華條約》和美國締結修好通商條約，外國勢力開始進入朝鮮。此時宮中親日派與親華派爭權奪利，一八八二年在親日派主導下發生壬午兵變（大院君事件，一八八二年），擁戴大院君再次執政，全面廢除了閔妃集團所實行的措施，但這場兵變不久就被清朝朝鮮事務大臣吳長慶、幫辦大臣袁世凱平定，清方一度將大院君監禁於中國直隸保定（後被釋回），閔妃集團重新掌握朝鮮政權。這次壬午兵變正好給清廷以強化對朝鮮宗主權的大好時機，且朝鮮內部又有金允植等人的「事大黨」，主張與清廷保持傳統關係，爲之內應。然而，壬午兵變中有不少日本士兵被殺害，日本便以此出兵，欲平定亂事並要求朝鮮訂約賠罪。

朝鮮內部的反覆政壇風暴是政治鬥爭也是路線之爭，朝鮮內政的結構性弊端由此突顯。朝鮮雖仍由閔妃集團和高宗重新掌控，但勢力已經重組，保守勢力由於壬午兵變的失敗而被打壓。朝鮮社會在兵變後由封閉進一步走向開放，主張朝鮮近代化的開化黨亦得以登上政治舞台，不到兩年就發動另一場政變——一八八四年甲申政變。主其事者有屬於開化黨的金玉均，他企圖從日本明治維新的模式尋求改革、富國強兵與現代化之道，被喻爲朝鮮現代化的先驅者。在此之前，金玉均曾三度赴日本視察，深切感受到仿效明治維新改革的重要性，有意藉助日本力量進行政變，推翻朝鮮守舊勢力。開化黨提出的革新政綱中，關於人權平等、廢除門閥、錄用人才、暗示廢除對清國藩屬關係的獨立思想等，都是進步改革的思想。日本駐朝鮮公使竹添進一郎（一八四二——一九一七）也是活躍的漢學家，此時竭力鼓吹朝日友誼，並試圖操縱金玉均所領導的親日派。

一八八四年十二月四日，清朝仍陷於清法戰爭的泥淖之中，開化派金玉均等人發動甲申政變。他們的軍隊突然衝進王宮，逮住了高宗，並殺死一些親華的官員。甲申事變的第三日，就被駐朝鮮的清軍將領袁世凱平定，救出高宗，而這場叛亂的主要煽動者金玉均則逃往日本，化名爲岩田周作。這場「甲申政變」以「三日天下」落幕，主要原因除了清廷的干預，還有則是開化派動員倉促，而且只能依靠宮廷內部派系勢力。爲了安撫朝鮮人的不滿，李鴻章送回了關押在中國的大院君，同時為加強對朝鮮的控制，袁世凱被調升為駐朝鮮大臣。此時年輕果敢的袁世凱很快控制了朝鮮的宮廷、海關、貿易和電報業務，在一八八五—一八九三年期間成了朝鮮境內權力最大的人物。

過去長期的研究多站在中國方面的立場，對甲申政變評價不高。而近年韓國方面的學者頗主張甲申政變正是開化派實踐自身理念的具體表現，認為這次政變是為了將朝鮮王朝的專制主義政治朝向君主立憲制改革而進行的努力。一些學者給予甲申政變較高的肯定，認為這次政變雖然失敗了，但其在朝鮮近代史上卻具有深遠的意義。首先，甲申政變是將封建的朝鮮發展成為獨立、民主、富強的近代資本主義國家過程中所邁出的第一步；其次，甲申政變和開化思想促進了朝鮮人民的反侵略思想，並開闢了朝鮮近代啓蒙運動的全新局面。

甲申政變後，東京方面立即派一支討伐部隊和一名特使（井上馨，一八三六—一九一五）前往朝鮮，索取事件中日本受害人的撫恤、要求朝鮮向日本道歉，和索資重建日本使館等。與此同時，另一位專使伊藤博文也前來和李鴻章商談，已被清法戰爭弄得焦頭爛額的李鴻章很快就妥協了（一八八五年六月九日簽訂《中法會訂越南條約十款》）。清廷於一八八五年四月同意締結清日天津會議專條，日本雖然撤走了駐朝軍隊，但卻獲得了隨時可派兵到朝鮮的特權。這一協定默許清、日兩國成為朝鮮的共同保護國，取消清國的唯一宗主國地位。由於該條約默認了日本與清國均有出兵朝鮮半島的權利，故被認爲埋下了中日甲午戰爭的禍根。

二、東亞新秩序的重構

甲午戰爭與《馬關條約》

經過朝鮮兩次政變（一八八二年壬午政變與一八八四年甲申政變）後，日本深刻的體悟到，若是不與清朝交戰，將難以確保日本對朝鮮的影響力。但是衡諸當時日本的軍事力，特別是海軍的力量，仍擔憂將無法匹敵北洋海軍。當時北洋海軍在經過清法戰爭的教訓後，致力於強化戰力，擁有「定遠號」等鋼鐵戰艦。因此，日本軍部擬出《征討清國策案》，在陸軍方面，採用德國模式，編列七個師團；在海軍方面，製造出配備三十二公分口徑大砲的松島級三砲戰艦，以及兩艘配備最新速射砲的高速巡洋艦，打算與清朝的北洋艦隊一較高下。

李鴻章決心尋求外交解決，他希望爭得西方各國的同情，迫使日本同意和平解決。當俄國沒有遵守替中國調停的諒解時，李鴻章就轉而請求英國調停。李鴻章所期待的俄國因爲遠東兵力的不足，以及外交上的孤立，打消了干預的念頭。一八九四年七月，日、英簽訂《通商航海條約》，日本沒有必要再擔心英國的介入。而在日本國內，首相伊藤博文以及明治天皇則是站在和平的立場，特別是明治天皇在開戰後表示：「這回戰爭是大臣的戰爭而不是我的戰爭」，表示這場戰爭並不是天皇的個人意志可以決定的。在此之前有個插曲讓中日關係火上加油，亦即親日派的金玉均從東京到上海後，在上海一間旅館被朝鮮刺客刺殺身亡，死後屍體被引渡回朝鮮，並在漢城凌遲示眾，以爲叛國者戒。金玉均之死也導致大清國與日本的關係迅速惡化。一八九四年七月二十五日，北洋艦隊濟遠、廣乙兩艦在護送清國軍隊抵朝鮮牙山後返航，在豐島附近海面受到日本海軍的突然襲擊，甲午戰爭的前哨戰由此打響。八月一日，清、日兩國正式開戰。

日本海軍採取戰略進攻的方針，積極尋求與中國北洋海軍進行主力決戰，以奪取制海權。光緒帝和主戰派官員也一再要求積極備戰，相機迎擊日本海軍，此時李鴻章卻有意消極避戰，以防守爲主，要求北洋海軍「嚴防威、旅門戶，爲保船制敵之機」。於是，日本陸軍得以在海軍配合下從容地在朝鮮境內擊敗赴朝鮮的清軍。一八九四年十月，日軍開始進攻清國領地內部，十一月，佔領遼東半島的旅順，日軍有屠殺市民之舉，《紐約時報》與《泰晤士報》紛紛譴責其暴虐行徑。日軍軍情一片看好，一八九四年十二月二十八日，上海英文《字林西報》冷眼觀察道：「這是一場充滿展示效應的戰爭，短短幾個月的時間，東方兩個巨人徹底交換了位置。中國一直以來被視爲東方世界的霸主，卻被發現是頭披著狼皮的綿羊；而日本，彷彿從來沒被我們仔細地注意過，卻一躍成為我們這些列強中的一員，無論我們是否願意看到它的加入。如果日本已經在我們西方世界的不知不覺獲得了令人敬佩的地位，清政府及其官員的腐敗也正在我們的熟視無睹下葬送著中國。」

這場戰爭實際上成了清、日兩國幾乎同時開展現代化軍備的較量。在陸上，日方在平壤打敗了李鴻章的淮軍，扶植和鞏固以大院君為首的傀儡政府，並宣布朝鮮獨立。在海上，雖然中國誇耀它有威武的海軍艦隊，但是並非所有船艦都被動員作戰。和日方作戰的只有李鴻章的北洋艦隊；南洋艦隊以及駐在廣東和福建的兩支地方海軍中隊則守「中立」以圖自保。不僅如此，清國艦隊雖然噸位超過日方，可是它們都陳舊過時，速度也較慢，無法與日方新式和快速的艦隊匹敵。自甲午戰爭爆發，以淮軍為主的清軍節節敗退，日軍攻入遼東半島，全國上下震驚，很多人抨擊淮軍無能，要求調用湘軍挽回敗局。清廷遂委任湘軍將領劉坤一為欽差大臣，駐節山海關，指揮關內外清軍對日作戰。時曾國藩、左宗棠均已去世，劉坤一成為湘系官僚勢力的首領，頗具聲望。當受命挽回甲午敗局時，他以自己年老體弱為由推辭，未得允准，延至次年二月，劉坤一才從天津動身抵達山海關，果然未能挽回戰局。遼河一戰，以湘軍為主的清軍慘敗，遼東半島進入敵手。一八九六年二月，劉坤一仍回任兩江總督。

一八九五年《馬關條約》議和時，李鴻章已是七十三歲高齡，而日本的談判代表伊藤

圖 5-1　《倫敦畫報》（*The Illustrated London News*）1894 年 8 月 25 日，刊出直隸總督李鴻章往返京津的駁船。

博文五十五歲，陸奧宗光五十二歲。垂老的李鴻章要向這些政壇的晚生後輩委曲求饒是件顏面掛不住之事。而在雙方因條約內容僵持不下之際，適時發生了李鴻章被一名日本狂熱分子刺殺的事情，卻意外拯救了這場談判。李鴻章的傷口並不嚴重，但國際輿論爲之譁然，也使日本政府大爲不安，馬上設法來彌補這個可恥行爲所造成的後果，當地的政府官員和警察局長因失職而被解職。李鴻章身爲中國使臣，竟在日本遇刺，實爲國際外交史上罕見之事，國際輿論紛紛指責日本負有不可推卸的責任。相比之下，日本更擔心李鴻章因受傷而中斷談判，讓歐美列強有機會借題發揮，插手中日談判，將妨礙日本對華索取賠償的布局。一八九五年四月十七日，

《馬關條約》簽字。大清帝國將福建臺灣省（含澎湖）及遼東半島等割讓予日本帝國。臺灣由此進入長達約五十年的日本統治時期。

值得注意的是，根據《南京條約》，香港割予英國君主，所用之辭乃「常遠據守」（the Island of Hongkong, to be possessed in perpetuity by Her Britannic Majesty），文中並未出現代國際法中的「主權」（sovereignty）一詞，而中日《馬關條約》清廷割讓台灣予日本，卻是使用「完全主權」（full sovereignty）一語。《馬關條約》第二條：「中國把遼東半島、台灣、澎湖群島之權，即英國格林尼次東經百十九度起至百二十度止、北緯二十三度起至二十四度之間諸島嶼。該地城壘、兵器製造所及國有物永久割讓給日本。」「福摩薩島，以及附屬於或屬於上述福摩薩島的所有島嶼。」（China cedes to Japan in perpetuity and full sovereignty the following territories, together with all fortifications, arsenals, and public property thereon:…The island of Formosa, together with all islands appertaining or belonging to the said island of Formosa）。

對於台灣被割讓之事，海關總稅務司給他的倫敦代理人金登干的函電中，描述了台灣人民反對被割讓，且台灣的官吏鼓勵民眾反對被吞併以保全自身，當時沒有任何一位台灣的官員膽敢公布割讓台灣的聖諭，「台灣局勢是一場可笑的悲劇」：

日本已任命了總督並要求中國指定高級官員正式辦理割讓手續。台灣在割讓前還是中國的領土。但是在人民反對之下，中國政府怎能割讓，又怎能強迫台灣人民同意割讓。而且現在兩國已媾和，日本人又怎能動武。日本人說中國邀得各大國的調解，保住了北方的領土，那麼南部的領土就應該平靜地正式交出來。同時台灣的官吏鼓勵民眾反對被吞併以保全自身，無一位官員膽敢公布割讓台灣的聖諭，也無人敢離開該島。企圖離島者將被處死，或許引起大屠殺。海關人員處境相同。（赫致金第八五九號 五月十八日星期六下午三時）

《馬關條約》之恥令李鴻章痛心疾首，他對身邊人吐露心曲說，清日交涉的經歷最不堪回首，「至一生事業，掃地無餘」。言語之間，充滿了憤懣和無奈。他憶及伊藤博文等人的狂妄和威逼，心緒難平，表示有生之年再不願踏上日本的國土。一八九六年他出訪歐美歸國途中，曾路過日本橫濱，有人勸他上岸稍事休息，被他一口拒絕，足見《馬關條約》在他心中留下的創痛。

清帝國出於完全維護其宗主國的地位的考慮，從自己的立場設想朝鮮的對外開放是否與自己有利，忽視了朝鮮開化思想中追求獨立的風潮，最終致使清國的朝鮮政策以失敗告終。而日本爲了取代中國的位置，對朝鮮半島展開侵略，並最終成爲朝鮮半島的支配者；

然而，取得勝利的日本，由此被捲入帝國主義勢力之間無止盡的戰爭漩渦之中。一開始對甲午戰爭表示支持的基督徒內村鑑三，在一八九七年書寫的短文〈猛省〉之中記述道：

奪取臺灣之事，與戰爭原來的目的——朝鮮之獨立，究竟有何關係。（甲午戰爭）雖然是以正義之戰之名義揭起，卻是以欲望之戰收場。

這句話可做為反思日後日本發動一波波對東亞國家侵略戰爭的最佳註腳。一八八〇年代當日本思想家福澤諭吉闡釋「脫亞論」時，認為日本與中國是近鄰關係，而日本已經成功現代化，但中國仍然落後，故要協助中國改善和建設，否則中國將會牽連日本，日本也難逃損害。其最初想法是要將亞洲諸國從西方殖民者的手中解放出來。這類帶有理想主義的目標受到民眾普遍歡迎，也吸引了一部分亞洲國家的反殖民主義者，甚至包括朝鮮的親日派。但很快地，這個理想就遭到日本軍國主義者的利用，使大日本帝國成為東亞秩序的破壞者和侵略者。朝鮮的悲劇性命運則更在日俄戰爭後（詳下）因朝鮮半島被日本吞併，失去了獨立。一九一〇年八月，通過《日韓合併條約》，大韓帝國正式滅亡，成為日本殖民地，直到第二次世界大戰結束。

瓜分狂潮與門戶開放政策

《馬關條約》簽訂後數天，以俄國爲主導，聯合德、法提出警告說，日本占有遼東半島將威脅整個東北亞的安全，警告日本應回到戰前原狀，若無視於此，後果自負。日本很快屈服了，但代價是要增加清國的賠款，清廷也很快就首肯了。三國干涉還遼這件事也對日本國民帶來一種不平之感。潘卡吉・米什拉（Pankaj Maishra）在《從帝國廢墟中崛起》一書提到，當時在日本頗受敬重的記者德富蘇峰得悉締結《馬關條約》時，人正在前往大連日本軍事基地的船上，德富蘇峰早就意識到日本國土狹小，且天然資源不足，必須擴張領土。他後來回憶道，日本獲得大連，他內心無比激動喜悅，「春天剛來。大柳樹正在發芽；華北的花朵香氣正濃。田野伸展於眼前；春風拂面。我四處走動，了解到這是我們的新領土，感到無比的快意與滿足。」然而，才不到幾天，西方國家就要日本人吐回遼東半島。德富蘇峰帶了一把砂礫返回日本，以提醒自己所曾遭受的失望苦痛和整體國家的羞辱感。誠如他所哀嘆的，很清楚地「東方最進步、最發達、最文明、最強大的國家，仍逃不過白人的鄙視。」而在了解西方霸權的眞諦後，向來鼓吹個人權利與自由的德富蘇峰，誠如他所忿忿寫道的，將從此大聲鼓吹日本在亞洲走帝國主義擴張路線，希望藉此「打破白人的全球壟斷地位，摧毀他們的特殊權利，消除白人特殊勢力圈和全球暴政」。但不論是西方國家或日本，都忘了他們是在他國的國境，以粗暴的戰爭行爲剝奪當地百姓的經濟生活和索取不當的利益。

在三國干涉還遼之後，德國要求在中國取得一處海軍基地作爲酬勞，它列舉了所有其他列強都在東亞擁有基地的事實，如英國在香港，法國之在東京，俄國之在海參崴等。清廷拒絕了這一要求。後來，德國人又以傳教士在山東被殺，占領了膠州，迫使當局簽訂了九十九年的租借條約，並取得在山東建造兩條鐵路的特權。列強在中國割地的狂潮這時正式開始了。英方租借了威海衛，爲期二十五年，並租借了展拓的香港新界，爲期九十九年。英國從清政府取得不將長江流域讓與他國的諾言，使這一地區成了英國的利益範圍。日本則得到了不將福建省讓與其他國家的同樣保證。法國以九十九年爲期租借廣州灣，並在兩廣和雲南建立了它的勢力範圍。只有義大利的要求被拒，並沒有得到租借地。至於美國，當時正因對西班牙戰爭和菲律賓革命而忙得不可開交，因此未能採取任何行動。

瓜分中國的危險加速了國內的戊戌變法運動，同時也導致美國宣布「門戶開放政策」（Open Door Policy）。英國根據分析中國市場特質的《米歇爾報告》，判定英國在與中國的貿易上，其獲取的利潤只夠與軍事活動的費用相抵，而無法進一步地提升。因此，他們打算將重心放在無須成本的外交交涉。由於英國在中國佔有最大的商業和租界利益，不便單獨提出門戶開放政策這一想法，於是轉而請求美國支持。一八九八年，美國和英國聯合發動一個在中國實現商業機會均等的運動。門戶開放政策宣稱維護中國主權和領土的完整，照理而言，中國人應該作揖感謝，但事實不然。因戊戌政變失敗，逃至海外的梁啓超，就稱門戶開放政策是「滅國新法」，是列強對中國的「無形瓜分」。梁啓超欲以「新民說」喚起中國人民的自覺，要從帝國時代皇帝的臣民轉化爲現代國家的國民。這一波十九世紀末列強在中國的瓜分狂潮，無疑加速了人民對清政權的不滿，不論維新或革命派的主張都愈來愈趨激烈，帝國王朝的輓歌正從四面八方吹奏起來。

義和團事件和八國聯軍

光緒帝一八八九年親政，其周圍聚集著被稱之爲清流派的保守改革人士，他們多是飽學之士，光緒帝師翁同龢被視爲清流派代表之一，他們想強化中央政府進行有限的改革，而清流派最大的對手便是洋務派領袖李鴻章和後起的張之洞。雖然清流派也有改革的思想，翁同龢本人亦主張清朝必須改革，但是傾向於保守的改革，翁同龢通過光緒皇帝和慈禧太后兩人的關係，掌控了朝廷一部分權力。翁同龢領導的清流派和兩位洋務運動大臣李鴻章、張之洞也就出現權力矛盾和鬥爭的事情。早在一八七〇年代牡丹社事件發生時，清流派就與李鴻章鬥爭不斷，歷經清法戰爭到光緒皇帝初掌權力，始終存在，而光緒帝的帝黨人馬和慈禧太后黨派之間也有權力爭奪。中國官場歷來始終都有派系問題，造成惡鬥內耗，但它一旦和衰弱王朝面臨強大的外來侵略同時發生，產生的干擾就更加危及政權的治理和判斷。以下我們先將討論一場狂亂的排外舉動所引爆的八國聯軍。至於內部政治問題之干擾，則留待第六章詳談。

發生於一九〇〇年的一場由義和團所發動的排外武裝運動，導致俄、德、法、美、日、義、奧匈帝國、英國（大不列顛及愛爾蘭聯合王國），八個國家組成聯軍遠赴天津和北京，清政權因此幾乎慘遭滅頂之禍。這件盲目愚蠢的排外運動，在近代中國史上往往被賦予一種帶有神話的悲壯色調，關於義和團組織的起源、事件的發生以及這一事件的性質，充滿爭議。早期中文的書寫，有不少從反帝愛國史觀的立場來看待義和團運動，近二十年來，中文及英文學界對這一立場頗有修正。周錫瑞（Joseph W. Esherick）更強調必須從魯西地區的民間文化，帝國主義在山東的活動，以及帝國主義與一些改信基督宗教之間的關係去觀察，他同時認爲義和團事件難以歸結是白蓮教或其他秘密宗教的動亂或是其同名的武術團體——「拳民」——動員下的愛國主義運動，這一事件帶有暴力排外和反教性質，但若說具有反帝愛國主義的層次意識，很可能是其次的。也有學者特別著重基督教會傳入中國民間後對村民產生的集體焦慮，造成家族內部一些改宗信仰的成員與族人的文化衝突，乃至於社會摩擦。至於義和團起源是否和白蓮教秘密宗教相關，有人認爲白蓮教反清，而義和團並不反清，義和團組織鬆散，與白蓮教教義亦不相同。還有一些案例說明了義和團和基督徒之間存在著宗教競爭與鬥爭關係，同時呈現一些拳民藉反教之名，進行村社成員的內鬥或私人挾怨之報復。台灣學者陳方中的研究通過各方面史料的對比，了解義和團的起源，該運動對教友的信仰形成了巨大考驗，教會信徒、背教者以及教會群體在這股排外運動中如何生存的多樣面貌。柯文（Paul A. Cohen）在他的《歷史三調：作爲事件、經歷和神話的義和團》一書，則特別強調義和團事件在近代中國如何被「神化」過程的建構，一直到文化大革命時期如出一轍地反映在文革樣板戲「紅燈記」中，截取、篡改義和團的女性組織「紅燈

圖 5-2 〈打鬼燒書圖〉，約 1900 年，該圖表達某些民眾對「豬」、「叫」（「主」、「教」的諧音）和妖書（洋書）的忿恨。Public domain, via Wikimedia Commons.

照」，論述女性如何力抗妖魔化的西方宗教文明中的英勇故事，並將它建構成爲革命神話，用來大力宣傳反帝愛國思想。

從晚清歷史脈絡來看，義和團勢力擴大後，清廷保守派人士和慈禧太后欲利用義和團作爲排除外國勢力的工具，徵召義和團民入京，稱之爲「義民」。清廷當權者試圖想利用沛然成風的民氣，以對抗「洋兵洋教」，並用以拯救帝國。然而，當各國聲討時，整個事件最應被究責的對象——大清帝國——卻推得一乾二淨，且開始鎮壓和緝捕拳民，結果讓帝國的百姓付出更爲慘痛的犧牲和代價。

一八五八年《天津條約》允許傳教士在內地自由傳教，一八六〇年《北京條約》賦予傳教士租賃和購買土地建教堂的權力。這些現在看起來頗具正當性的事情，對不明教義的中國人而言，卻覺得傳教士和教民之間肯定有些見不得人的勾當，特別是在保守的鄉間，以訛傳訛、捕風捉影之事所在多有。有些中國教民捲入地方訴訟時，傳教士爲之說情，更引起當地人民認爲教士和教民仗勢欺人。保守的地方鄉紳則特別敵視基督教義中不拜祖先和孔子，視爲異端邪說。教會組織在地方上扶貧濟弱和教育識字的功能，也多少衝擊了傳統地方仕紳原本在鄉村社會的地位。

義和團參與者被稱爲「拳民」，英文亦對應地稱爲 Boxer，因爲組織的成員都練習傳統武術打拳。拳民稱洋人爲「大毛子」、中國基督徒爲「二毛子」、用洋貨者爲「三毛子」，所有的「毛子」都是打倒的對象。整個運動並無嚴密的組織或統一的領袖，而是一場自發的群眾行動，一些無知的鄉民動用私刑處死了一些基督徒與外來的西人，並縱火燒毀了教堂和基督徒房屋。有些拳民宣稱自己刀槍不入，具有巫術的超能力得以降服洋人和洋兵。

一八九〇年代山東拳民在民間秘密組織大刀會（俗名「金鐘罩」）的名號下聲勢浩大，參與者多為貧下農民和小販，他們打著「扶清滅洋」的旗幟，並受到地方巡撫的庇護。一八九九年一位保守官僚毓賢被任命為山東巡撫，在他的保護和支持下各式拳壇迅速發展起來，毓賢更將這些拳民尊稱為「義和團」。由於外國人狀告毓賢縱容反教事端，朝廷將他撤換下來，轉調山西巡撫，換了較開明的袁世凱擔任山東巡撫。毓賢到京後開始向慈禧和保守的太后黨人慷慨陳詞拳民之義行，以致於連連受挫於外人的慈禧太后也被打動，以為這股民氣可用，使中國完全擺脫洋人侵擾。北京於是成為拳民聚集之地，人民瘋狂習武。這時，外國使團開始擔心將有更高張的排外情緒會被鼓動，於是警覺地從天津等地調派武力前來保衛北京使館區。然而，清廷在五月底還召令告誡各省對於懲處拳民需要謹慎，不要一併捉捕練拳的百姓，到了六月，情況卻逐漸升溫、失控，狂暴的拳民湧進北京城，焚燒教堂和洋房，並殺死中國的基督徒。在情勢混亂中，一九〇〇年六月十九日，總理衙門曾緊急照會各國駐華使節「限二十四點鐘內各國一切人等均需離京」，以保護自身安全。次日，拳民已闖進使館區，殺害了德國公使克林德（Clemens August Freiherr von

Ketteler）。就在此時清廷做了一件極不可思議的事情，它不僅不擔心外國人將行報復，更是在六月二十一日以神氣高傲之姿向各國挑釁宣戰，保守派掌控的朝廷對於外國使館遭到破壞心中稱快；這一決定顯現慈禧和宮中保守派對國際政治的徹底無知。

當時轉赴廣州的兩廣總督李鴻章可能是唯一能夠力挽狂瀾的人，但他不願北上收拾局面，表示掌握大批軍隊的榮祿（兵部尚書）應該不要讓反動派控制政局，以免局勢持續惡化。各省當局雖然不能左右朝廷政策，卻急於要保護他們的轄境不受拳民的破壞和外國人的報復懲罰。義和團也可以說是愚昧專制王朝在面臨外來侵略者所做的愚不可及的事件，拳民任意將傳教士和教民視為西方侵略者的代表，使得當時在北京和天津的外國人面臨生命的威嚇和恐懼，更有許多無辜的中國基督徒受害。義和團動亂中，約有二四一名外國人，兩萬多名中國人（主要是教徒）被殺害，是近代外人在華傳教史上的一大悲劇。當清廷在六月二十一日宣戰時，重要的省級官員——如廣州的李鴻章、南京的劉坤一、武昌的張之洞，和山東的袁世凱——都一致拒絕承認這個行動，堅決認為它是未經皇帝正當授權的「亂命」。他們封鎖了宣戰聲明的消息，另外夥同閩浙總督同各國駐上海的領事非正式地約定，他們願在管轄區內保護外國人的生命財產和鎮壓拳民，以換取列強制止軍隊進入這些東南各省的「自保」地區。因此，整個中國東南半壁避免了義和團的災難和外國人的入侵，史稱「東南自保」。

據徐中約的研究，外國增援部隊於七月末到達大沽，但是由於互相猜忌和意見分歧，一直拖到八月四日才向北京進發。這支聯軍有八千名日本人，四千八百名俄國人，三千名英國人，二千一百名美國人，八百名法國人，五十八名奧地利人和五十三名義大利人；德國人沒有加入這支聯軍，他們反而是很晚才到。強大的聯軍打敗了拳民和清軍，並於八月十四日到達北京，解救了被圍困的各國公使館。這期間，清廷曾命李鴻章要求中國駐外使臣通知各國政府，表示他們駐中國的代表平安無事，並希望他們撤出使館，以便安排外人得以安全回國或由清軍護衛到天津去。顯然，聯

圖 5-3　1900 年 8 月，八國聯軍攻佔北京城後，各國軍隊指揮官在日軍司令部議事後合影。Fotoe 提供。

軍要求清政府應對公使館的外國人生命負有保護之責，但是公使館人員無法相信撤離過程或撤離後清政府有能力保護他們，所以他們寧可不接受清廷的建議馬上撤離，而寧願待在使館區等待救援。據說在這過程中，總理衙門的人員還冒著交戰的危險，送了些蔬果、大米和麵粉到公使館。而在聯軍開進北京的次日，慈禧太后、光緒帝和少數侍從則在倉皇中喬裝成平民逃跑，在經過長途跋涉後抵達西安，這段戲劇化的逃亡過程成爲民間談助的題材，同時對照的另一個劫難則是八國聯軍的部隊再次掠奪並燒毀了大清帝國的萬園之園——圓明園。

列強堅持必須懲辦縱容拳民在北京濫殺無辜的甘軍領袖董福祥（其部後來編入榮

圖 5-4　聯軍在紫禁城內慶祝北京使館區解放的勝利儀式。原始來源：Marine Corps University Archives,Quantico, Virginia. Public domain, via Wikimedia Commons.

祿下轄的北洋軍，擔任武衛後軍統領），而劉坤一和袁世凱則迫使管理兵部的榮祿採取行動，他們強調明智的政治家「皆不愛一人以謝天下，尤不愛一人以救萬民」。之前列強曾聲明做爲軍事統率的榮祿因參加過攻擊使館的行動，而不能被接受爲談判者，使得榮祿進退不得。一九〇〇年十二月三日，清廷態度終於緩和了。當追究罪責時，卻沒有提到慈禧太后和榮祿這兩名主要罪犯。一九〇一年（辛丑年）九月七日，由慈禧太后委任欽差大臣慶親王奕劻、兩廣總督李鴻章作爲談判及簽約代表，和列強簽訂了十二項條款和附屬協議。《辛丑和約》被認爲是近代條約史上賠款數目總計最龐大的條約。

《辛丑和約》簽訂不久，李鴻章在與俄國交涉滿洲問題中，傳出各種對他人身攻擊的密約流言，質疑他與俄國人關係頗不單純，又老又弱的李鴻章，於一九〇一年十一月鞠躬盡瘁以終，時年七十八歲。李國祁的研究將李鴻章的「以夷制夷」謀略與政策分爲兩個階段：同治朝與光緒前朝。在同治朝李鴻章「絀之以勢，守約以理」的務實主張，與曾國藩、郭嵩燾等人的誠信外交大不相同；從光緒開始，李鴻章採取聯德制英、法的政策，清法戰爭以後，又改爲聯俄以制英、日。這種利用列強之間的矛盾策略，又與當時亦主張以夷制夷的張之洞，略不相同。李國祁肯定李鴻章的外交，認爲曾、郭、張等人皆難以望其項背。歷史功過的評價一向充滿爭議，即使蓋棺也難以論定。《馬關條約》、《辛丑和約》都由李鴻章所訂，以致李鴻章晚年背負不少罵名，對他的評價幾乎是承受整個顛危帝國的榮辱。衰頹的帝國命運映照在一位走向生命暮色的老者身上，至少幸運的是，李鴻章沒有看到他一生效忠的清國走向滅頂的末日。

東亞霸權之爭——日俄戰爭

在清廷與列強交涉《辛丑和約》之前，另一個問題同時爆發，亦即俄國人占領滿洲的行動，引起其他列強的憂慮。聯軍之占領北京和俄國之進犯滿洲加劇了國際對抗，使各國擔心它們之間會互相發生衝突，從而最後結束各國在中國經濟機會均等的局面。國際間普遍出現了一種願望，即寧願緩和緊張局勢與維持中國現狀。一九〇〇年七月三日美國發表第二個「門戶開放」政策的照會，目的即在力圖「保持中國的領土和行政權的完整，並維護在中華帝國全境實行貿易均霑原則」。接著，英國與德國於十月十六日簽訂了一項協定（其他列強被要求支持），約定不得攫取中國領土。帝國主義活動的這種對峙局面使清帝國在這種恐怖平衡的情勢下免於立即被瓜分，但是它的國際地位卻下降到前所未有的地步。

俄國人占領滿洲及它所帶來的一切嚴重國際後果，必須從更廣泛的歐洲強權政治的背景來加以考察。在剛剛進入二十世紀時，隨著英國執行「光榮的孤立」政策，歐洲在三國同盟（德、奧匈和義大利）和俄法同盟之間保持著一種不穩定的均勢。由於這兩大陣營之

圖 5-5　1901 年醇親王為義和團事件赴歐道歉，其儀仗隊行經上海公共租界南京路的照片。Fotoe 提供。

間的競爭造成緊張狀態，以及害怕這兩個防禦性同盟會聯合成一個大陸聯盟來反對英國，於是強國之間形成了僵持局面，這種形式促使它們把注意力指向亞洲和非洲。從這種觀點看，俄國侵占滿洲並不僅僅是侵犯中國主權的一個孤立事件，而且是對現存國際秩序的嚴重破壞。尤其是日本，它關心自己在朝鮮和滿洲的地位，而美國則擔心中國門戶開放的前途。英國感到它在北京的影響力和長城以南的地位受到威脅。另一方面，法國支持俄國前進，德國也暗中鼓勵俄國向東擴張，以使俄國的注意力從歐洲轉

圖 5-6　日俄戰爭時期日本一度占領奉天。*Asia*, Sep. 1919.

移出去。顯然，一個國際關係的新世紀展現於世界舞台，從而使歷史上一個前所未有的東西方結盟得以形成。

除軍事考慮之外，英國人還關切俄國人可能通過他們控制滿洲來支配北京，關切俄國的經濟影響滲入長江流域——這裡是傳統的英國利益範圍。再有一點使人不安的是，俄國在西藏活動的加強導致達賴喇嘛在一九〇一—一九〇二年派遣了兩個使團前往俄國。如果不加制止，俄國人的南進可能威脅印度的安全。因此傳統的恐懼心理又再次閃現，英國人覺得當務之急是與日本人結成聯盟以阻止俄國人前進並維持英國在亞洲的優勢。英國是個遼闊的帝國，孤立於歐洲政治之外，現在又面臨著俄國人的新威脅，所以它是捨此之外別無他法了。爲了阻止日本與俄國可能達成將會嚴重危害英國在亞洲利益的任何協定，英國與日本駐倫敦公使的談判進行得很快。至於日本，自從一八九五年三國干涉以來，它對俄國一直抱有強烈的敵對情緒。若能與英國這個最重要的西方大國結盟是一件夢寐以求的事情，因爲這樣會頓時提高日本的國際地位，意味著它做爲一個大國的時代的來臨，而且可以用這作爲對付俄國的一面有效的盾牌。一九〇二年一月三〇日，英日盟約正式簽訂，揭示締約雙方要求通過維護中國與朝鮮的獨立和領土完整以及一切國家在此兩國機會均等，來維持東亞的現狀和全面和平。

美國人同情日本。西奧多・羅斯福（Theodore Roosevelt Jr.）總統天眞地以爲日本是門戶開放和中國領土完整的一個保衛者，甚至把日本完全控制朝鮮看作是符合東亞和平的最大利益。他認爲中國人軟弱無能，頭腦不清醒，易被強者欺凌，日本人則是東方正在崛起的新興力量之象徵。「要說中國人和日本人是同種，是多麼荒唐可笑啊！」羅斯福總統指望日本來阻止俄國人在滿洲的擴張，並且滿意地看到它的地位因與英國的聯合而加強了。

至於清廷的反應只能說是百感交集。最初是感到寬慰，因爲英日聯盟直接反對俄國，有利於維護中國和朝鮮。接著是感到羞辱，因爲由外國人約定來保證中國的獨立和領土完整，同時將它和朝鮮等量齊觀，並且突出了這樣一個事實，即中國的命運並非掌握在自己手中，而是掌握在這些所謂的保護人的手中。最後是感到恐懼，因爲害怕日本最後會取代俄國而成爲在滿洲的主要帝國主義者。袁世凱說「然欲保全本國疆土而仰望於別國聯盟之餘力，則一國之恥，孰有過於此者！」面對此恥辱，袁世凱敦請朝廷立即進行制度改革，加速訓練軍隊，開發資源和創辦近代教育，以加強國力。張之洞發現日本人越來越傲慢了，他看穿了英日同盟中關於「門戶開放」的虛僞性，所以非常關切日本人的最終目的。但他仍然認爲日本的危害比俄國爲輕，因此清國應「以結近援禦遠患爲歸宿」。

爲了把滿洲變成一個「黃色俄國」，亦即所謂的「黃俄羅斯計劃」，鎖定中國東北地區領土爲主要目標，進一步吞併。聖彼得堡決定要求中國同意以下條件：不把滿洲的土地割讓或租借給任何其他強國；未經與俄國協商，也不得開放任何新地區進行對外貿易或作爲外國領事館駐地；除俄國人外，不得雇用其他外國人在滿洲擔任行政職務；華俄道勝銀行得在牛莊繼續收取關稅稅款；俄國居民應保有他們在滿洲已取得的一切權利。一九〇三年四月，這些要求被提交給清政府，清政府立即通報其他相關各國。在英、日、美主張拒絕這些要求的鼓勵下，清政府通知聖彼得堡，在俄國軍隊根據一九〇二年四月的協定全部撤出滿洲以前，不可能商討任何新的條件。終因俄、日雙方的差異太大而無法調和。此時，日本人已斷定戰爭是不可避免的了。

一九〇四年二月，日俄戰爭爆發。主要戰場在滿洲、朝鮮半島、黃海和日本海，並不在日俄兩國的本土上。對於這場不可思議地發生在中國國境內的日俄戰爭，清廷祗能無奈又機伶地宣示局外中立，惟一可幸是沒有貿然加入任何一方參戰。試想當時清廷若爲了報甲午戰爭之仇，而貿然加入俄國方面作戰，則其後果便是難以設想的戰敗國。日本在東亞諸戰役中屢獲捷報，這場打敗歐洲人的日俄戰爭進一步宣告了日本已與歐洲國並駕齊驅，也確定了日本在朝鮮的「保護國」地位，由此助長其軍國主義的抬頭。日俄戰爭時，一位跟在日本軍隊的美國通訊員司戴德（Willard D. Straight, 1880-1918，童年時曾隨母親待在日本兩年多），對日本人有些感情，但這次隨軍經驗使他由同情日本逐漸轉向疏遠。當他見識到日本人在滿洲的野心和作爲，便開始不以爲然了。一九〇五年他被派駐爲美國駐漢城副領事，剛好見證了朝鮮的滅亡，

圖 5-7　司戴德所繪圖〈朝鮮簽字揮別自由〉，見證了朝鮮王室被日軍所挾制的情景。*Willard Straight in Orient*, Asia Publishing Company, New York, 1922. p. 34.

他寫下標題「一個國家的謀殺」——聽聞了韓國王室駭人的權力內鬥、親日派的陰謀以及日本威迫朝鮮王室簽定保護國條約的流氓舉動。由於美國駐朝鮮領事館就位於皇宮旁，可就近觀察韓國王室的舉動，他同時速寫一張〈朝鮮簽字揮別自由〉（Korea Signs Away Her Freedom）的畫作。離開漢城後，他被派為瀋陽領事，代表美國政府和清廷交涉著名的錦瑷鐵路借款，見證了各國在中國的鐵路投資和銀行借款的競爭，此人活躍政商兩圈，很可惜的，後來在一次大戰期間病逝於歐洲戰場法國，得年才三十八歲。

日本自明治維新以後的現代化進步，令英美國家嘖嘖稱奇，尤其是強迫打開日本鎖國政策的美國人，在日俄戰爭前夕，美國輿論普遍將日本當做「小老弟」一樣熱絡親善。戰前一些美國人認爲俄國已握有西伯利亞和庫頁島，如果再據有朝鮮和東北地區，那麼將對日本的安全和利益造成威脅。但是一九〇四—一九〇五年日俄戰爭爆發後，美國人看到日本對東亞國家的強烈企圖而開始有所警戒。另一方面，美國在一八九八年美西戰爭後獲得太平洋上的菲律賓和關島，美國人的勢力延長到太平洋了，由此美、日在太平洋地區的秩序進入新階段。從美國提出「門戶開放政策」做爲對中國事務發言權之先聲，到日俄戰爭日本勝利的結果，可以預見的是美國和日本在太平洋地區的爭霸才正要開始。

＊＊＊

本章討論了一八七〇年代以後清廷所面臨國際秩序的深刻危機。中日因朝鮮問題而突顯了東北亞秩序的轉變，其牽動的不只是清、朝鮮和日本三方面的問題，列強之間各懷鬼胎，將清廷捲入各方勢力競逐中國的恐怖平衡情勢。中國甲午戰爭結束後簽訂的《馬關條約》，清廷將遼東半島割讓給日本，其後在俄國主導下，聯合德、法兩國共同照會東京提出警告，要求歸還給清廷。俄國對日本登上亞洲大國存有戒心，而它自己也在覬覦大連和旅順這兩個不凍港，俄日關係愈趨緊張。一九〇二年，日本成功與英國結盟，寫下日本與世界一流國家史無前例的結盟，而一旦日俄爆發戰爭，日本也不會孤立，這是日本的一場外交勝利。

日俄戰爭之後國際政治在中國的權力結構產生巨烈變化，日本成為東亞新霸主。日本內部開始有種驕傲優越之氣，像民間外交團體「東亞同文會」主張將中國的地位置於日本之下，由日本來領導「改善」中國，可望引領中國邁向文明的道路。清廷內部也出現「以日本為師」的獻策，從上到下的中國社會出現向日本學習，興起一股到日本留學的東洋潮。此後留日學生在清末籌備立憲、教育改革、新軍訓練和法制改革等方面都扮演了重要推手。同時，對中國內部而言，倡議憲政不再祇是空聞樓梯聲響，清廷開始仿效西方議會制度，實施立憲程序，並於一九〇四年派遣五大臣出洋考察，接著有選舉各省諮議局和成立新內閣等一連串措施。然而，這些因應措施，最後未能挽救衰頹的帝國容貌，甚至於，舊政權爲了挽救半壁江山而不得不做的整容變革，其結果更令人大失所望，並因而加速了自己的崩潰。一九〇八年十一月光緒皇帝和慈禧太后相繼去世，正式宣告了一個時代的結束。

第六章

清帝國的落幕——立憲與革命

清廷在一八九五年甲午戰爭和八國聯軍後，面臨前所未有的深刻危機，內部不滿之聲愈來愈大，為安撫老百姓情緒，延續八國聯軍後慈禧曾下詔罪己的思維，清廷釋放出安撫民心的改革訊息。戊戌政變雖以百日失敗而收場，但立憲思想已散布開來，排滿革命風潮亦如春風草偃，惟恐有燎原之勢。此時和十九世紀中葉的太平天國動亂最大的不同是，一些重要城市的報刊雜誌已如雨後春筍勃發，各種宣傳言論和新說主張，蔚為一種政治風向的訴求；標舉君主立憲的鮮明政治主張隨勢而起，時代風向迫使原本撲滅戊戌變法的慈禧及其周圍的保守派人士，不得不實施新政革新。一九〇六年，清廷出於不得已終於頒布預備立憲，其主要目的是要壓制一些高舉排滿革命的主張，利用次要敵人打擊主要敵人的思維，並非真正有愛於立憲主張。這些情勢都助長了立憲團體和革命團體的勢力，成為清末政治最重要的兩個議題。

關於清末立憲團體或革命團體或其相關人物的研究，一九八〇年代張玉法和張朋園的著作不僅是先行的開拓者，並且迄今仍是重要的代表著作。對於個別的革命團體或革命領袖的研究，也始終吸引學者的目光。有以研究個別人物為中心，如孫中山、黃興、宋教仁等人；有以研究團體為中心的，如同盟會、光復會；也有以知識分子與辛亥革命為中心的，例如對無政府主義者的研究。孫中山的研究始終吸引中外學者的關注，一九七六年韋慕庭（C. Martin Wilbur）的專書形容孫中山為「壯志未酬的愛國者」（Sun Yat-sen:

Frustrated Patriot）較爲人所知。史扶鄰（Harold Z. Schiffrin）對孫中山和辛亥革命的研究專書，總體評價孫中山艱困的革命事業。法國學者白吉爾（Marie-Claire Bergere）重新書寫孫中山的一生經歷，敘述他如何從一位政治冒險家蛻變爲創建共和體制之父，而且最終成爲偉大民族主義運動的領導人。而近二十年來對孫中山的研究中，黃宇和運用多元的一手資料，試圖還原三十歲以前孫中山在翠亨村、香港、澳門和夏威夷等地的足跡，並重新解析孫中山倫敦蒙難的諸多疑點。上述近二、三十年來的研究，很早就以實證主義方法，站在史料基礎上實事求是，對辛亥革命有多元而豐富的見解。但很可惜的是，在台灣黨國教育時期，教科書的書寫永遠跟不上學者的研究步伐，很長一段時間教科書仍停留在國民黨建構的革命史觀以及對孫中山的個人崇拜。在台灣提到辛亥革命似乎祇有興中會─同盟會─中華革命黨─國民黨，這四者一脈相傳所演繹的革命史觀，塑造孫中山無可動搖的國父領導地位，貫穿十次革命屢戰屢敗，終於武昌一役成功起義，建立共和的傳奇歷史。而在以馬列主義爲基本意識形態的中國大陸，則以「革命先行者」孫中山及其「聯俄容共」的偉大功業表達崇敬之意，讓中國共產黨的建國史得以保有連續性的堂皇理由。

當前這些意識形態的框框，隨著時代的進步已逐一被打破。既不是一味地建構孫中山領導革命神話的正當性，但也不是毀滅式攻擊孫中山的歷史地位，而是更加還原立憲、革命與各個人物和團體之間的交織性作用；建基於多元檔案的資料，回到時代與個人／群體的關係，重新評述歷史事件的經過和蛻變，這是史學研究的一種進步。本章將主要著重清帝國最後的末路，清帝國實施新政的死裡求生、立憲與革命的擺盪、各種革命團體形成與急如風火的情勢，最後在各方勢力下的妥協與大聯合，以致清王朝的結束。

一、變法之殤與國祚維繫

戊戌變法與清末新政改革

清廷在甲午戰爭敗給日本之後，祖宗之法必須改變似乎已成了朝野間的共識。一八八九年至一九〇七年張之洞擔任湖廣總督，他的權力逐漸爬升，成爲繼曾國藩、李鴻章之後洋務運動的領袖人物，推動包括漢陽鋼鐵廠等現代化設施。所謂「中體西用」，中學爲體，西學爲用，這句精煉的口號，即出自張之洞，他強調在固有的儒家道德基礎上進行改革，這一套基礎使得帝師翁同龢和頑固的清流派也難以挑戰他的領導地位。光緒帝師翁同龢可能意識到張之洞對自己權力的威脅，故尋找另一批年輕人形成他自己的權力班底，此時提倡聖人之教的康有爲受到翁同龢的引介，但未料到康有爲及其弟子梁啓超實際上是比他更爲激進的急進改革者。康有爲的新學主張令年輕的光緒皇帝眼界大開，逐漸取代翁同龢成爲光緒帝最信任的大臣。

一八九八年六月，最初在慈禧的默許下，四十歲的康有爲、二十五歲的梁啓超等推行大幅度的新政，帝師翁同龢則突然遭光緒帝將其開缺回籍「告老還鄉」，以順遂光緒大力推動新政的壯志。新政內容主要涵蓋教育及軍事等多方面的政策和體制，其最終目標，是推行君主立憲制。康有爲向光緒皇帝贈送自己的著作《日本變政考》，有意以日本明治維新爲藍本，還有李提摩太翻譯的《泰西新史攬要》和其他有關各國改革的書。然而變法不及百日，改革衝得太快，大多重要新政如廢除八股和裁減機關等措施，都遭到朝中保守派的反對，一些旗人更對自身安頓和既有利益，感到嚴重的驚恐，變法因此僅有百日便被推翻，史稱「百日維新」（戊戌變法，一八九八年六月十一日至九月二十一日）。康、梁等激進派的變法內容，大多隨慈禧發動政變而廢止，僅有在教育方面留下遺緒。一八九八年光緒諭令創辦中國第一所官辦現代大學——京師大學堂（今北京大學前身），由傳教士丁韙良出任西學總教習，具開明思想的許景澄任中學總教習。後者在義和團事件時，冒死上書反對依恃拳民神功，攻殺洋人，最後因「任意妄奏」等罪名，被清廷下令斬首於北京菜市口，到宣統皇帝繼位才被平反。

戊戌政變後，提倡變法的譚嗣同等六位年輕士子被處決，康、梁逃亡天津和日本，之後展開多年流亡生活；光緒皇帝則被軟禁於中南海瀛臺，宣告了變法運動的徹底失敗。據說變法失敗後，梁啓超避禍日本使館，曾勸說譚嗣同一起出逃但遭拒絕，譚嗣同慷慨陳詞：「各國變法，無不從流血而成，今中國未聞有因變法而流血者，此國之所以不昌也。有之，請自嗣同始！」其拜師習武的師父江湖俠客大刀王五也一再勸說譚嗣同出逃，均被他拒絕。譚嗣同出身高官之子，是具有俠客精神的理想主義士人，他雖表明「不有行者，無以圖將來；不有死者，無以酬聖主（係指光緒）」而慷慨赴義，但是他的思想遠比當時的康、梁更爲前進，提倡共和而非改良型的君主制。所著《仁學》一書，對秦漢以來專制制度的抨擊尤爲猛烈，「二千年來之政，秦政也，皆大盜也；二千年來之學，荀學也，皆鄉愿也。惟大盜利用鄉愿，惟鄉愿工媚大盜。」認爲君主專制是一切罪惡的淵藪，中國要進步唯有衝破專制體制及其造成的種種網羅和弊端。譚嗣同殉道式的死亡，被視爲知識分子面臨文化政治之雙重危機時所展現的極其罕見之膽識行動和獻身赴死的道德理想。張灝的名著《烈士精神與批判意識》即是對譚嗣同思想研究的扛鼎之作，而張灝所論並非譚嗣同一人，更是晚清知識分子群體面臨著兩個危機——社會政治和心靈秩序之危機，誘發了中國知識分子的革命激情與理想主義。然而像譚嗣同這樣具有深刻的仁學思想，又獨具冒死犯難之行動力的知識分子，畢竟是寥寥無幾。

有一說法稱慈禧太后發動政變、推倒光緒變法是力挽狂瀾之舉，挽救了中國被列強瓜分的危機，認爲戊戌變法時期康有爲等變法派輕信日本前首相伊藤博文、英國教士李提摩太的遊說，推行「借才」和「合邦」計畫，使中國幾乎面臨被英日等瓜分的危機，而慈禧太后發動政變，則是斷然阻止了此一國際陰謀，使中國免於如韓國般被瓜分兼併的命運。然而誠如本書第五章提到的一九〇〇年以後國際政治在中國的激烈競爭，各個國家內部的關係相當微妙，展現一次世界大戰之前強權國家對遠東的戰略和經濟爭奪，而日本以泛亞洲主義出而抵制，這些詭譎的國際情勢非中國所能主導。筆者認爲此時對清廷而言，主要還是內部對於改革速度和目標的歧見，保守派、立憲派、革命派各有不同的想法，以致慈禧對於國家方向也猶豫不決、前後矛盾，而朝廷內部的權力鬥爭更加深了慈禧政治判斷的錯誤。戊戌政變證明了朝廷中慈禧和保守勢力對激烈改革可能危及自身地位的恐懼，而進行一場對急進改革者的反撲和肅清，其結果則是拉大了保守派和改革派的距離。走向保守的一端，最後助長和慫恿了排外勢力，例如義和團事件的滅洋反教；走向改革的一方，則是助長了年輕改革者想改變現狀的急迫感，祇有期待更激烈的革命運動得以開花結果。

八國聯軍之際，慈禧繼一八六〇年英法聯軍圍攻北京時，再度倉皇逃亡，這次慈禧喬裝成農婦，逃難過程更加驚險。動亂之後，慈禧下詔罪己，此一慘痛經歷讓慈禧和朝臣重新考慮推動一些改革。一九〇一年到一九〇五年間，慈禧開展了與一八九八年康、梁變法相似的借屍還魂之改革，例如廢止「捐納」、整併陳舊的官僚機構、外務部取代總理衙門（民國以後改爲外交部）、鐵路局和礦務局合併爲商部、廢科舉、以策論取代八股文、建立學部和教育改革措施、官派留學生、創設武備學堂、建立練兵處等改革，在社會改革中還有解除婦女纏足和允許滿漢通婚等。其中編列新式陸軍軍隊（新軍）、廢除科舉考試、建立新式學堂和派送學生出洋留學，這些舉措即使在清政權跨台後，仍以不同形式繼續推進，且對二十世紀中國產生重大影響。

廢科舉而興學校，人才的發展從此不拘一格，於是而追求社會的公平與發展，這一步是邁向現代國家的重要一步。一九〇一年九月清廷實行新政後，各地封疆大吏紛紛上奏，提議改革科舉，一九〇四年，清廷頒布《奏定學堂章程》，此時，科舉考試已改八股為策論，但尚未廢除。次年八月，一群重要大臣包括直隸總督袁世凱、盛京將軍趙爾巽、湖廣總督張之洞等人再次上奏立即廢科舉、興學堂。清廷乃下令自一九〇六年開始，所有鄉、會試一律停止，各省歲科考試亦即停止，並令學務大臣迅速頒發各種教科書，責成各督撫實力通籌，嚴飭府廳州縣迅速於鄉城各處遍設蒙小學堂。至此，在中國歷史上延續了近一千三百年的科舉制度最終被廢除，科舉取士與學校教育實現了徹底分離。早在一九〇六年上半年的《美國東方學會學報》第二十六卷詳細報導了中國廢科舉的情況，刊載了袁世凱等人的奏摺和朝廷諭令的全文，科舉制的廢除和新式教育的建立，受到各國對中國這個古老文明何以改變這個千年制度的好奇關注。

清政府雖然廢止了傳統的科舉，但並未停止透過考試制度從民間選拔人材；而考試制度千年來深入民心，民間對以考試入士為官之途，仍然有相當大的心理需求。籌議廢科舉之際，一九〇四年清政府也規劃制訂了〈留學生考試章程〉，選拔歸國的海外留學生透過考試進入政府，在當時被稱爲「洋科舉」的留學生考試舉辦過六次，總共取錄了一千餘人。無可否認，科舉制度自隋唐實施後在中國歷史上曾有其選拔人才的公平性，使寒門弟子可以通過科舉制度得以改變命運和身分，並創造出中國特有的士人階級的意義和效能，實不能全面一概否定。一般認爲明清以後選拔官吏以八股取士，使得科舉制度之選任人才逐漸與治國之術愈來愈無關，甚至成了禁錮士人的思想的制度工具，士人爲迂腐僵化的八股文所束縛，一些優秀的人才往往失意於科考，而被阻

圖 6-1　長沙一所軍械軍需學校門口，約清末民初所攝。Julean Arnold and Various American Consular Officers, *Commercial Handbook of China*, Washington: Government Printing Office, 1919.

絕於仕途。其後面臨鴉片戰爭的世界大變局，傳統的科舉制度培養的人才更無法應付當前世局遽變所需的新知識。康、梁倡戊戌新政時首度廢八股文、鄉試、會試，及生童歲科考試，改考歷史、政治、時務及四書五經，以及定期舉行經濟特科，以呼應西學東漸之勢。康、梁和光緒新政被推倒後，歷經八國聯軍的教訓，慈禧始親自進一步全面廢除科舉，除了承認對義和團的罪己責任外，反過來實行之前他所鎮壓的戊戌變法措施。

慈禧這次的新政改革，主要目的還是爲了維持清朝國祚所做的努力。不幸的是，李鴻章和劉坤一兩大重臣分別於一九〇一年和一九〇二年過世，清廷中樞頓失改革力量的支撐。康、梁等立憲派此時似顯示出和清廷合作的可能，但中間很微妙的是袁世凱因在戊戌政變時出賣了康、梁和光緒皇帝，雙方心生芥蒂，而慈禧太后亦頗恨康、梁亂事，她和康、梁等立憲派既有間隙，不太可能重用這批人。歷史奧妙之處，就在於不同黨派立場的人可能以不同方式支援同一件事；被指出賣康、梁的袁世凱，在廢除科舉和實施新式教育方面，卻有很大的貢獻。袁世凱任直隸總督期間，積極在直隸城鄉推行地方教育事業，使直隸省的學校驟增，並成爲其他各省仿效的藍本。而袁世凱自一八九五年在天津「小站練兵」訓練現代化陸軍，這股兵力後來成爲清末陸軍主力，是他成爲政治強人的雄厚資本，使袁世凱得以在清末民初的政治風雲中佔有一席之地。

大約日俄戰爭爆發前後，實施立憲的想法開始大膽地出現在清廷朝臣的奏章中，他們多援引明治維新後日本的君主立憲制度之優勢和成功，使日本得以挑戰俄羅斯的強國地位，不畏地說出「日俄之勝負，立憲專制之勝負也」，來進行革新的建言。開明派的官吏紛紛提出立憲之請求，例如：駐法使臣孫寶琦改革政體之奏，兩江總督周馥、兩湖總督張之洞議請立憲之奏，兩廣總督岑春煊亦以立憲為言，二度奏陳。直隸總督袁世凱且建議簡派親貴分赴各國考察政治，於是立憲之議大動。外交使節如駐俄之胡惟德、駐英之汪大燮、駐美之梁誠，以及學部尚書張百熙等人又先後上奏。朝臣的疾呼與民間的倡和，相應壯大了請求清廷儘快立憲的聲浪，報紙雜誌紛論立憲的必要，「非立憲不足以振民心，非立憲不足以強國家」的呼聲，使預備立憲形成一股風向。一九〇五年九月清廷派出湖南巡撫端方等五大臣出洋考察，名義上即仿照日本明治維新時期的岩倉使節團，該團由右大臣岩倉具視率領訪問歐美，汲取西方經驗進行改革。這次清廷所派之考察團共參訪歐美和日本等十餘國家，並會見各國政治家和學者，考察團中的載澤和端方積極擁護憲政的態度對清廷實行預備立憲發揮了重要作用。具有皇室背景的載澤於一九〇八年出版了《考察政治日記》。

一九〇六年九月清廷頒布〈宣示預備立憲諭〉，但進度緩慢，到了一九〇八年八月始宣布預備立憲以九年為限，同時頒布憲法大綱二十三條，這些託詞加深立憲派的不滿，而此時排滿革命派的聲勢逐漸壯大。在此之前（一九〇七年）清廷將直隸總督兼北洋大臣袁世凱調到北京，袁世凱後來又被調任為軍機大臣兼外務部尚書。此時清廷倚重袁世凱和湖廣總督張之洞，藉以此安撫漢人。一九〇八年十一月十五日，慈禧等不到立憲實施，便壽終正寢，光緒帝則詭異地早慈禧一日病逝。三歲大的溥儀繼位，號宣統，由其父親醇親王載灃攝政。載灃是已逝光緒帝的同父異母弟，因爲袁世凱在戊戌政變中背叛光緒，醇親王載灃頗恨之，不久便免除了袁世凱職務。直到革命爆發後，袁世凱又被清廷緊急徵召入京，試圖弭平這場動亂。

醇親王於一九一〇年十一月宣布將憲政籌備期由九年再縮短爲六年，進一步要落實責任內閣，試圖滿足開明派的要求。次年（一九一一年，宣統三年）五月，清政府宣布廢除軍機處，實行責任內閣制（不同於原清朝內閣），任命慶親王奕劻擔任內閣總理大臣組閣，由於內閣成員中皇族過多，十三個任命者有五個是皇親國戚，漢人只有四位，時人譏之爲「皇族內閣」。清廷的種種作爲難以挽狂瀾於既倒，反滿情緒持續升高，被革命派強烈抨擊，不到幾個月，清王朝便被革命了。

清廷下詔宣布立憲仍有其意義，它至少是開明政治的起點——專制政治已被迫稍事收斂；如果清廷當時採取的是一條更保守或鎮壓的路線，很難預測像諮議局這樣帶有傳統仕紳色彩的組織如何在這場立憲與革命的風潮中，做出怎樣的抉擇？雖然歷史沒有假設的命題，但是如果從反面的假設命題來思考，就會令我們驚異這兩項命題中的任一之擇；也讓我們理解到：清政權、立憲派和革命派是出現在同一歷史場景中，他們各自顯現不同的治理國家之方案和不同的利益集團之網絡，只要其中一個環結稍一轉向，就可能創造了不同的歷史。中國到底是採行君主立憲還是共和制憲，這就像一個大金球上的兩個滾輪，推倒彼此的一方，便是創造了新的歷史。以下我們將會進一步說明清末立憲和革命之間的矛盾與互動。

立憲團體的成立

回溯清末立憲運動的萌芽，其思想醞釀早在同、光年間。翰林院出身的馮桂芬，在第二次英法聯軍之後撰述《校邠廬抗議》一書，首先公開指出了民權政治的重要，論政治宜「善取眾論」，他很早就提出「采西學、制洋器、籌國用、改科舉」的新建議，展現略有現代國家特質的政治思想，他的著作最初出版時並不受到重視。改革思想家王韜長時間協助西方傳教士在上海從事翻譯工作，後曾旅居香港，並受傳教士理雅各（James Legge）的邀請赴英倫旅遊，對英國政治深為折服。一八七五年王韜發表了著名的關於變法自強的三篇政論，時間上比康、梁的變法維新還要早了二十餘年，王韜無疑是中國變法維新運動的先驅。光緒初年，李鴻章幕僚留學巴黎的馬建忠受法國的影響，認為立議院而下情上達，他是第一個指出議會要義的人。出身買辦，著有《盛世危言》的鄭觀應，謂有議院則「君民一體，上下同心」，他可能是在著作中最早使用「憲法」一詞，開啓了中國對國家的最高法律的理念意義。不論如何，積極主張實現議會理想並付諸行動的則是康有為，在他的戊戌變法方案中有設立議院一項，所以中國的立憲運動應該始於戊戌。戊戌變法儘管百日即告失敗，但立憲思想既開，更需要進一步的理論指導。康有為的弟子梁啓超，其銳利的思想和激動人心的文字，在立憲運動中扮演了極其重要的角色。

清季推動憲政，以立憲團體為主要機關。戊戌變法時期的強學會、保國會、南學會實開組織團體、推動政治改革之先河。戊戌政變後，康、梁於海外先後組保皇會、帝國憲政會、政聞社，鼓吹立憲，國內各派政治勢力亦仿效而行。海內外立憲團體曾聯合發動三次全國性的大請願，迫使清廷縮短預備立憲的年限，清廷並成立資政院以為國會的準備，成立諮議局以為省議會的預備。晚清預備立憲的主要推動力，主要來自眾多團體組織的努力，其中較重要的有：一九〇六年（光緒三十二年），以張謇、湯壽潛及鄭孝胥等為首的預備立憲公會，成立於上海，參加者大多為江蘇、浙江和福建三省人士。一九〇七年，湖南有憲政公會，湖北有憲政籌備會，廣東有自治會相繼出現。梁啓超的政聞社，也於一九〇七年在日本東京宣告組成，後擴及上海。就形式上看來，這些組織都是地域性的，政聞社也只是半全國性的。他們各自為政，聯絡鬆懈，顯然不能發揮一致的力量，仍有待進一步的大結合。

清廷預備立憲的遲艾延宕，令激進的立憲派失望，部分人士因此加入初成立的革命團體。這一期間革命團體在大清境內外紛紛創立，較重要的有：一八九四年孫中山等人創立於美國檀香山的興中會、一九〇四年黃興和宋教仁爲首在長沙創辦的華興會、一九〇四年陶成章和蔡元培以留學生和學界爲主在上海創辦的光復會、一九〇五年孫中山和黃興於日本創辦的中國同盟會、一九〇七年在日本東京由新軍和留學生創立的共進會等等，這些零星的組織，正在醞釀和籌議革命的機會。這些革命團體有不少是在日本成立，受到日本的職業革命家和泛亞洲主義者的大力支持，宮崎滔天（一八七一—一九二二）就是其中的一位理想主義者，他曾在一八九〇年代晚期走私槍枝給菲律賓境內的反美游擊隊。當他在一八九七年結識孫中山時，認定他已找到中國的救星。宮崎滔天聯合一些支持革命的日本人試圖以振興中華的共同綱領將中國的革命勢力結合在一塊，以資金和意見鼓勵他們將各自的群體合爲一個流亡政黨。這時也有不少在日本的中國留學生關心國內政治，而加入會黨社團。據統計，一九〇四年約有三千名中國學生在日本留學，日俄戰爭後，留學日本的中國學生猛增至一至二萬人。這些學子回國後與志同道合之士、新式學校和新軍學校畢業生組成反清聯盟。其中許多人是激進民族主義者，借鏡普魯士和日本，標舉漢族本質，以對抗異族滿人。

在清廷的九年預備立憲案中，先成立諮議局及資政院，作爲議會預備的基礎。諮議局是一九〇九年九月於各省成立的省級民意（仕紳之民意）機構，諮議局議員選舉是中國歷史上第一次民意代表選舉。原計劃預定於全國二十二省中成立二十三個諮議局，其中江蘇省因原有二位布政使分駐於江寧、蘇州，故預定設二局，但江蘇人反對分割爲二，故合成一局，而新疆省地方官則上書認爲該省教育程度不足，暫緩辦理，故截至一九〇九年九月共設二十一局。資政院係爲成立中央級議會的準備機構，成立於一九一〇年九月，終止於一九一二年初，由中華民國臨時參議院替代。諮議局相當於我們對於省議會的概念，資政院類似臨時國會。一九一〇年九月一日，資政院舉行首次開院禮。議員二百名，欽選、民選各一半。寫下中國首次採取西方式代議制度的破天荒記錄。但是究竟該如何選舉，仍是蒙童學步的階段。當時美國駐華公使就一語道破：「各地的選舉未能刺激起人民的熱心，合格選民僅有極少部分眞正投了票。官府對議員選舉的影響非常大，有些省份，跡近指派，此中以東三省最爲明顯。」各省的諮議局成員在清末民初政局中扮演重要的角色。

清末各省成立的諮議局中，大多出自傳統仕紳，其中江蘇諮議局辦理最有成效。《申報》指出該局具有議院的規模，乃由於得風氣之先，領導有方之故。張謇是預備立憲公會之領袖，一手創立江蘇諮議局，選舉之後，議員幾乎清一色預備立憲公會之會員，張謇順理成章被擁爲議長。兩江總督張人駿謂江蘇諮議局開會時「秩序井然」，「議員中多通達時事之人」。另一立憲派領袖湯壽潛，雖不入諮議局，但在幕後操縱，辛亥起義後，浙江諮議局選出湯壽潛爲首任都督，即爲明證。據張朋園的研究，諮議局議員的背景大致有以下特色：大多數爲具有傳統功名之仕紳，八九．三一％皆具有傳統功名，相對的，只有一〇．八七％不具功名背景。各種功名的分配，進士四．三五％，舉人二一．二七％。其次，不乏受過新式教育甚至留學日本者。再者，他們多出身富有之家、且高層仕紳中多曾在中央或地方擔任過官職。以上這些背景兼具傳統性和現代性，主導他們在議會中的論政方向，諮議局議員平均年齡是四十三歲上下。

清末諮議局議員由地方仕紳當選，爲必然之事。科舉制度雖然在一九〇五年廢止了，但仕紳階級仍舊存在，而且人數龐大。當時諮議局、資政院的意義不盡爲一般人所瞭解，仍可能被視爲一種官職，而大力爭取。仕紳階級的功名既由統治者賞賜而來，他們唯恐現狀改變，萬一統治者被推翻了，十年寒窗所獲之功名利祿便將付之流水，原有的社會地位將隨之不保。因此，激烈的流血革命，對一些人仍是大有顧忌和畏懼的；然而，新思潮的刺激，又使部分仕紳流露出進取開放的一面，諮議局、資政院議員多是中壯之齡，思想仍趨於進取開放。西學新知的刺激和士大夫的憂患意識，使他們尚能見到國家面臨嚴重貧弱和內憂外患，而採取了求變的改革主張。所以，諮議局、資政院的群體內部充滿著相互矛盾的心理狀態，他們既保守，又進取，若可在現狀下進行改革最是安穩。但是立憲運動並未成功，在諮議局成立後第三年，辛亥革命發生了。這一情勢的逆轉，很快地將這一批人捲進了革命的洪流中，他們在革命中有重大的影響，革命的成敗往往在他們的進取與保守之間擺盪。

立憲運動與諮議局

立憲派熱心君主立憲，他們的目標不變，而宣傳方式則前後不同，梁啓超可爲代表。梁啓超自戊戌政變之後流亡日本，當時才二十五歲的他，直至民國元年才歸國，先後度過十四年的海外亡命生涯。

一九〇〇年（光緒二十五年）初冬，梁啓超自日本東渡去檀香山時，開始嚮往民主共和。在《清議報》的〈自由書〉中，梁啓超已表露了他的破壞主義。他比喻說：在遍地瓦礫的地面上若要建築房屋，不先鏟除瓦礫，便無法施工；治療有痞疽的病人，在施補之前，不先施予大黃芒硝重瀉，吃了參苓之類大補之物，只有致其速死而已。這鏟除瓦礫的工夫，這重瀉的葯物，便是破壞的意義所在。晚清的局勢，雖然還不到遍地瓦礫的境地，但已經是沉屙不起，不得不施予重瀉了，而破壞必自政體始。梁啓超曾在檀島（檀香山）致孫中山說將來革命成功，或可推舉光緒爲第一任總統，明白說出他將來的理想政體是民主共和。但這也看出梁啓超的革命論並不徹底，不是要完全革去清政府之命，要革的是政體。梁啓超在一九〇二年出版的政治小說《新中國未來記》中，巧妙地編造二位人物來辯論「以暴易暴」或「以仁易暴」的兩種革命型態，揭露中國究竟該採取激烈的革命或帶有演化性質的改良革命。梁啓超雖然稱讚法國人的愛國心和獨立精神，然而法國大革命所帶來的恐怖、破壞和暴力使他更加憂懼中國將付出無量之苦痛代價，亦未能換來眞正的自由。梁啓超對君主立憲的主張，自有一套說辭，他不斷頌揚君主立憲的美德，遠法西方哲人的思想，近取日本明治維新的事實，感情豐沛的筆鋒讓他思想和言論在清末立憲派中大放異彩。立憲派的報刊廣布各大城市，尤其是上海、北京這兩個樞紐城市，主要的言論機關設在這兩個地方。日刊方面，以上海的《時報》、《申報》、《中外日報》及北京的《國民公報》最具代表性。《東方雜誌》是期刊中憲政論述之最具規模者。

如前所言，清廷迫於大勢所趨，不得不於一九〇六年宣布預備立憲。一九〇七年十月，梁啓超、徐佛蘇等人在日本發起成立政聞社，以積極倡議立憲。提出「實行國會制度，建立責任政府」等四大政綱。創辦機關刊物《政論》，鼓吹君主立憲。次年總部遷上海，徐佛蘇自日本返回上海，擔任常務員，積極聯絡國內各立憲團體，發起國會請願運動。張謇等人請求早日立憲，政聞社便與之結合，齊步運動。政聞社在國內的活動引起了清政府的恐慌，次年被清政府下令查禁。政聞社雖然只存在短短的十個月，但在清末立憲運動中卻影響頗大，流亡在海外日本的梁啓超，可謂立憲派精神教父般的理論家，而實際的推動者則是國內立憲請願運動者、各種社團和地方仕紳。而另一方面，政聞社採取維護清朝統治的立憲立場，又遭到革命黨人的抨擊。革命派和立憲派各自對清廷的改革和推倒，分頭貢獻，最後情勢的演變，證明它們終將合流爲一股壓倒清王室的巨潮。

一九〇九年（宣統元年）秋，各省諮議局正式開幕。在閉幕之前，張謇以江蘇諮議局議長的身分，邀請各省選派代表，於年會閉幕之後齊集上海。共同商討促請政府速開國會之道，最後由江蘇、浙江等十六個省的諮議局代表，在上海召開聯席會議，宣布成立國會請願同志會，這是立憲派大規模要求召開國會的起點。一九一〇年上半年，立憲派人士先後發動兩次請願被拒，銳氣依然不餒，決定作第三次的陳請。第三次請願（一九一〇年十月三日，中央資政院成立前），清政府作出小幅度讓步，同意將於一九一三年召開國會。請願同志會仍不滿意，但遭到政府勒令離開京城，隨後於一九一〇年十一月初國會請願同志會被迫宣布解散。第三次請願的結果，得了一紙縮短預備年限的諭旨，從整個立憲運動看來，請願是失敗的。如果他們請准了提早召開國會，而國會也眞的召開了，革命是否會發生，或者延遲數年才發生，自屬難言。清廷宣告縮短預備年限的上諭，雖然不能安撫住全部立憲派，卻也使一部分人士感到滿意。浙江、江蘇、貴州三省認爲相差三年已算達到目的，因而有燃放爆竹慶祝之舉，立憲派無形中被分化爲二。

清廷以縮短預備年限來應付，竟緩和了許多領導人物的情緒，造成立憲派內部之間有了不同的看法：擁護清廷者，死心塌地等待未來——一九一三年（「不存在」的宣統五年）的到來；失意灰心者，不再寄望君憲救國論。如同張朋園在《清末的立憲團體》一書認爲，立憲派人未能利用群眾的力量，是一個不可補救的錯誤。此一錯誤之由來，因他們幻想另一個可能得到的支持力量——地方督撫。第一、二次請願不遂，經驗告訴他們必須擴大爭取各方面的支援，他們的看法正確，卻誤判了合作對象。諮議局聯合會決議請求各省督撫伸出援手，由張謇前往武昌會晤湖廣總督瑞　籲請發起督撫聯奏。此時若是各省督撫主張一致，何嘗不可能予清廷壓力，但由於意見分歧，尤其是南北洋兩大臣持反對意見。立憲派不能利用群眾力量，相反地寄望於官僚階層的督撫，已大致注定了他們的請願不能成功。整個的請願運動只有一部分仕紳參加。

請願運動雖然失敗，卻仍有它的深刻意義及不可忽視的影響。正當代表們在北京奔走上書的時候，令人崇敬的古老北京城，因爲請願者的投入而有了霞光活力。有人欲以身殉請願，有人割臂斷指寫血書。敏感的西方觀察家說，清廷若早知有請願運動的發生，決不會組織各省諮議局。而今這個「多頭怪物」（hydraheaded monster）來到北京，將帶給清政府麻煩。在此多事之秋，新的激盪因素必然因此而產生。這位外國觀察家的看法是正確的。雖然表面上請願者當時並沒有激發不利於清廷的事件，而請願本身則使中國的政治發展趨勢有了重大的改變。部分立憲派人士由於眷戀既有的社會地位，使他們仍不能公然拋棄原來的理想，繼續掙扎；另一部分的立憲派人，則幡然覺醒於君憲美夢，看清楚清廷不可能實施君主立憲的眞相。

不論如何，第三次請願運動之後，立憲派的行動，已不再是心平氣和，往往公然與清廷對抗。在資政院中，參加過請願的民選議員藉故猛烈抨擊政府，毫不留情地彈劾軍機處，甚至於不惜提議解散。到了一九一一年（宣統三年）四月間，責任內閣變成了皇族內閣，立憲派人兩度要求罷斥，發表〈告全國父老書〉痛詆清廷諸種做法之不是。接著一個推動立憲的政黨——憲友會，便告出現了。這群立憲派之所以結爲政黨，是「對於時勢有一種緊急自衛之意」，革命情緒已呼之欲出。

在中國政黨發展史上，憲友會是國內早期最具有淵源和規模的政黨。一九一〇年（宣統二年）第二次請願之前，直隸省諮議局議員孫洪伊等人在討論請願同志會的章程時，已注意到未來有組黨的可能。梁啓超所代擬的〈國會請願同志會意見書〉已有「鼓吹正式組黨」之意，惟當時大家的注意力在速開國會。到了該年秋天，立憲派人進行第三次請願，聲勢空前浩大，輿論再起，倡言組黨。《申報》謂諮議局聯合會「頗有國家黨派之雛形，而脫地方黨派之習慣」，已觀察到組黨之趨勢。雖然第三次請願之後請願團遭受清廷迫令解散，正式組織未能成爲事實，但仍不斷在醞釀進行中。此時以諮議局聯合會爲基礎的同志會，已有蛻變爲正式政黨的趨勢。

立憲派人暗中進行起草事宜。孫洪伊等活躍人士和梁啓超、徐佛蘇等人密切聯絡。一九一一年二月間，孫洪伊以諮議局聯合會名義，邀請各省議長赴京共商國是辦法。後來，十六省代表四十人抵達北京，名義上是第二屆直省諮議局聯合會，實際上是組黨會議。此次集會，爲期半月有餘，相當隆重，最後大會選出湖南諮議局議長譚延闓爲正式主席，直隸副議長王振堯爲副主席，湯化龍爲審查長，另選出副議長、議長、議員和審查員等職稱。經由孫洪伊報告籌備經過，決以聯合會爲基礎，定名爲憲友會，於一九一一年六月四日宣布成立。該會所宣布的政綱，最重要的目標就是「發展民權，完成憲政」，以及尊重君主立憲政體。該會在北京設總部，在各省設支部。會員大體以諮議局及資政院民選議員爲基幹。憲政會成立不久後，革命便爆發了，而這批人很快就投靠共和民主，政治妥協頗高。因此也令人不得不懷疑他們似非完全以君主憲政爲終極理想，而仍是以切身利益爲最先考慮。革命不起則已，有了革命的局面，一些憲友會內的政客人物便紛紛投靠革命主張，識時務者爲俊傑，投機地轉向革命陣營。

在這一變局中，有必要提到江蘇諮議局張謇。前面提到立憲派中有溫和與激烈之分，在第三次請願之後已很明顯。張謇便是溫和立憲派的領袖。張謇未曾參與第三次請願，而是傾向和地方督撫合作，繼續推動他心目中的君主立憲。張謇在四十一歲（一八九一年）考取狀元，被授以六品官職。張謇後來機靈遊走於官商之間的角色，創辦紗廠等近代化實業，本身又兼具開明思想，使他和一般因循舊事的官吏大大不同。而張謇巧妙迴避參與第三次請願運動，避開正在會議中的諮議局聯合會，很明顯不願直接捲入這次請願。張謇在求變的社會裡，是保守中的進步者，他反對激烈改革，尤其對於革命不表贊成。一九〇五年（光緒三十一年），當五大臣出洋考察憲政時，在北京車站被革命黨人吳樾投以炸彈，張謇大不以爲然，指革命黨爲盜賊之流，係藉口排滿的種族立論來分化清廷的立憲。五大臣考察歸來，張謇認爲立憲有望，即與湯壽潛、鄭孝胥等組成預備立憲公會，極力推動。早期的請願，張謇是領導人之一，清政府下令組織諮議局，他更熱心奔走籌畫，江蘇諮議局在他的主持下，極有規模，使他一躍而爲立憲派的首腦之一，但張謇堅決反對激烈改革的主張。

因此，同爲立憲派，張謇的君主立憲主張傾向明治維新的天皇新政，與梁啓超傾向英國式君主立憲，由責任內閣主導政府，君主權力須受節制，有所不同。梁啓超博覽西政群書，服膺洛克（John Locke）、穆勒（J. S. Mill）等人的政治思想，主張取法英國君主憲政，略參日本之意。此種思想上的出入，使張謇與梁啓超二人有所扞隔。張謇不盡贊同梁啓超的言論，兩人無深厚關係。張謇在趣味上與孫洪伊一派並不相投，第三次請願後已經明朗化；孫洪伊在思想上受梁啓超的影響較大，又因革命潮流的激盪，其態度實視時勢的發展決定。清政權傾覆之際，張謇認爲袁世凱是能獨當一面、解決混亂局勢的強人，政治立場又由立憲派轉爲支持袁世凱，革命動盪時代不能空有理念，仍需有人付諸行動，張謇便是在武昌起義時扮演了這樣的角色。至於張謇在南京臨時政府成立後於革命派與袁世凱二者之間的微妙關係，將在後文中提及。

二、辛亥革命與大妥協

革命爆發後的新舊勢力

武昌起義的第二天，革命黨邀約諮議局人士共商大局，以湯化龍爲首的湖北立憲派，正式與革命黨產生互動。湯氏快意表示：「革命事業，鄙人素表贊成」。這樣，雙方起始合作，革命黨負責軍事，立憲派主持庶政，湖北的革命形勢趨向穩定。武昌起義月餘之間，全國有十四省回應，宣布獨立。從起義之日起，立憲派人士立即大肆活動，在獨立的省分，他們或直接參加，或間接影響；在未獨立的省分，他們亦舉足輕重，左右大局。

湖北的立憲派向來較爲激進，他們在武昌起事之後，毅然表示擁護革命。自一九一〇年請願立憲運動中，湯化龍以湖北諮議局議長的身分，領導該省仕紳，態度十分激昂，尤其是二、三兩次上書，更爲影響整個立憲派採取強硬態度對抗清廷。湯化龍爲舉人出身，曾留學日本，是憲友會成立後的核心人物。由於請願目的未遂，在北京的秘密會議中，他表示棄絕清廷，與孫洪伊等人愈來愈走向激進的一端。此後公開批判清廷腐敗，嚴斥皇族內閣，反對清廷實施鐵路國有化，並稱政府欲藉由四國銀行借款來套取回扣，腐敗已極。

鐵路國有化是由郵傳部大臣盛宣懷強力推進，一九一一年宣布「鐵路幹線國有政策」，強行收回川漢、粵漢鐵路爲「國有鐵路」，由中央借外債修築鐵路。不久與英、法、德、美四國銀行團訂立借款合同。此一政策隨即引起四川、湖北、湖南、廣東等省的反對，其中四川省的運動最爲激烈。此中牽涉地方民間投資各鐵路路段的權益回收、鐵路營運和地方財政的問題；各省督撫乃致電朝廷，希望從長計議。盛宣懷本有意與各省一一談判，分化瓦解危機，但由於種種因素，不但化解無望，更使官民之間的矛盾激化。各種抗議的聲浪四起，保路運動遂激出一把燒掉清政權的火焰。保路運動發生以後，清廷調派湖北新軍前往鎮壓，造成武昌防務空虛，爲武昌起義提供了有利的契機。

以今日之眼光看盛宣懷將鐵路收回國有，實有其道理。一國的基礎交通工程由政府承辦，而政府若無經費，向外國銀行借款，其利息也未必高於國內發行的公債。這次保路風潮，官、民之間本來就中央和地方資金和權益如何調節，或是向外人鐵路借款，甚或引進更先進的鐵路技術等問題，都有可能進行商議。可是當時清廷的各項作爲早已失去民心，任何行動都可以成爲激進立憲派或革命派攻擊的理由，人民的憤怒之火已無法撲滅。

武昌軍政府成立後，湯化龍通電呼籲各省回應獨立，後又勸促黎元洪接受湖北都督職位，態度明朗，等於向革命黨人輸誠，加上湯化龍過去的政治聲譽，革命黨人認爲他是一位堪與合作的「同志」，因此推選他爲總參議和民政總長。湯化龍的這些行動對共和民國的肇建深有貢獻，幾乎使人忘了他曾是清末立憲派的要角之一。湯化龍之由立憲而轉向革命，除了失望於不可救藥的清朝政府之外，還有黃興、宋教仁、居正等人的拉攏。這三位革命黨人具有政治眼光，看出革命黨應爭取具有仕紳背景的人才以壯大革命，因此廣為結納像湯化龍這樣有聲望的仕紳。湯化龍在民政部期間，獲得黃興派系的支持，所以能放手一搏。但是湯化龍等立憲派人與武昌革命黨的合作，也只是曇花一現，為時不過一月而已。及至大勢稍微安定，革命與立憲兩派之間的鴻溝再度出現。最明顯的是，一部分革命黨人不欲湯化龍高居大位。軍政府成立不久後，便有人主張取消其民政部部長位置。不久，革命黨人改組軍政府，湯化龍權力便被削減為編制部部長，其他各部亦均更換為革命黨人，這對於湯化龍等人所代表的仕紳派又是一大刺激。共和成立後，這些政治檯面人物仍持續競爭大位。

在這過程中可以看到權力的滋味，如同西諺有云「舊王已死、新王當立」（The King is dead, Long with the King），除了極少數堅持激昂理想的人，多數政客是在這樣的權力更迭中，以自己的派系或個人的利益為依歸，在新權力局勢中推倒異己，布局自己的人馬以壯大自己的實權。從清末立憲與武昌革命的翻雲覆雨中，大致也是呈現如此赤裸裸的現實政治本質。

在革命新舊勢力交替中，此時江蘇省立憲派張謇的態度居於關鍵，江蘇是全國富庶豐饒之地，如能控制江蘇，在政治上往往有一呼百諾之勢。一九一一年十月十日武昌起事後，上海和蘇州先後獨立，江寧（南京）不久亦為革命軍攻克，形成南北對峙之局。時當農曆辛亥年（宣統三年），史稱辛亥革命。列強此時對中國革命情勢已表示中立和觀望，不願介入中國情勢，而等待最後新局勢，內外情勢此時都對革命情勢有利。張謇不僅代表江蘇一省，全國立憲派幾乎一半唯其馬首是瞻。如果立憲派中尚有階層之分，張謇實居於最上，湯化龍、譚延闓等人尚居其後。據一份資料所記，武昌起義的當天，張謇正在漢口料理大維紗廠的事務。當他乘坐輪船離開時，看見武昌火光「橫亙數十丈不已」，還不知道革命軍已經奪下湖北首府。到了安慶，才知道大事不妙，武昌「失守」。當時他還試圖讓北京趕快頒布憲政以平息眾怒，同時希望江寧將軍鐵良和兩江總督張人駿在第一時間派兵援鄂「平亂」，但這些地方勢力卻有自保、按兵不動的想法。十月，張謇與他的門生雷奮和程德全等人草擬了儘速頒布憲法開國會的奏議，其要義是「先將現任親貴內閣解職，特簡賢能，另行組織，代君上確實負責，庶永保皇族之尊嚴，不至當政鋒之衝突。」對於革命黨人，則要求清廷予以處分「其釀亂首禍之人，並請明降諭旨，予以處分，以謝天下。然後定期告廟誓民，提前宣布憲法，與天下更始。」此外，張謇又以諮議局的名義，函電北京，作相同的表示。大體說來，武昌起事後十餘日，張謇仍持反對革命的態度，欲利用革命，達成解散皇族內閣及即開國會的目的。換句話說，張氏依然在立憲運動路線上努力跑步。

然而，再過一個月後，張謇的態度完全變了，放棄了立憲主義，轉而擁護共和。在

〈勸告鐵將軍函〉中，他要鐵良「納滿族於共和主義之中」，這是「共和主義」四字第一次出現於他的筆下。十一月，他與湯壽潛等人合電張家口商會轉內、外蒙古，贊成共和。及至清廷派他爲江蘇宣慰使，並兼爲農工商大臣，張謇不僅不就，更明白表示支持共和。謂「環觀世界，默察人心，捨共和無可爲和平之結果」、「與其殄生靈以鋒鏑交爭之慘，毋寧納民族於共和之中」。此後，張謇發表了許多主張共和的文字，他要求清廷同意共和，呼籲全國人民擁護共和。他所影響的立憲派報紙，也紛紛轉向革命言論。

由君主立憲到共和之間，一個人的思想不太可能在一個月內做如此巨大的翻轉，當然是革命情勢風急雨驟，讓他必須做出政治抉擇和表態。大清政權的作爲必然是讓他這位君主立憲的長期擁護者大失所望，此時的張謇更必須尋找另一個安頓力量，而革命派人士這些新面孔並不令人放心，於是他將目光轉向舊官僚中的強人——被清廷再度任用的袁世凱。他認爲只有袁世凱這位政治強人可以收拾大局，而若要使袁世凱可以掌控此一新舊政權之變局，則必須得到革命黨的合作協商。這位江浙派的中心人物，從一八九八年（光緒二十四年）從北京回到南方，從事實業與發展教育，歷時十四年之久，張謇已經奠定了個人的崇高社會地位。在實業界，南通的建設開民間投資的風氣之先，與上海的金融界已經建立了密切的關係。在教育界，他是江蘇教育會的首領，並且與新聞界人士都有深厚的交情。張謇與這些金融、實業、教育、政治各界之關係人物形成雄厚的江浙網絡，加上他曾是狀元，弟子成群若眾星拱月。辛亥革命爆發後，張謇的動向備受矚目。以張謇為首的江浙派，計畫擁袁以收拾政局，先是促成袁為內閣總理，進而擁之為共和政府的總統。

張謇和袁世凱是在淮軍將領吳長慶的軍幕中認識的。雖一度關係不睦，但袁的才華與機智早為年長他六歲的張謇所賞識。立憲運動初起，張認為袁是促成憲政的惟一希望，甚至把袁看成了中國的伊藤博文，立憲大業非袁不可，曾一再函促袁氏向朝廷建言。若不是攝政王載灃對袁世凱畏忌，予以罷斥，宣統年間的憲政運動或許是另一番局面，無論如何，袁是各方面屬意的國家棟樑，張謇亦持此看法。及至清帝退位，袁氏掌握了北京政權，張謇繼續支持，穩定了袁的大權。張謇對於革命黨，原本無好感，甚且帶著偏見。如前述吳樾炸五大臣事件時，張抨擊革命黨為「盜賊」之流。此時的轉向，我們也不能說張謇全為個人出處而計而毫無天下蒼生之念；因為他也可以全無作為，但他卻甘冒這一風險。凡洞悉傳統中國官場者，常常不得不為了自身安全做出抉擇，特別是張謇身為江浙派人物領袖，其背後更有一群人士的共同生存利益。這些因素都使他在很短的時間內由君主立憲者轉為支持共和。

張謇是清末立憲派中具有實際政治權力的領軍人物，且在諮議局有一呼百諾的號召力，清末民初政權交替的混沌不明之際，他在革命派和袁世凱之間，言行舉措動見觀瞻。值得一提的是民國肇建之初（一九一二年），政黨政治勃興，張謇和立憲派的言論家梁啓超曾是清末立憲派中不同政治光譜的領袖，在一九一二年也曾有吉光片羽的合作。張謇聯絡其他立憲派成立了共和黨，協助袁世凱鞏固政權；隨後又以共和黨爲基礎，聯合梁啓超的民主黨成立了擁戴袁世凱的進步黨，以對抗孫中山等人的國民黨。也就是說，張謇與革命黨的合作是短暫的，後來他辭去實業總長之職，一九一四年兼任全國水利局總裁。再不久棄官，全力投入實業教育救國之路。張謇活躍於企業投資，創辦大學並曾負責導淮等重要水利建設，被喻爲「狀元企業家」，於一九二六年病逝。

孫中山與梁啟超

一八九四年十一月二十四日，孫中山在檀香山成立革命團體——興中會，之後大多時間都在海外籌款和組織革命運動。由於被清政府通緝，一八九六年孫中山流亡到倫敦時被清廷捕獲，關押在倫敦大清帝國的使館，後來靠著他在香港西醫書院就讀時的老師康德黎（James Cantlie）的營救始脫困。次年，孫中山以英文出版《倫敦蒙難記》（*Kidnapped in London*）。關於孫中山在倫敦蒙難的經歷可謂撲朔迷離，至少有三種說法：誘拐說、主動說或綁架說。近年來黃宇和的研究，傾向倫敦蒙難是個偶然事件，他認爲孫中山路過公使館時被誘騙進入公使館而被拘禁。由於康德黎的家就在清駐英使館的轉角，孫中山過訪康德黎時，必然會經過清駐英使館的大門，所以孫中山事先知道清使館所在地，他絕不會是誤投，也不是被人綁架。黃宇和傾向於孫中山自己進入清駐英使館的說法，但他不同意孫中山是跑到公使館去宣傳革命的英雄式說法。至於《倫敦蒙難記》是出於誰筆下？黃宇和認爲是由康德黎所代寫，同時證實康德黎不但率先拯救孫中山，而且還有意無意地烘托孫中山的英雄形象，把孫中山塑造爲一個明智的、有知識、有理想的改革者形象。我們姑且不論《倫敦蒙難記》出於誰筆下，但孫中山請恩師康德黎潤色是極可能的，而這本書也提供了當時孫中山遭遇的一場可能被遣返中國，而被殺頭的驚險事件。倫敦蒙難對孫中山的確震動極大，

圖 6-2　《倫敦蒙難記》初版，1897 年。

因爲清廷要置他於死地，所以他也從此立志要推翻清朝，搗毀封建君主政治，建立一個像西方一樣的民主國家。脫險後的孫中山常到大英圖書館看書，一面研究革命方略和理論，一面考察歐洲各國的社會和政治現況，形成他日後的一套革命論述。也有學者認爲不僅是倫敦蒙難，孫中山在倫敦親眼見識到一八九七年慶祝維多利亞女皇登基六十周年的盛典，窺見大英帝國的輝煌成就，同時也目睹了倫敦貧民窟之悲慘，這些考察經歷對日後孫中山三民主義思想之形成應有影響。但這個影響則不能被誇大，孫中山在倫敦的這段經驗是「暫時」的，此時應還談不上「三民主義之所由完成」。不論如何，倫敦蒙難事件，由於英國報章的大力傳播和英國外交部的干預，使得孫中山海外聲名大噪。辛亥革命爆發後，一九一二年，康德黎出版了《孫逸仙與中國的覺醒》（*Sun Yat-sen and the Awakening of China*）一書，持續支持他的學生孫中山。孫中山在一九二二年用英文出版《實業計劃》一書時，曾在扉頁題字，把此書獻給康德黎醫生及其夫人。康德黎和孫中山師徒情誼可謂相濡以沫、山高水長，與之對照的則是康有爲與梁啓超，從患難師生，到最後幾乎是割席斷義。

孫中山生於一八六六年，梁啓超生於一八七三年，後者而因戊戌政變流亡日本，成爲國內立憲派的精神領袖理論家，這兩位年輕人都在二十餘歲時成了政治上的亡命之徒。張朋園《梁啓超與辛亥革命》一書提到一項軼聞，據說章太炎曾撰有〈梁啓超與孫中山〉一文，長萬餘言，對梁啓超與孫中山的過從，有詳細的敘述，然原稿竟爲翁文灝所湮滅，實爲可惜。梁啓超與孫中山的訂交，係在戊戌以後，梁啓超到了日本，經日人宮崎寅藏及平山周的介紹而結識。但是，在他們訂交之前，兩人並不陌生，孫中山在倫敦蒙難時（一八九六年，光緒二十九年），梁啓超正在上海主持《時務報》，消息傳來，梁啓超以討論國際公法爲題，於《時務報》上刊登孫中山之遇險經過。陳少白《興中會革命史料》提到梁啓超在犬養毅家裡第一次見到了孫中山及陳少白這兩位革命派。他們的談話，極爲契合，竟通夜不眠：「犬養毅是主人，殷勤招待，四人圍坐共話。犬養毅不懂中國話，陪坐到晚上三更後，就告辭回房安睡，留我們三人繼續談話，直到天亮。」以後，梁啓超與孫中山的關係，漸趨密切，他們之間的通信還討論到土地利用等國家經濟問題。一八九九年康有爲離開日本轉赴美洲各地，梁啓超便公然和革命派有所交往。

一九〇〇年庚子自立軍之役，是保皇會惟一的一次舉事運動，領導人之一的唐才常（一八六七—一九〇〇）被捕處斬。庚子之役失敗，保皇會大勢已去，也刺激一些黨人投向革命。唐才常是一八九〇年代湖南維新分子中極重要的一位。他撰寫的〈各國政教公理總論〉中對歐美各國之君主、君民共主、民主、國會、議院等演化歷史，及其性質、組織、功能等，闡述極詳，對於美國共和政體極爲稱羨，甚至主張以美國的民主議會政治爲典範，此點主張其實是和保皇會的君主立憲目標大不相同。假若唐才常不死，遲早應會加入共和革命派。康有爲在保皇會舉事失敗後，避難於馬來西亞的檳城，他和孫中山各自向東南亞華僑籌款的競爭愈爲尖銳。後來康有爲在一九〇一年十二月轉到印度，在喜馬拉雅山渡假勝地大吉嶺待了近一年，在此期間完成了一部帶有烏托邦色彩的《大同書》。在海外遊歷愈廣的康有爲此時的民族主義氣息也產生變化，轉而憧憬一種超越種族和民族的世界主義理想國；但在實際政治活動上，他還是堅決的君主立憲派。唐才常舉事失敗，卻有人歸究梁啓超的募款未及時趕到，而唐才常之死對梁啓超心理打擊甚大，一度想披髮入山。一九〇二年梁啓超主編的《新民叢報》、《新小說報》，都帶著濃厚的革命色彩，其言論之激烈，與《清議報》和《時務報》相較，有過之而無不及。他自己更是口口聲聲地說要轟轟烈烈地再做一場保皇革命，且有死爲雄鬼的決心。然而，梁啓超畢竟還是情感豐沛的才子型書生，他不是譚嗣同或唐才常這類殉道赴死的儒俠。

梁啓超不管老師康有爲（南海）是否同意，這時有意擺脫康有爲的羈絆，他在《清議報》刊登保皇會的文章，同時卻也發表了一連串的〈自由書〉，毫無顧忌地大倡革命之言，猛烈攻擊清廷，此時顯現非常濃厚的革命意識。同時，他又與孫中山合辦雜誌，名爲《中國秘史》，一共出了兩期，專言宋明亡國與洪楊遺事。梁啓超帶有批判性的文字總是充滿銳利激情，很吸引年輕一輩的同仇敵愾，同時他的行動趨於積極，且在東京創立高等大同學校，一時間有革命思想的中國年輕人，都聚集在他的學校。

然而，梁啓超最後仍是和孫中山分道揚鑣了。

梁啓超的思想和言論，常常反覆多變，自言「心如轆轤，身若桎梏，一刻不得安寧」。他和革命黨人的關係亦頗多分矛盾。時人及後人對梁啓超有「名爲保皇，實則革命」之諷，指責的人以爲他表裡不一，對不起革命黨。以梁啓超反覆的政治立場，他應亦無欺騙孫中山之意。兩人眞正分裂的癥結所在：孫中山是直接的倒滿主義者，梁啓超則爲間接的倒滿主義者；孫中山主張鳴鼓而攻之，梁啓超認爲勤王的旗號最爲合宜。美式民主共和政體必先推翻君主政體，而英式君主立憲政體尚可在君主制度下別開議院。此乃所以一九〇〇年以後立憲派與革命派對峙時期，革命派多標舉華盛頓革命，仿效美國之制行共和政體，一九〇〇年孫中山致香港總督書，是以美國的制度爲藍圖。一九〇三年孫在檀香山演說，亦明白宣布效法美國實行共和。可以說，梁啓超的主張似乎以爲藉勤王之名，成事較易；明倡革命，恐怕是事倍功半。如此一來，二人對革命之手段及方法的理念有了出入，已註定了他們將要分道而行。

梁啓超和孫中山之所以不能合作，還有其他更實際的因素。孫中山和康、梁師徒背景大不相同，互相輕視。大力資助孫中山革命，並有意調和孫中山和康、梁合作的犬養毅就說孫、康二人出身背景不同，互相輕視。他說康有爲嘗言：「中山有不俗之性格，惜欠陶冶，與之交談，常不明所指。」孫中山方面，則指「康輩爲腐儒」。孫中山在教會學校受教育，英語流利，國學素養較差，他與士大夫康有爲、梁啓超所屬的傳統儒教世界，差異猶如天壤。孫中山遊歷歐美和日本甚廣，很早就有敏銳的世界觀，對中國的積弊也有敏銳認識。一八九四年他大膽上書朝廷遭駁回時，深信中國必須推翻滿清，改制共和。這一信念本身照理不利於他與保皇派康有爲交往，但善於通權達變的孫中山，很想結合康、梁之力。結果，康有爲這位經綸滿腹的國學大師果然受不了孫中山，認爲他是個粗野無文的冒險分子。孫中山遭冷遇之後，認爲康有爲試圖根據現世情勢詮釋儒家學說之舉，乃是毫無意義的書生之見。

再者，孫中山在檀香山向華僑募捐之際，梁啓超也在同時向華僑募款，雙方發生募款地盤之爭，乃致因財源而敵對。一九〇三年梁啓超到新大陸旅遊時分去一部分華僑捐款，孫中山認爲梁啓超假革命之名，騙得此財，以行保皇之實，兩人終於公開決裂。普遍的說法也提到，這段時間梁啓超的老師康有爲對其與革命派時相唱和，深不以爲然，屢屢責備之，甚至不再提供海外保皇黨經費對其生活補助等等威脅，康有爲在美洲及東南亞均有保皇黨經濟事業之財力支持，辛亥前後始漸瓦解。而康有爲在民國建立後，仍以清國遺老自居，在他一九二七年六十九歲病逝之前，始終是復辟運動的積極擁護者。他的弟子梁啓超與他從戊戌變法的師徒情深、生死至交，到後來漸行漸遠，終至分道揚鑣。

然而，約一九〇三年（光緒二十九年）以後，梁啓超的言論又轉爲保守，過去曾說要革命，以後則反對革命。這一思想上的轉折也和他在一九〇三冬春之際，應美洲保皇會之邀遊歷美洲，受到很大的震撼有關。此行之後，梁啓超返抵流亡日本的住處，隨即撰寫《新大陸遊記》，對比中美兩國歷史和國情，梁啓超深感中國不適合美式共和制度，乃毅然放棄共和方案，期望中國像英國那樣通過君主立憲，逐步過渡到民主憲政。他認爲中國的國情與美國完全不同，而與法國相近，美國可以革命，中國則不能；如果一定要革命，必然會像法國大革命一樣血流成河。基於這一說法，梁啓超宣稱他不再言革命，不再言共和。梁啓超嘗自言：「不惜以今日之我，難昔日之我；世多以此爲詬病，而其言論之效力亦往往相消，蓋生性之弱點然矣！」梁啓超全力投入《新民叢報》的言論，大倡「維新吾民」。梁啓超的魅力思想甚至感染了被法國殖民的越南人。受到梁啓超的鼓舞，越南人潘佩珠開始振筆疾書，寫下一篇篇文章連載於梁啓超所辦的報紙，然後集結成書，書名《越南亡國史》。梁啓超繼續與孫中山等革命知識分子在各自的報紙，大打筆戰。梁啓超擔心共和制民主會帶來混亂，主要起因於他擔心對手孫中山和其同盟會的無能及眼高手低，而非懷疑中國人的無能。雖然，梁啓超的這一疑慮不久後就得到部分的應驗，但約一九〇五年後，梁啓超已在海外華人影響圈中敗下陣來。原因當然不見得是文字爭鋒的問題，而是清廷宣布預備立憲的時程令人覺得毫無誠意，一些人於是轉而投向革命派。

分裂的革命團體

孫中山賦予中國民族主義鮮明的「漢」族色彩，使它變成明確反滿的主張。就連梁啓超的越南門生潘佩珠，在爲越南和亞洲的解放制訂行動計畫時，他與孫中山討論的時間，都開始多於啓蒙導師梁啓超。對一些激進民族主義者來說，外族滿人統治中國，爲害比西方帝國主義者還大。這些人中最出名者，乃四川學生鄒容。鄒於一九〇三年（時年十八）寫了一本小書《革命軍》，痛斥漢人的奴性，主張消滅滿人以拯救中國。一九〇三年，與鄒容過從甚密的章太炎，寫了封公開信給康有爲，嘲笑他繼續支持滿清皇帝，說光緒帝是「載湉小丑，不辨菽麥」。他還譏笑康有爲擔心中國革命會帶來可怕的殺戮、獨裁、外族入侵。他說：「血流成河，死人如麻，爲立憲所無可倖免者」。國學大師章太炎，曾因侮辱皇上入獄三年。章太炎表示，爲報種族之仇而動用暴力，就和爲得到人權而革命一樣順天應人，在道德上完全站得住腳：「有效巨憝麥堅尼（美國總統McKinley）之術，假爲援手，藉以開疆者，著之法律，有誅無赦」。章太炎擔任《民報》主筆，與梁啓超的《新民叢報》論戰批駁，章太炎主張「以國粹激勵種性」，「以宗教發起熱情」，後來章太炎因籌款和領導權等因素和孫中山決裂，他加入了陶成章等人所創立的光復會。因不服從孫中山領導，到了一九一〇年，章太炎、陶成章與同盟會正式分裂，在東京成立光復會總部。革命派團體倡言各種社會主義主張，雖未能清楚說明社會主義的深刻意涵，但仍吸引了大量的追隨者。孫中山的《民報》強調中國應立即進行西方式革命，刻不容緩，它的讀者群開始廣於梁啓超所辦的刊物。

孫中山所創立的興中會綱領旗幟鮮明地提出「驅除韃虜，恢復中華，創立合眾政府」。或許由於孫中山在美國奔走革命的時間比較長，美國政治文化對孫中山的影響潛移默化，他心儀的共和模式是美國式的共和政體。當時孫中山嚮往歐美正盛行討論的文明與進步（Progress and Civilization），他借用歐美的理論新知來討論如何建造中華文明的國家藍圖。尤其是美國在一八九八年美西戰爭後獲得菲律賓、古巴、關島等殖民地，並於同年吞併了夏威夷，而孫中山少年時期隨兄長在夏威夷檀香山成長，美西戰爭促使美國帝國的興起和對被併吞地區的殖民統治，令孫中山大爲駭異，使他重新思考帝國文明與不同民族的關係。

一九一一年辛亥革命爆發前，孫中山主要在美洲各國僑界籌款，他是在美國科羅拉多州一個名叫丹佛的小鎮上得知武昌起事的消息。一九一一年十月辛亥革命爆發以後，孫中山在紐約發表〈通告各國書〉，表示「務祈推翻惡劣之政府，驅除暴戾，而建立共和國」。在歸國途中途經巴黎，則又強調「惟有共和聯邦政體爲最美備」，申明「中國革命之目的，係欲建立共和政府，效法美國，除此之外，無論何項政體皆不宜於中國。因中國省分過多，人種複雜之故。美國共和政體甚合中國之用……。」一九一一年十二月返抵上海不久後，在各方革命派系的妥協下，孫中山被推爲臨時大總統。但不久又爲情勢所迫，「讓位」予袁世凱。

孫中山之所以無法繼續當臨時大總統，有內部與外部的種種因素。先就革命派內部而言，由於各個社團各自領導的會黨，並非聽命於孫中山。張玉法在一九七五年出版的《清末的革命團體》一書，全面研究與辛亥革命有關的各個人、各個團體、各個地區、各個

圖 6-3　武漢大事圖畫，畫上有：袁世凱、黎元洪、黃興、湯化龍等主要人物，沒有孫中山。上海出版，1911 年。

派別及海外革命團體。他認為如果把清季革命運動看為一個組織統一與領導統一的革命，不僅隱晦許多史實，而且無法解釋武昌革命爆發後革命陣營分裂的狀態；革命之所以成功，並非來自某一個主導的革命團體，欲瞭解辛亥革命，必須瞭解整個革命過程中革命黨人的分裂與分途發展的史實。自興中會倡導革命之後，與興中會桴鼓相應的團體很多。一九〇三—一九〇四年是革命風潮陡起的年代，此有助於一九〇五年同盟會的成立。日本與華中，特別是東京與上海，為革命運動的軸心；此種情形，在同盟會時代亦復如此。革命團體的內部是不整合的（disintegration），革命後期則是分裂與分途發展的情況，此種情況在武昌革命爆發後更為明顯。造成內部衝突的原因很多，最顯而易見的是地域主義（Regionalism）。就革命團體而言，興中會主為廣東人的團體，華興會主為湖南人的團體，光復會主為浙江人的團體。即在同盟會時代，各派雖號稱合而為一，同盟會本部對各省區的革命活動並無有效的控制。各支部、各團體多與地方勢力結合，各行其事。此種缺乏強力領導中心的內部結構，使一九一一年的革命變成了分省獨立的情勢，同盟會之所以不能建立全國性的政府，與此不無關係。

袁世凱的機遇

武昌起事後，張謇與袁世凱之間曾有密電，他對袁說：「甲日滿退，乙日擁公……願公奮其英略，且夕之間戡定大局，爲人民無量之休，亦即爲公身名俱泰，無窮之利。」袁復電說：「近日反對極多，情形危險，稍涉孟浪，秩序必亂。……非好爲延緩，力實不足，請公諒之。」袁氏的姿態，顯示進行擁戴的來由已很久了。

袁世凱對是否接受張謇一派的擁戴，當然也有所顧忌，而清廷又該如何退位？更擔憂革命黨人的態度是否與張謇一致。因此張謇又不得不再向袁解釋，在另一密電中說，擔心南北分裂，天下大亂：「南省先後獨立，事權不統一，秩序不安寧，暫設臨時政府專爲對待獨立各省。揆情度勢，良非得已。孫中山已宣言，大局一定，即當退位。北方軍隊由此懷疑，實未深悉苦衷。若不推誠布公，急求融洽之方，恐南北相峙，將兆分裂，大非漢族之福，心竊痛之。」張謇一面勸促袁氏，一面亦爲袁的處境設想——清室的「孤兒寡婦」雖屬可欺，究不便立即公然贊成共和。張謇的計畫是用國民會議方式來表決，曾授意弟子雷奮等人在上海發起全國會議團。但又怕力量不足以影響全國，進而想利用軍人段琪瑞等人的支持。一九一二年一月二十五、二十六日，段祺瑞等明電要求共和，此與張謇的居中策劃，應頗有關係。

袁世凱最終在革命派和清王室之間哄抬自己的價碼，這位富有才幹的俗吏巧妙地玩弄政治手段。另一優勢是袁世凱被外國人視爲平定義和團的大英雄，在四川保路運動發生時，有些外國人就擔心中國會重演義和團事件。各種情勢對袁世凱出任大位都是有利的。

圖 6-4　鄂軍都督府是辛亥革命爆發後於 1911 年 10 月 11 日於湖北武昌成立的。是中華民國第一個省級軍政府，在革命初期具重要地位。作者攝於 2018 年 10 月。

當時負責交涉湖廣鐵路借款的美國銀行團代表司戴德，曾親眼見證了由湖廣鐵路引發的四川保路之爭，他直接評斷這次的革命與其說是排外，倒不如說是排滿；但是一旦革命軍推翻滿清，那就意味著，原本清帝國與四國銀行團所簽的合約及其擔保是否繼續有效，就成了問題。他們認爲清政府祇要任命合適的內閣總理進行改革，即是解決革命風潮的最好方案，因爲中國還沒有實施共和的條件。袁世凱曾主動找上司戴德希望爭取四國銀行團提供借款，主要目的在於確保清政府做爲一個有效政權，爭取列強的承

圖 6-5　擔任美國駐奉天領事時期的司戴德（左 2），右 2 為副領事。*Asia*, Jan. 1921.

認和支援，其政治目的應大於緊急的財政紓困。

武昌革命發生後，北京城陷入混亂，外人一片恐慌，還有一些百姓趁機打家劫舍，使館區一度被肇事者破壞，美國駐京使館在臨近的馬路上堆起層層沙包，以防止暴民闖入。不久，袁世凱抵京就任內閣總理大臣，隨即派遣一批訓練有素的部隊保護使館區安全。北京外交圈也有人向清廷說項，必須毫不遲疑賦予袁世凱重責大任。司戴德在給美國友人的信件表達對袁世凱收拾亂象的信心，甚至稱「我們的朋友袁世凱」。司戴德對袁世凱的欣賞並非特殊，當時北京外交圈普遍將袁世凱視為能穩定中國局勢的唯一強人，英國公使朱爾典

（John Newell Jordan, 1852-1925）早於一八九六年派任英國駐漢城總領事時即認識平定朝鮮動亂的袁世凱，即如英外相葛雷（Edward Grey, 1862-1933）亦公然對袁世凱頗多讚譽。

由於中國地方各省紛紛響應革命，對中國事務最具影響力的英國決定靜觀中國情勢的演變，一九一一年十二月袁世凱派唐紹儀赴上海和革命軍談判。駐京公使朱爾典和著名的《泰晤士報》（*The Times*）記者莫里遜（George Ernest Morrison）提出「中立政策」，不支持滿清政府或革命黨，直到和談有最後結果。武昌起事後，莫理遜是第一個以「革命」（revolution）這一詞彙向外部世界報導的西方記者，而莫理遜這位記者的聲望，就如同赫德之於中國海關一樣崇高。英國提出各國於南北和議中保持中立的主張，等於是承認中國處於內戰狀態，使革命情勢得以繼續延燒。

政治強人袁世凱在國內外的有利形勢下，最後成爲各方勢力可以接受的最適合之領導人選。一九一二年二月十二日，宣統帝溥儀退位，民國政府予以優待條件，首任臨時大總統孫中山下臺，由袁世凱擔任中華民國首任正式大總統。民國建立以後，政治依舊動盪。由於袁世凱稱帝，孫中山發動討袁運動；因此，袁死後，國家該依何種根本大法選出國家元首以及國家治理該如何制度化的問題，始終沒有獲得解決。孫中山在一九二五年病逝之前始終宣稱北方軍閥「違法亂紀」，宣稱他才是眞正的「護法運動者」。然而各國政府並不承認孫中山在廣州建立的南方政府，孫中山被視爲「不切實際的理想家」、「不受歡迎的政治人物」。孫中山的跟隨者則始終將他視爲眞正的國家領袖和精神領導，並建立一套以國民黨爲中心的建國論述和革命史觀。回顧清末民初政權的轉移，共和建立是來自多方面因素的機遇交會所創造的歷史新頁，孫中山做爲壯志未酬的革命先行者有他的歷史定位，但以國民黨爲中心的革命史觀日後則逐漸被撕去，還諸歷史的本來面目。

歷史情勢往往如風，風起時便難以逆轉。我們看到立憲派在清末提出君主立憲的主張，並且有不少請願團體和社團活動的串聯，但清廷並沒有把握這樣的風潮，藉民意以革新以致失去了可能效法日本明治維新的有利機會；最後終讓另一波更激進的團體——革命派創造了共和國的歷史。立憲派不僅把西方的黨、會觀念介紹到中國，更從事組織群眾的試驗。他們從小的社團開始，逐漸擴展其影響力，終有全國性的組合。從政治方面來看，戊戌維新是各個立憲派社團推動起來，一九〇六年預備立憲是他們鼓吹起來，一九一〇年縮短預備立憲年限也是他們疾聲要求的。然而，就當時的情勢而言，革命派與立憲派對立，使立憲派陷於兩面作戰的苦境——面對著守舊的清政府和急進的革命分子。守舊者易站在政府一邊，急進者易爲革命派吸收利用。大多政府官員帶有政客的保守性格，而立憲派主要海外陣營留日學生和國內新軍又多有推翻現狀的激進思想，最後使立憲派徒勞無功，部分的立憲人士則投入了革命派陣營。從這一淵源而言，立憲派係夾在清廷與共和革命之間的一個中間角色，立憲派不僅開啓後來風起雲湧的革命運動之旋轉門，甚至可以說，由於革命派接收了一些立憲派人士，對其人力運作、訊息傳播和思潮開啓，重要性不可忽略。而一些轉進革命陣營的人士（特別是各省諮議局議長），也在民國政治中扮演要角。歷史現象從來都不是斷裂，很多時候是互爲因果、相互利用的結局。

今天回顧辛亥革命的歷史，可以知道革命並不是發生在北京的革除天子之命，而是發生在湖北武昌的一場新軍的軍事政變，很關鍵的是來自各省諮議局和地方督撫的通電贊同。雖有流血，但比起中國歷史上任何一場改朝換代的叛亂革命，多少平民死於當權者或叛亂者的任何一方，所付出的人命代價和政治成本相對少很多。學者普遍同意辛亥革命之一舉成功，無甚流血之慘禍者，實大半由各省議員根據議政機關，始能號召大義，抵抗清廷。而各省議員之能決心合作，又大半由於諮議局之領袖曾受清廷驅逐請願代表之恥辱，及經憲友會私謀地方革命之激動所致。辛亥革命雖爲革命派直接促成，但是立憲派不僅爲之布局，諮議局人士更扮演收拾混亂殘局的主要力量。立憲派與革命黨雖各不相容，結果在推倒清廷的最後一擊，卻是殊途同歸。

＊＊＊

環顧近代世界的形成，在不同國家都有重要的政治革命，革命通常帶有全面推翻現狀的本質性意義，並對一國或世界帶來重大的改變或政治遺產。像美國獨立革命建立世界第一個民主共和、法國大革命爲推倒歐洲封建王朝之先聲、一九一七年俄國大革命以推翻沙皇帝制建立世界第一個共產主義政權。辛亥革命的政治遺產究竟有何大？它是不是一個徹底的革命？儘管學者有不同的見解，但至少毫無疑問它在政體上終結了清帝國的皇權統治，雖然溥儀皇帝還保留著小小的紫禁城，受到民國共和政府的禮遇，直到一九二四年才被馮玉祥趕出紫禁城。辛亥革命是中國歷史上第一個共和政體，史無前例地將二千多年的帝制掃進歷史廢墟，中國才得以推動到民主共和時期。

民主革命不僅是政治制度的革命，更要從根本上破除帝王思想。比較美國獨立革命史上的華盛頓，一樣享有「偉大、偉大、眞偉大」的國父地位，他的墳墓就座落於生前居住的維農山莊（Mount Vernon），華盛頓夫人則安葬其旁，兩人棺槨平實無華地並置於一小屋中，供後人憑弔。而南京中山陵的設計形式，卻是讓一代革命之父安放於如同帝王寢宮般的建築中。一九二五年病逝的孫中山和一七九九年去世的華盛頓都是理想型的革命家，但其身後之事卻反映出，在民主思想實踐的路程上，共和之初的中國人並沒有擺脫深層牢固的帝王思想之幽靈。在這過渡期間，有很多關乎國家現代化的根本性議題，如民主的實踐內涵和文明化進程等，迄今都未能實踐。

第七章

商人、企業和經貿活動

過去討論到鴉片戰爭以後中國經濟的發展，曾有一些中文著作強調外國商品對中國本土經濟的掠奪和剝削，認爲西方帝國主義以強力的資本和軍事工業化優勢進入中國市場，使中國淪爲「半殖民地國家」。一九八〇年代一批研究近代中國經濟史的學者開始對西方資本、商品和技術對近代中國的影響做出獨具眼光的論述，他們既不強調西方帝國主義國家的掠奪性，亦不強調中國本土市場和商人的被動性，而是深入分析中西交往的具體商業活動對近代中國的轉化，這一過程顯然是和傳統中國商業活動明顯不同；它在市場結構、商業金融、貿易中心、航運通訊和經營方式等變化所造成的廣泛影響，幾乎是「革命性」的。代表著作如郝延平《中國近代商業革命》一書，認爲十九世紀中國同西方的貿易促進了商業資本主義的成熟，由此構成了一場「商業革命」（Commercial Revolution）。

自一九七〇年代中期以來冷戰的緩和降溫，關於世界經濟體系運作和性質的探討，曾引起一股學界的研究熱潮。從一九七四年開始，華勒斯坦（Immanuel Wallerstein, 1930-2019）的代表作《現代世界體系》多卷本陸續出版。華勒斯坦的世界經濟具有三個層次：核心、外圍、兩者之間的半邊緣。他認爲現代世界體系採取了一個發源於十六世紀歐洲的資本主義世界經濟形態，由歐洲中心逐漸向外圍，再往全球蔓延，終而形成一個成熟的世界資本主義體系。自那時起，歐洲的資本主義國家相繼將世界上一些地區納入了它們的經濟勢力範圍，直到十九世紀結束之前，大部分非歐洲世界相對於歐洲而言乃處於外圍的地位。在英文學界的中國研究者中，有不少華勒斯坦的追隨者，像郝延平就坦言華勒斯坦理論對他思考近代中國的商業活動和性質帶來深刻的反省。而究竟世界經濟理論在多大程度上適用於中國場域的個案？外國商人是否實際上擁有凌駕於他們的中國對手之上的難以逾越之優勢？他們是否在經濟上剝削中國或者中國本身亦藉此機會進行轉化？中國市場和全球資本體系的網絡又呈現怎樣的互動？這都是學者熱中的議題。

近二十年來更有一些經濟史學者深入挖掘了一些富有旨趣的議題。其中芝加哥大學經濟史家彭慕蘭（Kenneth Pomeranz）的《大分流：現代世界經濟的形成，中國與歐洲爲何走上不同道路？》以比較、互動的全球史視角，描繪世界主要地區經濟與歷史的多中心發展，他將中國江南和英格蘭以一種「互動式比較」（reciprocal comparison），從人均預期壽命、農產品市場、勞動體系、土地利用、資本的積累和技術等方面的比較分析，認爲十九世紀東、西方有相近的經濟發展，西方並無明顯優勢，但在此之後分道揚鑣，究竟何以發生這種「大分裂」（Great Divergence）。很大程度上要歸功於歐洲在煤炭資源方面享有地利、工業革命的技術發明和跨大西洋貿易的展開等等原因。該書出版後引起不少學術論戰，可見其提問之深意。經濟史學家擅於從宏觀角度探討跨區域和長時段的議題，例如：西方工業資本主義何以崛起？中國爲何沒有走向西方工業資本主義的道路？中西近代經濟發展有何比較特色？以及現代世界經濟如何形成等諸問題，迄今仍是這一領域歷久不衰的重要課題。

放到近代中國的歷史發展，上述宏觀提問，仍需要通過中國案例的具體論證。本章將爬梳以下問題：工業革命之後的歐洲與中國在產業經濟活動上大不相同，通過十九世紀中葉以後中西經濟活動中的商人、商業與經濟活動，它如何將晚清帝國納入全球貿易市場的軌跡中？它又反映了怎樣的中外競合的關係？中國沿海地區貿易的基本變化已經延續了一個相當長的時期，只是在開始時幾乎未被人們所注意，但在晚清這段期間發生加速的變化。面對這一經濟活動的改變，清帝國如何面對商業活動中的制度轉化和政治規範——例如與企業活動相關的近代公司法的產生，以及中西貿易相關的條約規範，包括中外商品交易、設廠和稅務等相關章程，做出怎樣的實質回應？我們將從商人買辦的興起、中國本土商業活動的轉變、新式商人和現代公司行號的出現等面貌，呈現晚清帝國所經歷的這場非突然的商業革命和經貿活動的形貌。

一、中西共生下的商業關係

買辦、商人與外資企業

廣州貿易時期，清政府任命「買辦」以加強對外貿易，買辦充當歐美商人與中國商人的中間人，得以參與外國公司與中國政府之雙向溝通。《南京條約》開放五口通商後，外國資本家和在華企業根據自己的不同業務性質，如洋行，銀行，輪船，保險公司，設置各種買辦，擔負著不同的職務，買辦的性質也由此發生轉變。在廣州貿易時期，他們一開始是行商雇傭的伙食承包人，到了一八四二年以後逐漸改變了職務而成爲外國人的管事，接著變成了契約經理，最後終於成爲和外商進行貿易的獨立企業主。買辦和買辦商人觀察西方商業實際所得到的知識，使中國商人階級內部產生了新的經濟思想和新的社會態度。

「買辦」一詞可追溯更早，在明代專指對宮廷供應用品的商人。早期來華貿易的葡萄牙人，稱那些原來在廣州商館中擔任包辦駁運、伙食、經管銀錢出納和雜務的辦事人員爲「Comprador」。「Comprador」一詞係由葡萄牙文「Comprar」轉化而來，即採買的意思。「Comprady」就是採買者。在鴉片戰爭前的公行制度時期，各國商民先後雲集廣州，通過清廷官府僱傭買辦，利用買辦開展商務活動，管理雜務。由於買辦與外國商人的接觸直接而頻繁，引起朝廷特別之關注。一八三五年（道光十五年）〈防範夷人章程〉規定「買辦責成通事保充，通事責成洋商（行商）保充，層遞箝制，如有勾串不法，惟代僱保充之人是問」。那時清廷實行的是「以官制商，以商制夷」的公行管理制度，在這種公行管理制度「層遞箝制」中，買辦不過是「層遞」的一個底層環節，他們地位卑下，也不爲社會所重，操此業者往往爲「不得志或貧而無賴之徒，既無可托之枝棲，則亦姑妄爲之」。然而，買辦爲外商所依重「不僅是洋行的總管、賬房和銀庫保管員，而且是大班（老闆）的機要秘書」，被外商視爲「最重要的中國人」。

鴉片戰爭後，買辦的職能和性質逐漸發生了重大變化。一八四四年的中美《五口貿易章程》規定，外國商船「僱覓跟隨、買辦，及延請通事、書手」，「應各聽其便」，「中國地方官無庸經理」。自此以後，通事、買辦這類原由中國核准以「管束」外商的半官方人物變成由外商自由僱覓，並完全從屬於外國商人。買辦成爲媒介華洋貿易的中間人或代理人，爲外國資本企業在華推銷商品、收購物資、吸收和及經營交通運輸、保險和房地產等業務。充當買辦的商人一般都精通業務、聯繫廣泛、消息靈通，能爲洋行經辦業務、溝通華商，提供資訊。上海開埠之初，有一位名叫阿林（Alum）的人受雇於英商買辦，他爲英商解決了一些貿易障礙，「教給中國人用以貨易貨的方式把英國製品推向內地，又利用自己的影響使絲茶生產者向上海運送產品」。在上海的英國怡和洋行爲了招攬到華商業務，不惜分派給買辦唐廷樞一些股票。可以說若有得力的買辦，往往決定著洋行對華貿易的成敗。一些洋商不懂中國本地的計量單位和網絡訊息，也必須靠買辦的幫助才能處理業務。

洋商對買辦的依賴導致了買辦行業的興盛。有學者認爲鴉片戰爭初期，買辦和外國商人大抵還沒有形成固定的雇傭和代理關係，一宗生意既畢，雙方的生意關係也就結束。直

圖 7-1　航行長江的中式帆船，外人稱戒克船（Junks）。Julean Arnold and Various American Consular Officers, *Commercial Handbook of China*, Washington: Government Printing Office, 1919.

至一八五〇年以後，逐漸發展出買辦合同，買辦與洋商企業的關係由合同規定，雙方簽訂合同必須到外國駐華領事館備案。洋商與買辦簽訂合同，各自承擔權利與義務，從而形成買辦制度，內容大致是：一、買辦代表洋行與中國商人交易，洋行支付其工資，作爲買辦待遇。二、買辦以支付保證金的形式承擔貿易、金融風險，同時買辦按交易額的一定比例，提取傭金。三、層層相屬的各級買辦構成買辦間或賬房等辦事組織。買辦賬房下設各種辦事員，如跑樓通譯（擔任買辦和外國資本家之間的聯絡工作）、會計出納人員、跑街（打聽市場行情和招攬業務）、西崽（在外國人家裡或店裡幫傭的中國人）、工友等，他們的一切活動對買辦負責。四、在接洽交易時，買辦預先替洋行墊款。買辦制度形成後至二十世紀初，成爲上海洋行展開貿易活動的重要方式。

買辦的收入來源大致有外商企業支付的薪資、傭金（回扣）、利潤分成等。買辦也往往利用利息差額、吃盤、打包、上下利、吃磅等陋規獲取不正當收入。張之洞曾說：幾十年中「得財者，惟洋場之買辦與勸業會之闒綽」。大買辦徐潤的個人資產在十九世紀六〇年代時已達三百餘萬兩，自設的商號大小多達二十餘家。據說其生活十分豪華，住宅設備富麗堂皇，比當時英國皇室貴族幾無遜色。一九〇五年一位西方記者對徐潤住宅的評述是「入其室一若別有天地，恍惚在夢之中，經過通屋看過，房間如此之多且大，自己亦不知在屋內何處」。出生香港的何東，曾任怡和洋行的買辦多年，在一九〇〇年（光緒二十六年）因病告退時，已積資百萬，富甲一方，離開怡和後，何東全力發展自己的生意。一九〇六年何東向香港總督府申請獲准在中環半山居住，是英治香港時期首位在太平山山頂居住的擁有中國血統的人士（何東爲華洋混血，父親爲洋人）。

至於洋行企業和買辦的關係，我們可以說外國企業以各種行銷策略，並且極具巧思地利用中國傳統買辦的社會網絡打進了中國市場。在當時各種交通資訊不發達，講求人脈家族的中國社會中，若非有在地社會網絡的連結和設置經銷站，很難單單憑商品本身就可以說服普通人民去購買外國產品。以美孚石油公司（Standard Oil Company）爲例，這家公司是美國石油大亨洛克菲勒（John Davison Rockefeller, 1839-1937年）所創辦，在一八七〇年代就將目光投射到中國市場。美孚石油公司在一八七〇—八〇年代曾委託英商怡和洋行代理進口煤油，後來美孚公司建立起在中國各地的專屬經銷代理處，靠的就是中國買辦的人際社會網絡。約一八九〇年代美孚公司開始在各個條約口岸委派經銷商（agent），並將經銷商組織化，美孚公司機巧地運用了中國原有的商業體系，甚至可以說是將中國原有的買辦體系加以組織化，接近於「買辦式經銷制」。美孚公司利用華人買辦出面取得土地，設立油棧，或租賃房屋，有其便利。更重要的是，由於中國買辦及地方紳商的社會地位，使他們與中國政府及人民維持一定友好的諒解，而中國買辦則靠著傭金獲取了龐大的利潤。一八九〇年代上海買辦葉成忠（澄衷）因長期擔任美孚公司的經銷商，加上個人經營有方，成爲大富翁。葉成忠在地方上頗富威望，後來創辦了頗有名聲的澄衷中學。

隨著外資對華貿易的發展，外資逐漸開始在華投資開辦工礦企業。外資在華開辦工礦企業較之商業和金融業更多地利用了中國商人的力量。首先，外資聘用買辦經管業務，每家外資企業都要聘用一至二名買辦，他們既幫助外國老闆管理企業業務，又幫助外國老闆採購原料、推銷產品。更値得注意的是，外資企業吸收了大量的華商資本。第一個外資航運企業旗昌輪船公司的創辦者金能亨自稱「創建資金是由中國人彙集的」，他們是公司

圖 7-2　在黃浦江外的洋貨，約清末民初。Julean Arnold and Various American Consular Officers, *Commercial Handbook of China*, 1919.

「最大的股東」。在最早出現於中國的幾家外資繅絲廠中也都有華商股本。外資企業大量吸收華商資本，也引起了中國商人投資於新式工商企業的興趣，一些附股於外資企業的買辦或華商，後來投資創辦自己的新式企業，他們靠著專業知識與企業組織成功地累積自己的事業，成爲中國最早的現代資本家。

一般認爲買辦制度約從廿世紀初開始逐漸沒落，外國企業在中國開始建立直屬總公司、層層負責的專屬經理人或經銷站，而不再像過去大量倚靠中國買辦經銷商，例如派遣專屬經理人，訓練職員說普通話，並且用現代企業的廣告和行銷理念來管理公司

圖 7-3　位於漢口的美國美孚公司（左側），約攝於清末民初。Julean Arnold and Various American Consular Officers, *Commercial Handbook of China*, 1919.

業務等等，其經銷方式亦是直接納於母國公司管轄的科層管理系統之中，形成二十世紀初具現代意義的跨國公司，美孚公司就是第一批最早在中國建立的跨國公司。大致在第一次大戰之後，「買辦式經銷商」權力和功用，在洋商企業中已大大被削弱，然而中國買辦在這一過程中也學習了西方的商業技能和新式會計制度，或者早已開創了自己的事業。有些買辦參與了外商企業的資本，還有些買辦被雇爲高級僱員或推行經紀人制度等，擔任原來由買辦所擔任的推銷、收購和業務管理等任務，不給傭金，而是給予高薪和分紅報酬。在近代中外企業的交往過程中，不論外資企業還是中國員工，可謂都是「中西共生」

（Sino-Western Symbiosis）概念下的獲利者。當然，中國買辦或洋商企業在中國的投資活動，同樣都充滿著風險機遇，商務上沒有穩賺不賠的事。

商業組織與經濟活動

在十八世紀和十九世紀上半葉期間，領得引票（專賣憑證）的鹽商和廣州行商是中國最具顯著的商人群體。其他還有幾大類客商，包括絲、茶、藥和其他地方特產等貿易的商人。太平天國的建立，改變了原本的經濟活動和各省間流通貿易的商業壟斷。以鹽商而言，食鹽是日常民生所需，不可一日無鹽。清代實行引岸制度，將全國劃分成若干區域，每一區域只准若干世襲鹽商專賣，不准跨區域自由買賣。太平天國軍興以後，淮鹽不能上運到湖北，清廷乃飭令「川鹽濟楚」，由此給四川鹽業帶來廣闊的兩湖市場，也造就了一批富裕的自貢鹽商企業家。再者，太平軍攻占南京後，清廷爲彌補財政虧空和解決龐大的軍需，開始於各地廣設釐金，增加了各種名目繁多的地方稅。釐金雖然有助於清廷暫時舒緩財政，但阻礙了商業市場的暢通。在華外商長期對中國逢卡抽釐及各項雜稅，抱怨最多，也引發不少商務糾紛。

清代前期，出現於各地市場的除了眾多的小商小販以外，主要就是行商和坐商。行商是指沒有固定的營業場所，往返於產、銷兩地之間，長途販賣商品的商人。坐商則是指那些介紹商貨成交、代客買賣貨物的經紀人，是一種仲介性質的商人。清代後期，隨著國內市場主要商品流通結構的變化，一批經營進出口貨物的新式商人迅速崛起，這在最大的商埠上海表現得最爲充分。隨著輻射全國的洋貨推銷和土貨收購網絡的形成，各地陸續出現了規模大小不等的批發商、零售商、收購商和轉運商，他們成爲晚清的重要商業活動。在上海、天津等主要通商口岸的一些商人，組建了商會組織，突破行業、籍貫限制，聯合多個行業、多個地域的商人，維護和發展商人群體的各項權益。

近代中國商會的建立，始於一九〇二年成立的上海商業會議公所。至一九〇四年，清廷商部頒布〈商會簡明章程〉，全國各地根據法令紛紛成立商會，成爲對近代中國有相當程度影響力的社會團體。在近代中國商會成立之前，傳統會館、公所、行會爲主要商業組織和關係網絡，各會館、公所、行會大都各自司理其內部事務，較少有跨同鄉或跨行的聯合。商會網絡出現的原因在於連結不同地域、行業、族群之間的商業活動和利益。近代中國商會雖爲商人組織，卻具有多方面的功能，除了在商務經濟上發揮重要的作用，在政治、社會、教育、文化等領域，也都具有重要的影響力。

清代前期，錢莊、票號是民間經營貨幣信用業務的主要金融機構。錢莊起源於銀錢兌換業，最早是銀兩和銅錢的兌換。後來則主要是銀元和銀兩的兌換，活動範圍一般限於當地。主要經營地區間匯總，業務範圍遍及全國，以山西人經營者居多。錢莊多見於長江流

圖 7-4　工人以傳統鹵餾法挖採自貢鹽。*Asia*, 1921.

域和東南各省，票號則以黃河流域和華北各省爲其主要的活動區域。五口通商後，外國不斷擴大對華商品輸出，利用錢莊、票號等中國舊式金融業的業務管道打開中國金融管道，而一些錢莊爲謀厚利，也願意與洋行來往。隨著洋行數目的增多、業務範圍的擴大，以及通商口岸越來越多錢莊捲入了服務於進出口貿易的活動。其信用手段，在通商口岸用的是莊票，在通商口岸和內地之間用的是匯票。錢莊所簽發的莊票可以代替現金在市面流通，莊票有即期和遠期兩種，前者見票即付，後者則在到期時付現。

因爲中國金融市場的擴大，內地的資金通過商品交易，便日益集中到沿海沿江通商口岸和各大城市，而錢莊和票號畢竟是舊式金融機構，資本一般並不雄厚，無法滿足愈

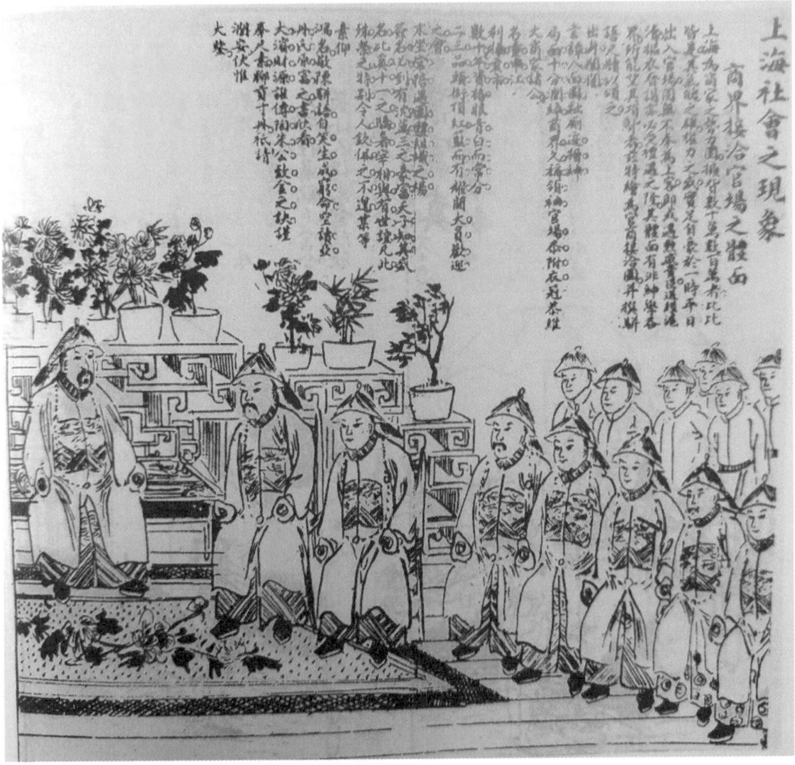

圖 7-5　清末《圖畫日報》所繪「上海商界接洽官員之體面」。

來愈龐大的金融市場需求，且涉及中外貿易和匯兌等各種制度化客觀條件，一種新式的金融機構——銀行乃繼之而興。第一個在華設立總行的外資金融企業是滙豐銀行，許多中國商人也都與之有利益關係。清朝政府基於賠付巨額賠款和辦理洋務的需要，一八九七年設立了中國通商銀行，這是中國首家近代銀行，籌辦人是清朝官員盛宣懷。該行的組織、制度和經營管理，均模仿英國滙豐銀行，其總行設在上海，同年即在北京、天津、漢口、廣州等地設立分行。不久，各大行省及香港也都設立了分行。其成立之初，除經營存放款業務外，還被清朝政府授予發鈔權，儼然享有國家銀行權利。一九〇五年由戶部奏准在北京設立的戶部銀行，是清朝政府正式舉辦的國家銀行，也是晚清規模最大的一家近代銀行（共和建立後，一九一二年將大清銀行改爲中央銀行，作爲政府的中央銀行）。民間資本獨立創辦的私營銀行也約在清末興起，但是規模都不大，私人銀行的勃興則是民國以後的事情。此外，一九〇八年郵傳部奏准在北京設立了交通銀行，專門負責辦理輪船、鐵路、電報、郵政等單位款項收付。新式金融業崛起的歷程，說明了中國的銀行業不是由傳統的票號、錢莊轉化而來，而是以外商銀行爲範本，另闢蹊徑仿效設立的。根據程麟蓀在其《近代中國銀行業》一書的研究顯示，截至十九世紀末，外國銀行、傳統錢莊與票號在金融市場上占支配地位。在此後三十年中，外國銀行與傳統錢莊同時存在，到了一九二〇年代末，中國本土銀行的重要性已經超過票號，與外國銀行和錢莊形成三足鼎立的局面。

紅頂商人與華資企業的興起

一批具有市場投資眼光的商人在十九世紀中葉興起，這批商人往往具有一般幕友所不具備的隨機應變的才智，往往被委以半官方職務，幫助正式官員制定財政政策和開徵形形色色的捐稅。一個商人由捐納而取得有名無實的官銜，就能成爲一位高級官吏的顧問和得力的助手，同時他又可利用這層新關係爲私人或半官方的企業謀取更大的利潤。著名的「紅頂商人」胡光墉（胡雪巖）就是典型的例子，他在十九世紀五〇—六〇年代經營錢莊、當鋪、中藥店、絲綢等商品而發跡。由於當過浙江巡撫王有齡和閩浙總督左宗棠的財政顧問和承辦商，長袖善舞於官場人物的這層關係，讓他有所憑藉。胡光墉晚年因受一八八〇年代上海金融大海嘯之牽累，錢莊接連倒閉，最終負債累累而宣告破產。

如果說胡光墉是頂著官員虛銜的私營企業主，盛宣懷便是「官辦」企業、「官督商辦」企業的官方代理人。盛宣懷在官督商辦企業中大展身手，像輪船招商局、津滬電報局、漢冶萍公司等事業都由盛宣懷接辦，後來又在上海督辦紡織業，開辦華盛紡織總廠。一八七〇年以後，清廷的自強事業大刀闊斧開辦之際，一些官員開始主持工業企業，許多買辦商人都被招聘去當官辦企業的經理。與此同時，越來越多的官員被任命管理或監督各種新辦的企業，有些仍然保留官職，但也有些人乾脆退出官場，全心投入私人的或者半官方的事業。因爲商人捐納官銜的普遍化，由此，擴大了商人隊伍。到了一九〇〇年，有許多人亦官亦商，致使經商活動已經變成仕途以外另一個受人尊敬的選擇。這些發展的結果產生了商人階級之內一種新的「紳商」社會階層，在這批人之中，也出現了一些富有創新和改革精神的企業主。

張謇是晚清實業家中有少數具有科舉背景者。張謇科考之路並不順遂，直至四十一歲，始考中第一甲狀元，授以翰林院修撰官職。大生紗廠是張謇最早創辦的核心企業，一八九五年開始策劃，直到一八九九年才開始營業。一九〇七年，該廠正式註冊爲股份有限公司。張謇在南通建立大生紗廠之初，經營未暢。數年後，張謇通過劉坤一將湖北官紗局存滬未用的紗機一批領回，作價二十五萬兩，作爲官股，「按年取息，不問盈虧」，另集資二十五萬兩作爲商股，最初具有「紳領商辦」性質。大生紗廠順利開工後，廠址在江南通州（今江蘇省南通市）。後來，張謇又在南通唐閘鎮創辦了油廠、麵粉廠、冶鐵廠等，逐漸形成唐閘鎮工業區。張謇被喻爲中國近代輕工業的開拓者，同時他以龐大的政商人脈在晚清政治中占有一席之地，成爲晚清時期立憲運動的領袖之一（詳見本書第六章）。柯麗莎（Elisabeth Köll）著《從棉紡織廠到企業帝國》一書，將張謇作爲核心人物。她的研究表明，大生紗廠是在輕工業與消費品工業日益發展，以及官商合辦向商辦企業過渡的背景下建立的。從一八九九年至一九二五年，大生紗廠的員工從三二五〇人增加到八四〇〇人，從大生紗廠的空間結構，工人組織及管理，勞動力的構成，都可以看出它的成長規模。除棉紡織廠外，張謇的企業還跨足到麵粉廠、油廠、墾牧公司等等。柯麗莎深入分析了大生紗廠的治理結構、會計制度、控制機制以及該廠從一九〇〇至一九二五年的業績，特別強調企業管理中的控制與責任以及西方公司結構在中國企業制度中的移植問題。張謇控制著大生企業集團，但又不必對股東負任何責任，他巧妙融合中西制度傳統——現代西方的公司結構與傳統中國家族企業的靈活運用，打造了張謇龐大企業的成功之路。張謇及其企業的成功案例是中國農業社會向工業社會漫長過渡的歷史背景下的一個代表性個案。

一八八〇年代一些買辦商人的企業逐漸出現家族化企業的特點，但早期的一些大買辦、大商人往往並不是傾全力創辦和經營自己的家族公司，而是將自身的財力分散投資於許多不同行業、不同類型的企業。作為近代中國第一代的新式企業創始人，他們大多未能集中資金，投資建立自己的家族企業王國，而主要只是將巨額資金分散地投資個別不同的企業。例如大買辦商人徐潤，一八八三年時以股票形式在各家近代公司企業中的投資，總額已高達白銀一百二十萬兩，卻是分散在十九或二十家企業中，沒有一家可稱為自己的家族企業。這種情形大致到了二十世紀初才開始轉變，出現由家族勢力絕對控股或掌握經營權的家族公司。近代中國一些最為著名的家族公司，例如榮氏家族的「三新公司」（福新、茂新、申新公司）、郭氏家族的永安公司、簡氏兄弟的南洋煙草公司、以及「煤炭大王」劉鴻生企業等等，大多創立於二十世紀。

在私營企業中較早成功的案例是茂新麵粉廠。從一九〇一年開始，這個廠即由江蘇無錫的兩兄弟榮宗敬和榮德生開辦。榮氏兄弟非紳非官，兄弟二人都曾在上海的錢莊裡當過學徒。榮氏兄弟可謂第一批白手起家，轉業去經營近代工業而獲得成功的傳統商人。他們幾乎沒有官方的庇護和官方財政支持，而且也沒有買辦的經驗，工廠是用他們在錢莊中積累的資金，以及用麵粉廠的盈利進行再投資而開辦起來的。一次大戰爆發後的一九一五年，榮宗敬在上海創辦申新紡織廠，出任總經理。榮氏兄弟的家族事業後來擴充到棉紗事業，有「麵粉大王」和「棉紗大王」之稱。劉鴻生在開灤礦務局任職期間學會了經營企業的方法，與西方企業家和商人建立了聯繫，並將他獲得的收益投資於他所從事的企業活動中去。劉鴻生及其家族事業在一九二〇年代以後蒸蒸日上，跨足於銷售煤炭、經營碼頭以及製造水泥與火柴。劉鴻生被喻爲「煤炭大王」、「火柴大王」。

比較特別的是一九〇〇年以後廣東華僑商人在香港建立起三個重要的近代企業：先施公司、永安公司和南洋兄弟煙草公司，它們的創業是立基於中國本土政治力量之外的範圍。先施公司，於一九〇〇年由馬應彪創辦，是香港早年規模最大的百貨公司。永安公司係由郭樂、郭泉兄弟於一九〇七年在香港創立，到了一九一八年創立了上海永安百貨。先施和永安兩公司都是百貨公司，馬應彪和郭氏兄弟曾在澳大利亞合開永生果欄（水果批發行），後來生意愈做愈大，各自創設企業百貨。南洋兄弟煙草公司於一九〇六年由簡照南、簡玉階兄弟創辦，簡氏兄弟同日本、越南、泰國、新加坡和東南亞其他地方都有商業聯繫。先施公司、永安公司和南洋煙草公司，這三家企業他們辦企業的精神和方法都得益於傳統社會之外的力量，有異於中國本土企業的興起方式，而更捲入國際市場的競爭。

南洋兄弟煙草公司有一個強大的英美國際煙草公司的競爭對手。早在一八九〇年代，英、美煙草即進入中國市場，其中美國煙草大王杜克（James B. Duke, 1856-1925）和英國的帝國煙草公司（Imperial Tobacco Company）雙方激烈競爭，最後兩家公司決定妥協來分食中國煙捲市場，一九〇二年合併創建為英美煙草公司（British American Tobacco，簡稱BAT），合併後的這家公司資本雄厚，加上經營和管理策略的成功，形成對中國煙草市場的壟斷。南洋兄弟煙草公司成立後，最初生產「白鶴」牌香菸，打開市場銷路。不久英美煙草公司以物美價廉等策略，勝出市場，南洋兄弟煙草公司的業務大受打擊而一度倒閉。一九〇九年復業，改名為「廣東南洋兄弟煙草公司」，生產「紅雙喜」香菸，一九一六年在上海設廠。華資的南洋兄弟煙草公司與英美煙草公司數度以跌價競爭的價格戰，激烈競爭中國煙品市場的龍頭地位，南洋煙草甚至祭出「愛用國貨」的宣傳手段，最後仍不敵英美煙草公司的巨額資本和物美價廉優勢，後者在中國煙捲市場仍舊占有最大銷售量。當時中國市場是開放競爭的，在商品優勢、消費需求和價格戰的博弈中，南洋兄弟煙草公司尚無法與英美煙草公司這樣大型的跨國公司競爭的雄厚實力。

近代華人企業的特色與西方公司重視科層式管理有所不同，華人企業主要依靠的是血緣以及地緣關係所建立的一套基礎社會關係之網絡。如同本章提到一些華人買辦靠著代理洋行商品或和洋行接觸，學習到西方管理企業的方法，一些買辦在二十世紀初期開創了自己的事業成爲企業主。不論如何，華人企業儘管靈活採納了一些西方企業的經營方法或市場銷售模式，但華人企業仍舊帶有較強的家族網絡或仰賴地緣社會所建立的特質。更多的華資企業是興起於一次世界大戰後到一九二〇年代間，如同白吉爾（Marie-Claire Bergere）等學者所言，第一次大戰爆發提供了中國新興企業一次「千載難逢的機會」。中國不僅受益於一次大戰後戰時歐洲國家的物資短缺，成爲一個供應鏈，並且由於一九一五—一九二七年間中國市場的開放、國家力量的較少介入和其他經濟因素，造就一批中國新式企業家的興起；他們在經濟規模、技術革新和商業經營策略等方面，甚至商會組織的運作，也發展出不同以往的新型態。

二、制度、條約與市場

公司形態與公司法的演變

英語「Company」或者是「Corporation」，漢譯爲「公司」，是一個外來概念或經濟活動組織或單位的範疇。在西方中世紀後期近代商業活動的興起演進中，合夥制的經濟組織逐漸興起，此後並伴隨著國家的立法而蘊育成熟，形成了近代公司組織。英國在詹姆士一世統治時期（十七世紀上半葉）首次確定了公司作爲一個獨立法人的觀點。法國於一六六七三年頒布了《商事條例》，其中就有關於公司的專門規定。然而，漢文詞語「公司」這一名稱出現於何時，它原來的涵義究竟如何？爲何會成爲「Company」或者是「Corporation」的翻譯用語，無疑是值得關注的議題。

據學者研究，至遲在十七世紀中葉，中國社會已經有了「公司」的稱謂和被稱之爲「公司」的組織，但它和上述近代西方公司組織有所不同。依據現存史料，近代之前的傳統中國社會至少已經出現或者說存在過四種被稱之爲「公司」的組織：它們分別是清初鄭氏據台時期從事海上貿易的公司組織；清前期台灣榨糖業中一種被稱之爲「公司廍」的榨糖作坊；由僑居東南亞華僑在西加里曼丹創設的華僑礦業「公司」；以及在天地會以及其分支組織中存在的自稱爲「公司」的會社組織。學者認爲至少在十七世紀之明末清初時期，此一傳統用法就同時存在於東南沿海各地，包括在海上貿易及地方社會，且不僅用於合夥經營商業貿易活動，同時運用於地方宗族、村廟的共同財產管理事務，反映出當時「公司」名稱的組織多元性功能。至十八世紀後期，由於受西方企業經營制度的影響，始逐漸將英國及荷蘭東印度公司，以中國相類似的傳統公司管理之合股經濟組織「公司」譯之。到了十九世紀中期以後，仿西方企業的合股式「公司」大量出現，但除了有官方背景的大企業外，一般多爲小型的民間合夥組織，且絕大多數的事例都集中在東南沿海地區。

十九世紀後半葉以後中國社會的「公司」制度形態產生一種內在的蛻變和轉化，名稱上雖沿用公司，但和傳統公司組織的多元功能已有所不同。五口通商前後，已陸續有外國公司在中國經營業務。正式的英文名稱多叫做「X X Company」，例如英國的怡和洋行稱做「Jardine Matheson & Co.」，美國的旗昌洋行稱做「Russel & Co.」等等。一八五二年時，在上海的四十一家外國洋行中，英文名稱中有「公司」字樣的有三十家之多，占全部洋行總數的七〇％以上。以後，由中國人出資開辦的公司也先後出現。整個十九世紀後半葉，雖然全國估計至少已出現上百家類似公司的企業，但當時的中國在法律上仍然延用清初訂立的「諸法合體，民刑不分」的《大清律例》，既沒有近代西方的《民商法》，更沒有專門的《公司法》。

據張忠民的研究，近代公司制度在中國的發展是倉促中展開的，在西方公司制度進入後長達半個世紀的時間裡，近代中國一直沒有一部相應的《公司法》，直到一九〇三年十二月清廷制定的《公司律》首開其端，然而《公司律》的對象是大清人民，至於外國公司在中國境內的營業以及作爲民事責任的主體地位，或者說法人地位一直沒有相應的法律條文加以明確規定。由此便造成「自通商以來，各國在華所設立公司，從未向吾國官廳註冊」的奇特局面。一些在中國境內活動的外商公司爲了取得自身的法定地位，大多採取了在本國或者是在香港註冊的辦法；也有的外商公司乾脆就利用當時的清政府對於新型公司組織並無相應法律條文的有利條件，既不在本國註冊，也不領取營業執照。如著名的旗昌輪船公司就是這樣。創立於一八六二年的旗昌輪船公司採取了股份公司形式，其投資人的所有權對當時的中國人而言是十分新奇的可轉讓之證券憑證「股票」，在資本組織經營管理和技術方面為中國樹立了榜樣。旗昌輪船公司雖是按照股份公司形式組織起來，卻尚非近代意義上的股份公司。其未設立管理機構，沒有管理人員，同時也不獨立開展航運業務，而是將公司的全部經營管理以及日常業務都委託旗昌洋行經理。旗昌洋行的負責人福布斯（R. B. Forbes）在回憶這段歷史時也說「他們組成了一個公司，但不具股份公司形式，由各股東自行負責，資金總額為一百萬兩，外國股東和中國股東均有，公司名稱為「旗昌輪船公司」」。從這一點上看，並不能算是一家眞正意義上的股份有限公司。對此，公司的創辦人金能亨（Edward Cunningham, 1823-1889）就直言不諱地將旗昌輪船公司稱之為「私人合夥」，而旗昌輪船公司的中國股東，採取「附股」的參與形式。不論如何，旗昌輪船公司仍然對傳統中國社會的經濟組織注入活力，並帶來了新式經營管理、西方財務會計和核算制度等等。

十九世紀六〇年代以後，中國境內的外商公司進入較具規模的股份有限公司階段。這類股份有限公司大致有兩種情況：一種是在上海等新興城市的公用事業中，一開始就以股份有限公司形式組織起來的如煤氣公司、自來水公司、電力公司等等；另一種則是一些早期的私人公司在經營了一段時期之後，根據自身的經營狀況，逐漸改制為公開的股份公司，即股份有限公司，它們主要集中在爲貿易或租界居民服務的航運、保險以及各種加工企業中。

西方經濟勢力進入中國後，之所以很快擴展，主要得益於兩個方面的因素：首先，新的生產力以及創新的企業制度的內在力量使得它們具有較之於中國傳統經濟更強的競爭力和生命力。其次，開放讓華人附股，而這樣的包容同時有利於中外兩方面的投資，並共同受惠。由華人向外商公司企業投資、持有外商公司股票，並成爲外商公司股東的現象就是所謂的華人「附股」。外國商人在華創辦的第一家股份制企業是一八三五年英商寶順洋行在澳門仁洋面水險保安公司，而它一開始就是由「廣東省城商人聯合西商糾合本銀」共同開設，即相當程度上是依賴華人附股才開辦起來的。然而，華人附股較爲集中且表現也最爲突出的是在新興的輪船航運業中，像前面提到的旗昌輪船公司的設置，主要是華人以「附股」形式的投資。其他外商洋行的航運輪船中，也有不少是由外商和華人共同出資、共同擁有的。可以說當西方商人進入中國，採用西方的通行慣例建立起新興的股份公司之時，就已經自覺或不自覺地開始利用中國本土的資金來充實和發展它們的公司。因此，華人附股對早期外人在華活動具有特殊的意義。

自強運動時期在李鴻章的主導下創辦了「官督商辦」企業的形式，也模仿了西方股份公司的一些基本做法，成爲近代中國公司制度演進初期特有的形態。像輪船招商局即是代

圖 7-6　1904 年，天津考工廠成立，被喻為中國最早開辦的商品展示博物館。作者攝自天津博物館。

表個案，它雖名爲「局」，卻是一間招股而設立的企業，具有公司的形態。一八七二年英國駐上海領事麥華陀（Walter H. Medhurst, 1822-1885）在貿易報告中說：「在這一年度的貿易史上有一個値得注意的新事物，這就是組成了一家旨在擁有並經營外國輪船的純粹中國人的公司」，指的就是上海輪船招商局。從十九世紀七〇年代到九〇年代中葉的一八九五年，近代中國以官督商辦形式先後創辦的公司企業大致上已有四十餘家，行業主要集中在採掘、航運、保險等方面，其中尤以煤炭和金屬採掘業最爲集中。較爲著名的除輪船招商局外，還有開平煤礦、萍鄉煤礦、上海機器織布局、電報總局等企業。

一九〇三年，清政府頒布《欽定大清

商律》，這是近代中國第一部獨立的商事法律，也是清末法律改革中頒布最早的新法。《欽定大清商律》包含了《商人通例》和《公司律》，是仿照西方制度所擬定的商律。《商人通例》主要對商人的含義、商業能力、商號、商業帳簿等作了規定。清末最初開始執行的公司法，有不少移植自西方國家，尚不符中國社會的條件。清末的《公司律》約五分之三內容仿自學習法德國制度的日本，五分之二內容則仿自英國，使晚清《公司律》同時混合了英美法（海洋法）和大陸法（歐陸法）的立法精神。因爲主要是翻譯搬抄外國法令，《公司律》中也存在許多規定模糊的地方；同時，《公司律》中較少對中國傳統商業行爲進行規範和保護，使得本國商人難以有效配合。清政府初次進行的經濟立法工作因爲「移植性」太強而難以順利植入中國社會。

一九一四年，民國政府根據清末的《公司律》進行修訂，頒發了近代中國的第二部公司法——《公司條例》，公司作爲近代中國新興的經濟組織，正式取得了國家法律認可的法定地位，受到政府法律的承認和保護。一直要到二十世紀三〇年代後期到四〇年代前期，中國本土企業逐漸發展出具有投資控股色彩的「企業公司」，頗類似西方公司制度中所稱的「控股公司」（holding company 或 control company）；它們不僅從事產品製造和經營，而且也進行資產的經營和管理，但在這一公司形態的轉變過程中，政府的相關法令仍無法趕上企業的變化。直到一九四六年中華民國政府頒布《公司法》，定義了「無限公司」、「兩合公司」、「有限公司」、「股份有限公司」、「股份兩合公司」、「外國公司」等規則，更加完備近代中國的公司組織立法。另外，值得注意的是，由於外人受治外法權的保護，中國本身並無制定外國公司法，也直到第二次世界大戰結束後的一九四六年，中美兩國展開商約交涉，開始針對中國《公司法》中加入「外國公司法」的規定，從而規範了外國公司在中國登記和營業等相關原則，這是近代中國對外經濟立法中的一大變革。

條約自主解釋與被忽略的晚清商約

十九世紀中期，在西方武力逼迫下，清帝國通過一次次的條約，不得不將其口岸向國際商貿開放，這一結果促使中國市場的對外開放和進出口貿易的快速增加。在一八八〇年代以後歐美國家在中國市場的開拓，從茶、絲、棉花貿易，逐漸擴充到原料的加工和機器進口，且爲爭取清廷批准或合作時，外人在通商口岸設廠的合法性便浮出檯面，引起爭議。

條約，是中外往來的依據。自鴉片戰爭以來，中外關係的運作大抵建立在不同階段的條約關係上，學者亦有稱之爲「條約體系」或「條約制度」（Treaty System）。然而，不同階段的條約對外國在華商務發展究竟產生哪些影響，或者說條約關係在實際的商務交涉中具有怎樣的功能，乃至於條約關係的實際運作，在個別的商務個案又是呈現怎樣的形貌？

我們可以發現，在商務交往過程中，中外之間往往針對既往修訂的條約各執一詞，清政府不僅堅持將條約的解釋狹隘化，阻撓條約體制的實施，一有機會還企圖削弱西方人的其他特權。箇中原因，或是清帝國的保守固拒，或是出於保護官民互相合作的地方利益，不一而足。可以說中國與國際經濟發生相互作用的方式是由其自身決定的，在很多具體的案例顯示，即使進入二十世紀初，它仍然保持著這種模式的獨立自主性。

清廷政府在商務交涉中，往往有一套自我獨立的解釋，並非對條約規範百依百順。根據一八五八年《中美天津條約》第十二款：「大合眾國民人在通商各港口貿易，或久居或暫居，均准其居賃民房，或租地自行建樓，並設立醫館、禮拜堂、及殯葬之處，聽大合眾國人與內民公平議定租息……」。據此美國取得貿易和租地權利，其他各國亦享有一體適用的權利。但條約所列租地自行建樓，並未提到紡織工廠或機器進口之事，也就是條約未明載之事的模糊性，成爲清政府可以抗拒的理由。可以舉一個案例說明清政府費盡巧思保護自己的利益如下。

一八八二年九月，上海美商韋特摩耳（W. S. Wetmore）欲於上海租界內設立紡織公司，韋特摩耳預計以三十萬兩的資金開辦棉織工廠，棉花原料來自中國產地，這是美商在中國第一次嘗試用軋棉機器來織布。當時美國公使楊約翰（John Russell Young）最初提出的理由如下：

據想上海關道如此辦法，不惟於貴國利益有未宜，且各國與貴國所立約內，泰西各商民所應得利之意明有違背。在法、比及別國之條款，明准西國商民在各通商口岸一切貿易工作，地方官不能阻撓。……

此處的「條款」，美國公使指的是一八五八年《中法天津條約》第七款、一八六一年《中德條約》第六款和一八六五年《中比條約》第十一款，均有載明各國人民既准貿易，並准工作公平無礙等字樣。於是引發總理衙門和美國公使對於「工作」二字的立場辯論。

在同一照會中，美使並要恭親王詳閱《萬國公法》所列一節「兩國設立條約，約內各款，在兩國即爲定而不移之法。」總理衙門對於「貿易」或「工作」的解釋是：「所謂貿易者，如販運洋、土貨進出口各款，所謂工作者，如彼此雇用華、洋人等勤執工藝力作，均可各隨其便。遍查各條約內，並無准令洋商在中國各口改造土貨之條」。而事實根本原因在於清廷憂懼外人一旦順利開辦紡織公司，將盡奪華民生機。「今洋商在上海集股購辦機器，設立紡線公司，是將出口之絲斤改造爲別樣貨物，既奪華民之生機，亦損中國之稅課」。在後來長達一年多的時間，美使和總理衙門針對「工作」一詞展開冗長的公文往返。總理衙門答覆「工作」二字，意義極廣闊，然總括係專指人力而言，不能將貨物牽混在內。至光緒九年三月，總理衙門再答以「礙難允辦」，且語氣不悅。「若援工作二字講解，不但漢文無此解說，即洋文亦並無確認。且似此關係重大之事，若允照行，約內並詳細辦法，豈能以二字渾渾言之。」總理衙門提出各種理由駁斥美國公使和洋商對條約的解釋不當。

就在中美雙方一來一往辯論的同時，南洋大臣左宗棠為阻止美商設廠，竟指控韋特摩耳公司的一個買辦（王克明）曾和太平天國叛軍貿易，要求逮捕這名買辦。由於這名買辦在紡線公司內搭有股份，左宗棠有意以撤銷逮捕罪名，逼取該商退還股份，停息所立公司。楊約翰給總署（總理衙門）的照會說，據所知根本沒有證據可以指認這名買辦和太平天國叛軍會有什麼瓜葛，他是個誠懇愛國、扶貧濟弱、慷慨又慈悲的人。楊約翰又說：「據稱該管事已在該行二十餘年，其人素行謹原，周濟貧窮，處事端方，心常向國，從前並無賊之事」。事態演變至此，延伸出該名買辦涉及叛亂罪的懲處。楊約翰質疑說：該名買辦如確實有罪，自難原宥，應按法律懲辦，然而若祇讓他撤股即可免除極大之罪，實為將國家律例看輕。因此在楊約翰看來，清廷在意的是這名買辦不論如何必須撤股，參與太平軍的罪名祇是威迫的手段罷了。韋特摩耳案牽涉到總理衙門和外國使節對中外條約的解釋，美方認為如果將焦點轉移到買辦問題，全然不討論條約所保障的外人利益，那麼以後清廷仍可以藉故威嚇或撤銷外人在華開設工廠。因此回到條約內容——關於外人得否在通商口岸設廠問題，才是釜底抽薪之計。

這件事還有一內幕：當時上海現有華商織布公司，早經北洋大臣李鴻章擬定，不准他人另行設立。一八八二年李鴻章正是成立上海機器織布局的推手，該年李鴻章正式奏請將上海機器織布局的建立置於他的保護之下，並向未來的股東們保證給予該局製造棉紗和棉布的十年專利。李鴻章從保護華商的立場爲上海機器織布局謀求專利，他向朝廷建言：「查泰西通例，凡新創一業，爲本國未有者，例得界以若干年限。該局用機器織布，事屬創舉，自應酌定十年以內，只准華商附股搭辦，不准另行設局。」在上海的《申報》也出現有關「議禁繅絲」的辯論，不少言論支持保護中國民族工業，免得中國棉紡織市場被外國企業所呑噬。由此，在李鴻章的布局下，上海機器織布局所標誌的民族新興工業，和韋特摩耳設廠案發生直接的利害衝突，便是可以想見的事了。

事實上是，許多外國公司在半矇混的情況下，早在一八六〇年代初期就已登陸通商口岸設廠。由於韋特摩耳案的爆發，接著旗昌洋行、怡和洋行等同被禁止蓋繅絲廠，而德國鐵工廠亦被下令關閉，以及日本公司載運機器進口案的討論，一連串有關洋人在口岸設廠和土貨改造之事，引起外商及其政府的重視，他們已期待著通過新的條約方式來獲得和保障在華利益。因此，中日甲午戰後，一八九五年《馬關條約》清楚規範外人可在中國通商口岸設廠，以及機器進口的事。據《馬關條約》第六款：「日本臣民在中國通商口岸城邑，任便從事各項工藝製造，又得將各機器任便裝運進口，只交所定進口稅」。《馬關條約》約文外人取得在華「任便」投資設廠的保障，此後上海等通商口岸出現了投資熱潮，投資範圍涉及銀行、航運、碼頭、保險、礦業、製造業、公共事業、不動產，其中以銀行、礦業、不動產及相關公司的發展最爲迅速。

由於中外之間的商務愈來愈緊密，爲解決上述條約規範的模糊，一個明確的商務條約來規範雙邊國家間的商務關係，顯得愈來愈急迫。八國聯軍之後簽訂的《辛丑和約》第十一條規定：「大清國國家允定，將通商行船各條約內諸國視爲應行商改之處，及有關通商各地事宜，均行商議，以期妥善簡易。」這一條款是經由英國提出，獲美國、日本等國支持而列入。在近代中外所簽訂的條約中，就經貿面及其所涉及到的現代制度和觀念而言，應以晚清商約最具特殊意義。王爾敏有言：「在中國近代史上一個重大而艱鉅的外交活動，前後持續長達十二年之久，抑且關係中國之國脈維繫與賠款負擔，相信無過於晚清中外商約之交涉。」

一九〇二至一九〇三年間，清廷與英、美、日、葡、德等等國家分別簽訂了專門規範商務往來的條約《續議通商行船條約》（一般稱爲《商約》）。外國在華商人對《商約》修訂前最關注的議題有三：一、進出口稅、子口稅、復進口稅及洋貨各項稅捐等；二、通商口岸的開放和通商權利；三、礦業開採與修築鐵路問題。在各國簽訂的條約內容，略有差異，但各國享有一體受惠的權益。談判內容係以「裁釐加稅」問題爲中心，另有開放商埠、內河航行、修改礦務章程以利外人投資、改革中國律法、治外法權、統一貨幣、保護商標、版權和專利等等，均反映長期以來外商在華拓展經貿所面臨的實務性問題。此一條約進一步將商務貿易條款明確化，更有利於對華貿易的條件，並且開始有了名義為振興中國實業，實際上亦有助於外人拓展在中國的實業投資。

在華外商長期對中國逢卡抽釐及各項雜稅，抱怨最多，也引發不少商務糾紛，又以釐金最受詬病。早在一八七〇年代上海外商總會（Shanghai General Chamber of Commerce）的年度報告中，即強烈要求廢除釐金。裁釐加稅問題，同樣為中英、中美商約中費時最久、細節討論最多的條款，反映出這正是中外商務往來中最實際、最亟待解決的問題。然而，裁撤釐金和「全免重徵各項稅捐稅」的規定，畢竟事關財政收入，地方官府並未徹底執行，清末中國各地釐卡依然盛行，由此造成不少中外商務糾紛。這種情況一直持續到一九二九年，國民政府才正式裁撤釐金。

清末商約的簽訂顯現一個純粹規範在華商務活動的條約已是各國共同的需求，同時，條約的交涉和結果顯現清政府在國勢蹙迫下主動或被動地對外開放中國市場，逐步走向國際市場的交易規範。條約本身所牽涉的內容，例如版權、設立統一的國家貨幣標準、金銀匯兌之準價、振興中國實業和治外法權等內容，雖亦呈現各國維護本身利益的動機，但條約字句亦有協助中國改革和進入現代化的意涵，與過去割地賠款的政治性條約非常不同，晚清商約帶有走向國際自由市場和全球貿易的開放性質。

開放的中國口岸和世界市場圖像

早期的貿易僅限於廣州單一口岸，並掌握在一些壟斷者的手中，且只限於少數產品的交換，在這些條件下的貿易不可能帶來普遍的經濟變化。鴉片戰爭之後，通過一系列條約的簽訂，通商口岸陸續增加，到了一八九五年約有四十餘處。清政府似乎是體認到中國口岸的開放不可逆轉，「與其約開，不如自開」。一八九八年總理衙門宣布了「自開口岸」或「自開商埠」（the ports opened voluntarily by China），首批有岳州、三都澳和秦皇島三處，後來又自主開放了一些通商口岸，到清末有三十餘處。大量通商口岸的增加，在地域分布上不僅是沿海型、沿江（湖）型、內陸型、關外型。依商埠所在城市的行政級別則可分為省會級、廳州縣級和鄉鎮級三類。雖然中外之間對於口岸開放的形式和外人權益的認知有所不同，在交涉之初也時起爭議，而外人在華權益則仍受治外法權的保護，條約口岸或自開口岸的名實之間相距不大。這一措施賦予的含意主要是政治主權的一種宣示，以與「條約口岸」（treaty port）有所區別，在經濟功能上都是國際貿易的港口，區分不大。但仍值得我們留意的是，過去大多認為通商口岸的開放均是外人通過條約「強迫」中國開放，事實則是一八九八年以後的通商口岸主要來自清廷因應國際環境的改變而採取自開口岸，此後形成中國通商口岸開放的主要形式（在戊戌新政中倡議的推廣口岸商埠，亦即自開口岸之謂）。民國初年以後，除了補開清季「約定」開放的口岸，所有口岸的開放，均係由中國政府主動開放，而不是用條約強迫中國開放。這可以說是確定了清末到民國時期中國市場的開放原則，其結果加速了中國的國際貿易和城市化進程。

放大時間來看，從廣州貿易採取一口岸，到《南京條約》開放五口通商，再到一八九八年以後逐漸採取「自開口岸」原則，最後到一九〇二—〇三年清廷和世界主要國家簽訂商約，這一過程意味著清帝國從傳統自給自足的經濟思維朝向對國際市場的開放原則。這一開放原則同時和工業革命後全球性的市場、人力、商品和資源移動產生了加乘的作用，使得中國的沿海沿岸城市逐漸繁榮起來，它對近代中國帶來了漫長而深刻的改變。

最後，我們必須注意一項事實：十九世紀末到二十世紀初，中國對外貿易（進出口總量）在全球貿易的比重並不高。中國進口貿易的主要項目有鴉片和棉紡織品等，主要出口則以茶葉和生絲爲大宗。鴉片是早期中國進口最大宗的商品，但鴉片戰爭後的《南京條約》隻字未提鴉片貿易的處理問題，一八五八年的《天津條約》，規定鴉片以「洋藥」名義進口，成爲合法進口商品。此後，國內罌粟種植也從雲貴四川逐漸擴大開來，一八七〇年左右，土煙的生產已超過進口鴉片的數量。

洋貨進口的中國主要市場仍在沿海沿江和主要城市，廣大偏遠的農村社會和貧農並不具備購買洋貨的消費力。西方輸華棉紡織品，品類繁多，以棉布、棉紗爲大宗。其他品種數量極微，如手帕、毛巾和其他零星棉織品，僅占棉紡織品進口總值的一〇%—二〇%。誠如貝克特（Sven Beckert）在視角新穎的《棉花帝國》一書所定義，棉花是工業革命的「發射台」。歐洲企業家將新式機器、勞工與帝國擴張、奴工、棉花種植園組合在一起，這股勢力創造了現代世界資本主義。做爲擁有海外最大殖民地和工業革命的起源地，英國在十九世紀初已是世界上棉紡織工業最發達的國家，而擁有四億人口的中國當然是英國棉布商急欲打開、想像中的廣大市場。值得留意的是中國對進口棉布沒有很大的需求，中國農民不僅自產棉花，自紡自織自用，還提供相當數量的商品布。因此，洋布進入中國市場時就遇到與土布競銷的問題。洋布是機器生產，外表美觀均勻，但不及土布結實耐穿。這樣洋布的價格就成爲銷售的關鍵問題，只有以低於中國土布的價格出售才能找到主顧。但是土布的生產幾乎可以不計勞動成本，且價格低廉，所以進口洋布很難在中國市場開打價格戰。美國爲棉花生產大國，比英國有著原料低廉的優越條件，特別是用粗紗織成的美國製粗布，較適合於中國農民和勞工需要，但售價仍舊較土布昂貴許多。一八七〇年代以後，由於機器生產的便宜、交通運輸的變革、一八六九年蘇伊士運河的通航，使得洋布在價格上可以拉低，洋布進口略爲成長。再者，從十九世紀七〇年代中期開始，印度棉紗大量銷到中國，主要在於價格低廉，且印度棉支數較粗，適於織造土布，中國農民將棉紗織成土布或進一步加工。

在出口茶葉方面，英國素來是華茶的主要市場，美國也是華茶外銷的重要傳統市場。美國獨立運動的導引線——一七七三年波士頓茶黨事件，當時美洲殖民地人民抗議英國殖民政府制定的《茶稅法》，怒而銷毀了從英國東印度公司運來波士頓港口的一整船茶葉，這些茶主要即來自中國。然而，到了一八七〇年代以後，華茶出口受印度及錫蘭（今斯里蘭卡）、荷屬東印度（今印度尼西亞）的紅茶、和日本綠茶激烈競爭的影響，華茶在世界茶葉貿易的全球競爭中敗下陣來，到一八九四年占世界茶葉出口量三〇．四六％，比起鴉片戰爭前的一枝獨秀，大概下滑了一半。

中國傳統手工業和商品仍有它自己的市場，它和外國進口商品之間並非是一種競爭的零和關係。對外出口方面，價值較昂貴的中國生絲，出口至英國、法國和美國等主要市場，到了一八八〇年代，中國生絲遭遇強烈的競爭，由於日本擴大生絲產區，改良生產技術和品質，產量和出口增長很快，華絲外銷量受到影響。也有學者的研究特別強調十九世紀末的西歐和日本，有不少手工製品已為工廠產品所取代，然而中國的手工業則相對完好地保持到二十世紀中期。甚且，一些傳統的精緻技藝不僅並未被內需市場所淘汰，更未被一些外國商品所壓垮，仍持續保有其傳統技藝的市場優勢。例如：在絲綢生產中，中國人發現了一種通過暴露在寒冷環境中消除病卵的粗略方法；中國的織錦工藝、精緻改良的花紋絲綢，並將植物染料染色的藝術提高到一個完美境界。

不論如何，就世界貿易的整體而言，十九世紀末到二十世紀初，中國雖然擁有約二〇%的世界人口，但在世界貿易中的份額卻從未達到二%。我們可以有一個國際比較的圖像描繪如下：此一時期，一八九六—一八九八年，中國的對外貿易占世界國際貿易的一・五%，一九〇二—一九一三年占一・七%。如果放在遠東國家來做比較，印度的對外貿易從一八九六—一八九八年占世界貿易的三%，增長到一九一一—一九一三年的三・五%，而日本的對外貿易在這些年間從一%增長到一・六%。儘管中國進出口貿易占世界貿易總額的比重不高，但它對近代中國所帶來社會經濟改變及其連鎖效應，則遠超過這些數字表象的意義。並且，中國廣袤的土地和眾多的人口所隱含的市場潛力，也往往令外國資本家有種美好的想像。在個別的特定商品或技術優勢上，一些獨具眼光的外資企業在中國市場的經營和投資，確也開創了新局，並獲得利潤。

＊＊＊

在清末中西交往的過程和實際案例中，中國本身並非完全被動，清政府往往通過許多的規章制度或對條約的不同解釋，找出最有利於己方的生存模式，或是對條約體系所造成的現狀，試圖有操諸於我的主權詮釋。中國本身亦受惠於和外人交往的活動中，通過中國市場與世界的聯結，加速近代中國工商企業的發展。另一方面，中國本土商業並非全然被外資企業所剝削，而在華的外資企業與華資企業各有自己的優勢，很難說外資企業嚴重阻礙或打擊中國本土工業的發展；甚至是由於外資企業的進入中國市場，造成商品市場的競爭而促進彼此產品或技術的革新。無可否認，這些外資企業或跨國公司在中國的目的是爲賺取利益，他們也靠著本國政府的支援，削弱中國當地政府的管轄權，保護和促進他們本身的利益。外資企業在中國活動的結果是將中國市場拉入世界經濟的活動軌道之中，當一些中國本土企業有機會壯大之後，也形成外資企業的競爭者。

十九世紀下半葉的這段期間，中國進出口貿易量在全球市場的比重不大，除了進步的港口或租界地區，從十九世紀中期的鴉片戰爭到二十世紀初期，中國廣大農村對外國商品和工業成品的需求大致上沒有什麼改變。然而，這一時期外國資本和外國企業的進入，的確對中國沿江沿海的商業活動帶來巨大的轉變，從洋行買辦到新式企業主的興起，資本和金融活動的交換、商業經營方法的移植、政府法律和條約制度的規範等等，都逐一產生變化。在晚清的變化祇是一個漫長商業革命的開端，更多華資企業的興起及其對全球經濟的影響則是在二十世紀以後，而這一新舊嬗遞的過程，則是近代中國邁向世界市場的重要一頁。

第八章

社會變遷與城市生活

十九世紀中葉開放五口通商後，中國沿江沿海的通商口岸工商業逐步發展，並且因中外交流的頻繁，成爲接觸西方文明的重要窗口，西方物質文明與現代思想快速傳入，由通商口岸波及內地，從城鎮傳至鄉村，逐漸影響到一些人民的日常生活。然而，就整體而言，廣大的偏遠內陸鄉村地區，受到西方工業化和資本主義市場的影響甚微，一般庶民的日常生活方式、經濟消費水平和市場活動，並未發生太大的改變。甚至也有學者提出，近代中國的鄉村社會在新舊社會交替和內外政治動盪之下，不僅沒有開展現代化的進程，甚至反而造成內陸鄉村社會停滯不前或是一種內捲化（Involution）情況。其中又因清末以來政權受到來自內外的雙層挑戰（例如：太平天國、邊疆問題，以及帝國主義國家的兵臨城下），使得中央政治力量深入鄉村，且強化了社會、經濟和財政的控制，以鞏固既有的統治權力和地方社會。

不論如何，十九世紀中葉以後的中國社會，由於受到內外各種因素的劇烈影響，並且開始與西方建構的世界體系和文化主流產生多層次的交往關係，這一現象使得近代中國社會在人口流動、鄉村聚落、社會階層、城市化發展方面，的確發生有異以往的變遷形貌；同時，這一時期社會文化逐漸呈現了從傳統思想過渡到近代新思想的變化歷程。這些社會因素的變遷和經濟活動都有一定關係，且互爲影響，無法孤立看待，本書第七章已經討論過近代經濟活動的變化。至於社會變遷的範圍至廣，從家庭、團體、社會階層、婦女與性別、族群移動和思潮文化等方面的變化，不一而足。本章將選擇主題切入，以社會變遷與現代城市生活爲敘事重點，這些變化顯示了近代社會的主要轉變面貌。而提到現代城市的出現，最重要的當屬第一大城市上海的興起，和上海相對應的，則是華北的天津。除了在天子所在的帝國象徵北京城之外，這兩個城市可謂南北相映，且都因爲外國租界的存在而呈現萬國世界在中國的縮影，這放在十九世紀的帝國主義全球殖民史中都是相當特有的。

十九世紀後半通商口岸的活動是工業革命後全球化歷史進程的一部分，包括個人、群體、技術專家、外國人在華社區、租界等型態，都和十九世紀中葉以前大不相同，隨著西方殖民與全球化的腳步，西方事物諸如制度、思想、語言及物品，最早引進上海、天津等主要通商口岸，再逐漸擴散到其他口岸和地區。中外彼此懸殊的異質文化，它們在中國是如何相遇，共處、交流和融合，並且逐步改變了近代中國的面貌？在這一與西方世界接觸的漫長過程，對近代中國社會帶來多方面的影響，從而重塑了中國人的想法與日常生活。

一、社會變遷

人口概況與「四萬萬人」之說

十八世紀下半葉，中國的人口快速增加，經濟活動的範圍和規模也空前擴大。這一現象的出現不僅和長期的清初太平盛世帶來的和平相關，更是由於中國和世界其他區域的經濟交往之聯繫相關。玉米、甜薯、花生、煙草等由美洲引進的新作物適於在坡地上生長，在擴大農耕範圍和規模的同時，也改變了延續千年的中國農業生產結構，從而爲人口空前增加創造了在整個帝制歷史上未曾有過的新條件。與此同時，中國與世界其他地區貿易的擴大又帶來絲綢、茶葉和瓷器等出口的大量增加，使得國外商人支付的白銀大量流入中國，從而滿足了中國由於經濟規模擴大、勞力人數快速增加而產生的貨幣供應量大增的需求。這一循環的供應鏈，又轉而成爲人口增長的新動力，一直到十九世紀初因鴉片貿易的興起，中國白銀才大量流出。如果沒有這種同「世界」的聯結，則貫穿乾隆盛世的人口大增、農業結構性變化以及包括商業急劇擴張在內的經濟規模之空前擴大等等，都是難以想像的。

清代人口統計制度的變革始於一七四一年。在此之前，清王朝所實行的是所謂的「人丁戶口」，亦即以納稅法人爲單位做統計；而乾隆六年（一七四一年）後，才開始有「天下民數」的人口統計。這些數字並非如同現代國家對人口普查的精準，但我們仍能從中窺其大要。專研人口學史的中國學者姜濤據《清實錄》的研究，一七四一年的民數是一四三四一萬人，一七九四年（乾隆五十九年）是三一三二八萬人，也就是在乾隆退位前一年，因太平盛世，人口激增一六九八七萬人。一八一二年（嘉慶十七年），民數增加到約三六三七〇萬人，一八五〇年（道光三〇年），民數更增加到四三九九三萬，但這一階段的增長速率已明顯減緩。由於民數缺報或少報的情況普遍存在，一般學者認爲在一八五〇年前後，實際人口至少應達到四・五億。

十九世紀中葉到一八七〇年代則發生轉變，此一時期人口銳減。一八五〇年一場襲捲江南富庶地域的太平天國動亂，造成人口大量傷亡。加上同時期的饑饉、瘟疫，交替襲來。如果以一八五三年一月（咸豐二年十二月）太平軍攻克第一座省城武昌作爲內戰全面大爆發的標誌，至一八七七年（光緒三年）清軍消滅了盤踞新疆的浩罕汗國將領阿古柏，「收復」新疆大部分地區，這一延續的戰亂有四分之一世紀之久。若再加上光緒初年北方的大饑饉和隨之而起的瘟疫，實際上要到一八八〇年（光緒六年）才基本扭轉中國人口連遭損失的嚴重局面。

災荒和饑饉造成的人口損失，甚至超過「叛亂」或帝國主義在中國挑起的戰爭。並且由於戰爭和動亂，人口統計嚴重短缺和數字失實的情況應普遍存在。但是我們也可以通過一些記載來理解人口損失的問題。一八七七年至一八七八年（光緒三年至四年），黃河中下游的陝西、山西、河南、山東、直隸等省連遭大旱，人口損失以千萬計。《清史稿》稱：「饑民死者日近萬人」。據民國《續修陝西通志稿》的記載：

西、同、鳳、乾各屬，古三鋪地，百餘年來深養生息，雞犬相聞，至道、咸時戶口稱極盛焉，同治初，回變起，殺傷幾五十餘萬，亦云慘矣。重以光緒丁丑、戊寅奇災，道殣相望，大縣或一、二十萬，小縣亦五、六萬，其凋殘亦殆甚於同治初元……

英國人李提摩太（Timothy Richard）當時正在山東、山西等省調查瞭解災情，並參與賑災救援工作。他在日記中寫下了一八七八年二月在山西南部目睹的恐怖情景如下：清晨，當他來到城門口時，只見城門的一側有一堆裸體男屍，像屠宰場的豬一樣摞在一起。城門的另一側，是同樣的一堆裸體女屍。他們的衣服都被別人剝掉用於換取食物了。幾輛大車正把這些屍體拉到城外，分別拋進兩個大坑中去。政府賑濟組織的一個成員告知山西洪洞縣約有二十五萬人口，其中十五萬人已經死亡。李提摩太認爲：在這場從一八七六年到一八七九年持續四年之久的空前大饑荒中，中國十八省中大約有一半遭此劫難，有五〇〇—二〇〇〇萬人死亡。這一數字相當於一些歐洲國家的全部人口。從太平天國起事到北方五省大饑饉期間，近三十年間的中國人口呈懸崖般掉落，一位在華的美國傳教士哈巴·安德（Andrew P. Happer）認爲，此一時間的人口損失總數可達六一〇〇萬至八三〇〇萬人。

十九世紀中葉以後中國的人口數字，受到內部和國際因素的刺激而產生變化，其中太平天國後的一連串動亂和天災帶來的大量人口死亡，影響最鉅。大致到一八七〇年代以後中國人口進入了復蘇時期。德國地理學家貝姆（Ernest Behm）與瓦格納（Hermann Wagner）特別關注中國這個世界第一大人口大國。一八七二年由他們兩人主編的《世界人口》第一卷出版，根據旅行家們的意見，將中國人口定爲四四七〇〇萬人。一八七四年修訂爲四〇五〇〇萬人，到了一八八二年的第七卷，又將中國人口向下做了大幅度的調整，修訂爲三七一〇〇萬餘人，一八八二年的下修數字是否偏低，難有科學精準的判斷。學者普遍認爲一八七〇年代以後，經休養生息，中國人口正以較快速度上升中。一八七九年四月，中國駐英公使曾紀澤在倫敦會見來訪者時指出中國人口約爲四・二億。

到了一八九〇年代，中國人口已大致恢復到戰前道光年間的水準。一八九一年時任外交官的薛福成指出：「自粵撚苗回各寇迭起，弄兵潢池，已皆蕩定。今又休養二十餘年，戶口漸復舊觀。」他當時估計「中國人民在四萬萬以外」。整個一八九〇年代，尤其是一八九八年維新運動高漲時期，中國國內有關「四萬萬同胞」（四億）的說法已不絕於書。死於戊戌政變的譚嗣同詩作〈有感一章〉云：「世間無物抵春愁，合向蒼冥一哭休；四萬萬人齊下淚，天涯何處是神州」。康有爲在一八八八年上書給光緒皇帝時，也曾以「人民有四萬萬」的說法，鼓舞提醒年少的皇帝他統治下的中國乃是世界上人口數最龐大的國家。約此同時，沉寂了數十年的「人滿爲患說」也重新興盛起來。一八九四年，孫中山在〈上李鴻章書〉中強調：「蓋今日之中國已大有人滿之患矣，其勢已岌岌不可終日。」梁啓超在〈農會報敘〉中也提到：「中國今日，動憂人滿。」章太炎發表議論說：「古者樂蕃遮，而近世以人滿爲慮，常懼疆域狹小，其物產不足以衣食」。「人滿爲患」的說法可能多少受到英國著名政治經濟學家馬爾薩斯（Thomas Robert Malthus, 1766-1834）人口論的影響，該書預警，若人口數量以指數形式增長而糧食生產以線性形式增長，則除非出生率和人口下

圖 8-1　一群災民在醫室外等待救助，時間約清末。*Asia*, Mar. 1921.

降，否則二者的差距將導致糧食匱乏和大饑荒的發生。一八八〇年（光緒六年），美國傳教士丁韙良與進士出身的汪鳳藻翻譯出版了第一部西方經濟學的中譯本《富國策》（*Manual of Political Economy*），書中引介了馬爾薩斯的人口理論。一九〇四年六月《東方雜誌》第一卷第六期轉載的《警鐘報》文章〈論中國治亂由於人口之眾寡〉，文中提到的「馬爾達」即馬爾薩斯，該文同時引述了乾嘉學者洪亮吉的人口論思想，把中國歷來治亂的根源歸之於人口的眾寡，「民日增而財不增」，「人滿之患，深可太息。」主張限制人口數以求天下安治。

人口增長問題引發的糧食和生存問題，引起朝野一片擔憂，清政府在王朝餘暉中，仍在宣統年間（一九〇九—一九一一）舉辦了全國規模的人口調查，而這次調查被視爲具有中國近代意義上人口普查的雛形，相當特殊。一九〇八年（光緒三十四年），清廷宣布用九年時間預備立憲，爲此民政部辦理戶口調查，提出自當年始，以五年時間辦理完竣。各地方當局奉命調查各地人口的性別、年齡，以及統計成人與學齡兒童人數。由於政治形勢的變化，這項工作被壓縮在四年內完成。一九一〇年（宣統二年），各省先後進行戶數的調查（有些省分同時調查口數）。一九一一年，辛亥革命爆發，打斷了這次人口調查的進程，此後直到清王朝覆滅，仍有一些省分未上報口數調查的結果。共和建立後的第一年（一九一二），由民國政府內務部將各省在辛亥年上報民政部的報告加以收集，匯總公布。據《清史稿・地理志》載，該年全國各地區上報人口總計六二六九九一八五戶，三四一四二三八九七口。由於政局動盪，漏缺上報相當普遍。但它畢竟是在清末大動亂之後的首次大規模全國人口調查，對各省的人口分布和人口發展仍有一定的參考價值。一般認為此時中國應有「四萬萬人」。

「四萬萬人」的提法對近代中國的意義，不僅是一個人口數字，後來更漸次演化成為近代中國的國族符號。台灣學者楊瑞松認為，四萬萬人口「數字化」描述晚清中國人口的方式，配合所謂「同胞」的血緣親屬想像符號，形塑出具有高度同質性意涵的國族認同。在傳統中國政治論述中，往往以「蒼生百姓」、「黎民黔首」、「天下臣民」等廣泛性字眼描述帝國體系下的被統治人民；相對而言，「四萬萬人」符號以明確的數字取代了上述泛約性字眼，從而以實際的數目劃定了在十九世紀以降在國族/民族國家（nation-state）的新世界體系中近代中國國族的人口疆界。「四萬萬人」符號標示了中國試圖展現國族國家的一種意識，欲脫離帝國傳統天下秩序的新世界觀之重要轉變；另一方面，為了強烈激發國族意識，「四萬萬」之國族想像也經常以全盤負面形象如「四萬萬禽獸」、「一盤散沙」的意象出現，以激發「國族認同」的特定風貌。所以當孫中山在一九一二年以「今以與我國民初相見之日，披布腹心，惟我四萬萬之同胞共鑒之」語句總結中華民國〈臨時大總統宣言〉時，也可謂正式宣告了這個以清帝國道光年間總人口為基底想像，並經過晚清思想論述孕育栽培而成的國族符號，不僅將不會隨著清帝國的消失走入歷史，反而將在這個標榜以「國民」爲主的新時代扮演更重要的角色。雖然就民國以後的歷史發展，中國距離所謂「民族國家」的當代定義仍有段距離，但「四萬萬人」論說，仍有其特有之歷史意義。

內部移民與華人在他鄉

清代全盛時疆域達一三〇〇萬平方公里，但人口分布卻極不均衡。在一八二〇年前後，全國人口約爲三．九億，其中近九十八%居住在十八省及奉天地區。而上述地區合計面積約四四〇萬平方公里，僅占全國總面積的三分之一強。清王朝出於統治者自身利益的考慮，最初對漢民族人口的外遷基本上並不鼓勵。太平天國戰爭後，中國的人口遷移呈現了新的特點。首先是江南地區由於人口凋零，一度成爲外來客民的人地。浙西的杭、嘉、湖地區，除有浙東的溫州、台州、寧波、紹興等地客民遷入定居外，又有河南、江北及兩湖地區之人遷入，爭墾無主之廢田。其次是向邊疆地區和海外的人口遷移情形。東北地區，尤其是黑龍江與吉林地區移民人口增長較快。清廷在給吉林將軍的命令中指出：烏蘇里江、綏芬河空闊地方，應儘早招民開墾，使俄國無所覬覦。十九世紀末，在東北地區因面臨沙俄侵略的威脅而大舉移民實邊後，內蒙古地區也以同樣理由放墾。但這一時期的漢族移民舉措，除東部靠近東三省地區以及後套地區增長較快外，並沒有取得預期的效果。

在十九世紀末至二十世紀初期的中國，不管是國內各省間，還是從國內向海外，都有較大規模的移民。大致而言，山東、直隸、廣東、福建、湖北、河南爲移出地區；滿洲、臺灣、南洋、湖南、四川、浙江、江蘇爲移入地區。人口流動對社會變遷所造成的影響是多方面的，有學者歸納如下：一、減低人口稠密地區的人口壓力，緩解社會問題和動亂的發生。二、融合、衝突或競存關係，血統、語言、風俗習慣因移民而發生融合的現象，但外來移民與當地住民亦時而發生不少衝突事件。三、移民可以促使人口稀少地區的經濟發展，尤其可以促使邊陲地區納入中央統治，從統治者的觀點還有鞏固邊防的作用。

十九世紀中後期，福建、廣東向海外遷徙的人口劇增，以契約華工爲主要形式，東南亞和美洲各地都需要中國廉價勞動力。雖然華人向海外移民已有一段時間，但鴉片戰爭之後的政局動盪和海外商貿的需求，加速了華人向海外的大移民。前去赴約海外工作的勞工，通常是來自窮鄉僻壤的農民或漁民，契約勞工雖有簽訂合約，但中間不乏拐騙和販運，所以俗稱爲「賣豬仔」。一八四二年香港因《南京條約》的簽訂成爲殖民地之後，除了由香港出發赴海外的廣東人數量超過既往任何年代之外，來自廈門的福建人，以及來自汕頭的潮州人和客家人，經由香港前往勞力集散地新加坡，再轉往荷屬東印度、英屬馬來亞和北美等地，成爲第一代的華裔移民勞工。此際的葡屬澳門則是另一個輸出華人勞力的港口，而他們的主要目的地則是古巴與秘魯的種植園，從事苦力（Coolie）。在秘魯有不少華工是從事拾鳥糞的工作，他們得忍受酷熱、可怕的腐臭，被形容如同地獄般的勞動生活。

值得注意的是，早期移往美國的華工大都是出於自願，不同於在古巴、秘魯等地苦力貿易之華工。中國人大批移民，始自一八四八年加里福尼亞發現金礦，消息傳至中國，粵人相率赴美。一八五〇年一年之中，自香港往三藩市的船隻有四十四艘，每艘載客差不多五百人，一八五一年中國人之移入加州者，已達二萬五千人之多。南北戰爭後，美國政府

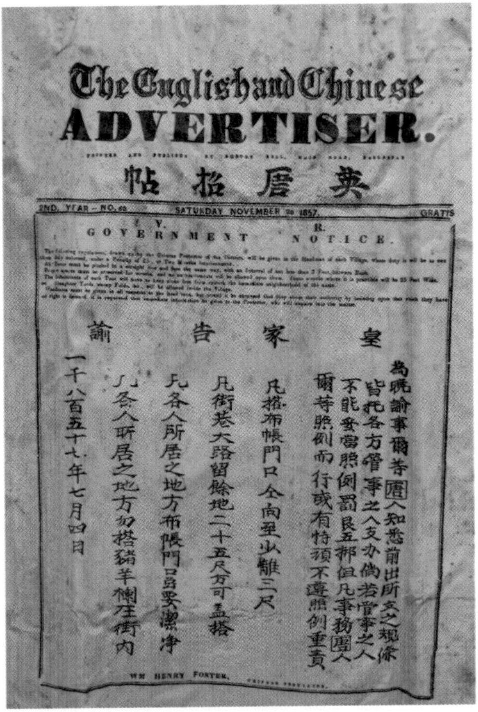
The English and Chinese
ADVERTISER.
英唐招帖
2ND. YEAR — NO. 60　SATURDAY NOVEMBER 28 1857.　GRATIS
V. R.
GOVERNMENT NOTICE.
皇家告諭
為曉諭事爾等圍人知悉前出所立之規條
皆托各方管事之人支办倘若管事之人
不能妥當照例罰艮五鎊但凡事務圍人
爾等照例而行或有特預不遵照例重責
凡搭布帳門口全向至少離三尺
凡街巷大路留餘地二十五尺方可盖搭
凡各人所居之地方布帳門口要潔淨
「」各人所居之地方勿搭豬羊欄在街内
一千八百五十七年七月四日
WM HENRY FOSTER.

圖 8-2　1857 年，墨爾本附近的巴拉瑞特 (Ballart) 淘金城，英國皇家在採礦的華工居住區貼出的皇家告諭和管理規定。作者攝於 2019 年。

積極發展全國交通網，加速修建橫貫大陸之鐵道。國會規定該路必須於一八六九年完成，需要勞工十分迫切，因此特派人到中國招募華工，在這種情況下，中國人赴美數目大增，自一八六八—七〇年，三年之間，華人赴美人數

達三五九八四人之多，直到一八七五年美國各地激烈排華爲止，這段時間是中國人移民美國的鼎盛時期。美國排華運動的興起，原因固多，主要則因中央太平洋鐵路完成後，原有投入鐵路工程的華工，不得不向美國其他事業方面另覓工作。此時美國正値一波經濟恐慌發生，美國產業界均縮小工作範圍，減低工人薪資，但華人勤快，且工資低廉，遂提供華工就業打工之良好機會。美國工人及其他白種工人因無法與廉價華工競爭，在種族主義極端分子的煽動下，排華運動如燃火之勢蔓延開來。一八八二年（光緖八年），美國會通過〈限制華工法案〉（The Chinese Restriction Act），結束了華工自由移美時期，該法案有以下重要幾點：一、十年內禁止華工入美；二、所謂華工，包括礦工，技術及非技術工人；三、華工離美者需在海關登記領證，以爲回美之據；四、依約得赴美之華人，須憑美國駐華使領簽署之護照入境。這一法案經過屢次的補充修正及兩度十年展期後，復於一九〇四年變爲永久有效，直至一九四三年方始廢止。約當加州發現金礦後，位於南太平洋的英屬殖民地澳洲，也吸引了華人的目光。一八五〇年代，澳洲墨爾本周邊發現了豐富的金礦，吸引了不少尋金者從世界各地湧往澳洲。中國的遠洋礦工，加入了這股淘金熱潮，部分華人礦工亦獲得利益。墨爾本遂得名「新金山」；在此前發現金礦的美國城市三藩市（金山）則被改稱爲舊金山。由此，可以得知十九世紀中葉遠洋華工在太平洋海域遷移幅度之廣袤。

在東南亞華人移民方面，早在十六世紀，麻六甲、巴達維亞等殖民地的華人社會中，已經有某一方言群占據主導地位的現象，該方言群中的商界首領人物也就自然地成爲華人社會的領袖人物。爾後，隨著更大的移民潮到來，基於不同方言、祖籍地紐帶的各類社團紛紛建立，華人社會因此呈現出多樣化的發展趨勢。大批華人移民進入海峽殖民地（檳榔嶼、麻六甲和新加坡）並不是以鴉片戰爭爲起點，而是以新加坡開埠爲開端。一八一九年，英國占領了新加坡島；短短五年後，英國又在一八二四年從荷蘭人手中奪取了麻六甲，新、馬由此成爲英屬海峽殖民地。隨著新加坡這個新興港市的迅速發展，麻六甲逐漸失去其在商貿領域的生機活力。正處於蓬勃發展中的新加坡接納了數量日漸增長的中國新移民。英國將新加坡和香港經營爲自由港，發揮其維繫殖民地之中轉地的作用，到了一八二〇年代末，新加坡已經發展爲每年有十三萬噸船舶入港、貿易額快速增長的港口城市。一八五〇年代，移民到新加坡的中國人大規模開採礦山、種植橡膠，構建了新加坡的經濟基礎。

除了華僑苦力貿易、契約移民等問題，華人資本在亞洲商業活動中發揮著重要作用。例如福建商人承擔著清朝與琉球之間的朝貢貿易，並且長崎港大部分對外貿易由中國商人承擔；在東南亞，來自廣東的潮州商人包攬了清朝與暹羅王朝之間的朝貢貿易。華僑商人已經構成了極爲廣闊的商業關係網。日本學者濱下武志認爲華僑僑匯是實現中國對外貿易入超局面的重要手段，雖然華僑僑匯主要用於維持家庭生活及保障自己回國後的開銷等非生產性活動，但大量白銀通過金融市場流入中國而產生了補充國內流通資金和貿易金融資金的作用。僑匯業者（銀信局）及外國銀行通過新加坡分行與香港、廈門等其他通商口岸分店之間的配合提供華僑僑匯服務。從十九世紀下半葉到二十一世紀，在豐富的移民、僑匯個案研究中發現僑匯推動形成的亞太區域網絡，促進了交通、郵政、商業網絡、金融匯兌等環區域、環海域的國際性交流，華僑、華人因此構建了一個龐大的中華關係網。

至於海外華人社團的特性，孔復禮認爲華人親緣是華人文化範本的主色調，華人社團的組織形態主要可分爲四大類：一、地緣紐帶（compatriotism，同省、同縣、同鎭乃至於同村，以方言區分）。二、血緣紐帶（kindship，眞實的血親關係或想像的家族認同）。三、神緣紐帶（corituality，信奉某共同神靈）。四、兄弟會（brotherhood，類似「私會黨」）。當然這四類組織形態時常有相互結合或重疊的狀況。這些組織形式都源自中國本土，其歷時久遠且已深深地紮根於中國社會，但是它們被加以靈活地應用，不只是僵化地複製中國社會的古老模式，而是作爲具有靈活性的範本，適應了海外華人在當地千變萬化的社會環境中謀求生存發展的需要。中國海外移民與眾不同的特質，在於他們對家鄉的情感的「聯繫」。空間的「分離」，並不是華人移民的本質，反而是強化、擴展、深入異地與家鄉間的空間尺度，更深深影響中國經濟與政治的發展，進而創造了中國近現代史於全球經濟、貿易、政治體系中複雜綿密的網絡。

社會階層與家庭結構

傳統中國社會有「士農工商」四民之說，士爲四民之首，士主要是指讀書人，在清朝爲科舉場上得過秀才以上功名的人。這種分等情況在十九世紀中葉以後逐漸改變，不僅商人階級逐漸上升，社會階層也逐漸被打破。社會流動伴隨著新的社會職業性質而出現社會分工的科層化（bureaucratization）。使得傳統四大階層的結構和人數比例，都逐漸發生變化。其一、商人的勢力增加，商人的地位不斷提高。其二、新知識分子進入士階層，逐漸取代了仕紳的地位，而爲社會的領袖群（social elite）。其三、工階層逐漸分化爲工程師、技工和勞工三類，而勞工逐漸變成社會上的重要勢力。第四、農民仍占人口中的大多數，而且中國農村經濟不僅沒有改善，多數農民仍是貧無立錐之地。仕紳、新知識分子和富商作爲社會領導階層（elite），工人則成爲社會的新興勢力。

如本書第七章所言，五口通商後，中外貿易活動日趨發展，從事買辦職業的人數不斷增長，遂於「士農工商之外，別成一業」。近代商人不甘蟄伏於「四民之末」，而努力向仕紳階層流動，「惟經營大獲，納資得官，乃得廁身縉紳之列」。近代由商向紳的流動，不僅改變了士階層的構成，而且也必然導致傳統身分等級結構的解裂。不僅由商向紳的滲透，亦有由紳向商的轉變，「同、光以來，人心好利益甚，有在官而兼營商業者，有罷官而改營商業者」。傳統的功名身分甚至官職爵祿不再是社會唯一的價值指向，失去了固有的吸引力，社會價值指向發生了根本性逆轉。甲午戰爭之前，盛宣懷等一批洋務官紳經營近代企業，是由向商流動的開始，而在一八九五—一九一三年華資企業逐漸創建的風潮中，官、紳向商人（企業主）的流動已是極爲普遍的社會現象了。在這一劇烈的社會變動中，紳士所具有的功名身分逐步趨於失落。二十世紀初科舉制度的廢除、新式教育體制的勃興和歸國留洋學生，造就一批新知識分子的崛起，所帶動的社會變革，使得傳統「士人」階層的意義及其歷史命運產生根本性轉折。以傳授適應某種職業的知識和技能爲目的而設置的近代教育體制，使得傳統的身分等級結構被近代的職業功能結構所取代。近代社會中新興的「商」「學」「法」「工」，乃至各種自由職業都成爲新知識分子選擇的職業目標，由此清末民初社會階層顯然已較以往更具有流動性。

雖然如此，直到清末大規模社會政治活動中，如一九〇五年中美工約風潮、收回利權運動、地方自治運動、保路運動乃至辛亥革命都無法排除仕紳力量的參與及其影響，尤其是地方仕紳在諮議局和清末民初政權轉移下的呼風喚雨角色。據張玉法的看法，得過科舉有舊功名的，可以視爲舊仕紳，但其中得有舊功名的人，約有三分之一後來又進入新式學堂，或到外國讀書；有舊功名而又受新教育的，可視爲新仕紳。最初，社會領導階層的人都來自舊仕紳，一九〇五年以後，由於科舉廢除，舊仕紳的地位漸爲新仕紳取代，同時受過新式教育或留洋的新知識分子逐漸發揮影響力。在一九〇五年以前，社會領導階層來自新知識分子者極少，但其地位不斷上升，到一九一二年民國建立以後，新知識分子就逐漸取代了仕紳而為社會的領導階層。

在工人與農人方面，據統計一八六〇——一八九〇年代，中國近代企業約有一百七十多個，平均每年有三個企業出現。在上海，一八九〇年後的五年內，平均每年有近十個新企業誕生，再加上外國資本的一百多個企業，僅由農民、手工業者、市民向雇傭工人的流動人數大約就達到十萬人，其中向中國自辦企業工人的流動約有六萬人，平均每年約有兩千人向工人職業方向流動。清末廣州有工會的出現，一九〇九年成立的廣東機器總工會。到了民國建立後，工會組織繼續發展，香港有華工機器總工會、上海有製造業工人同盟會、漢口有人力車夫工會等。

從社會人群看，還有兩種改變，即青年和婦女的地位提高和活動日增。就婦女而論，近代以前的婦女，不能入學校、不能參加科考、不能就業，只是家庭中的一員，而不是社會中的一員。一八九七年上海不纏足總會成立，梁啓超為發起人之一。梁啓超的《飲冰室合集．戒纏足會敘》中批評傳統社會只把婦女的存在視為「一曰充服役，二曰供玩好。」由是，女子如何能培養優秀氣質，成就「賢妻良母」、「強國保種」！自甲午戰後，有戒纏足、興女學運動之展開，報紙、雜誌也大力提倡女權，女子不纏足者漸多，政府也逐漸給予婦女教育的權利。婦女不僅在社會各行各業活躍起來，而且也參加了革命運動。民國建立以後，更有許多婦女團體，運動婦女參政，提倡女權，如上海的女子參政同志會、男女平權維持會等。一九一二年，廣東的省議員選舉，有女子當選爲議員。是年全國有十四萬女生分別在全國各地就讀（男生約二八〇萬），這不僅是女權運動的初步成績，也是社會變遷的重要一環。

就青年而論，青年在傳統社會中普遍沒有地位，知識青年的精力多消耗在科舉及第的仕途階梯，很少能關心國家事務。但受近代政治運動的影響、以及新式教育發展的影響，青年不僅日漸關心國是，而且也容易聚集成一股大的力量。一八九五年，甲午戰敗後在北京參加進士考試的上千名舉人，聯名上書，要求拒絕與日本講和，並要求政治改革，可說是近代青年運動的開始。其後留學生和新式學堂的學生，許多都投身於革命運動。青年蓬勃奮發之朝氣與活潑進取之精神，往往是批判政治社會的進步力量。一九一一年廣州黃花崗之役殉難的八十六位烈士，平均年齡不足三十歲。一九四三年三月二十九日，中國國民黨三民主義青年團召開第一次全國代表大會，認爲黃花崗烈士的事蹟不亞於五四學生運動，因此定此日爲青年節，成爲現今三二九青年節的由來。

在家庭與婚姻方面。考察家庭結構，通常有三個指標：家庭類型，可分爲核心家庭（由一對夫妻及其未婚子女所組成）、直系家庭（父母和一個已婚子女及其配偶、後代所組成，又稱主幹家庭）、複合家庭（父母和兩個或多個已婚子女及其配偶、後代所組成，又稱聯合家庭）等。在清代，複合家庭是家庭發展的主要價值取向。清代《戶部則例》規定：「凡祖父母、父母在，子孫不准別立戶籍，分異財產。其父母許令分財異居者聽。」《清律例．戶律》中還有對「別籍異財」處罰的具體規定。累世同居的複合式大家庭雖為社會所尊重，但一般的複合家庭很少超過三代。祖父母一逝世，子孫就可分居，此時，家庭又只包括父母及其子女了。事實上，十九世紀中葉以後到二十世紀初期的中國家庭，大概以每戶五—六人者為多，數代聚居者很少。據何炳棣的研究，一三九三年（明）平均每個家庭五．六八人，一八一二年（清）平均每個家庭五．三三人。另外一個數據是一八二〇年每個家庭約五．四人，到一九一一年為五．二人。大抵是呈現「一夫挾五口」的情況，從家庭平均人數而言，整個清代變化並不大，其中一個原因是平均壽命較短。而清代平均婚齡女子十七—十八歲，男子則在二十一—二十五歲。這一家庭平均人數和男女結婚年齡數字，雖然不具現代社會科學調查的精準方法，但它畢竟仍提供了一種參考指數。

二、現代城市與新異事物

上海兩大租界

上海的開埠是近代城市史的里程碑。一八四五年英國在上海開始建立英租界，開啓了外人在華租界的歷史，上海英租界的成立，也終結了廣州行商制度，後來的發展也取代了廣州口岸的經濟地位，成爲近代第一大城市。一八六三年，英美兩國在上海租界合併而成公共租界，以及一八四〇年代就有的法租界，兩大租界使上海成爲「西潮」登陸中國的起點，打造起一座「東方巴黎」。

「租界」二字最初源出於「劃定界址」與「永遠租賃」這兩個片語，是從中各取一字合在一起構成的新詞彙。它是由《南京條約》等不平等條約確定的一項原則：在准許外國人「常川居住」於通商口岸城市的前提下，不允許外國人在通商口岸城市買地，只允許永遠租賃，簡稱永租，而且，只允許在劃定的「界址」以內永租土地。所以「租界」的原始含義只是「供外僑永遠租賃而標出界線的一片土地」。然而，由於一八四五年設置英租界到一八六三年上海公共租界與法租界並存的格局基本定型，二十年間發生的變化，使得近代上海租界事實上成爲一個「特異的行政區劃」。特別是太平天國動亂之中，一八五四年上海租界根據納稅人會議結果，組建自治的代議制市政機構上海工部局，後來，工部局成爲一個擁有軍隊、警員、監獄和法庭的租界行政機構，又有徵稅、審判、管理市政設施、教育、衛生等各項權力。這套制度在上海完善後，被推廣到其他口岸租界。

過去較強調上海租界的特殊殖民性質，當今學者更多著重上海租界具有開放競爭、制度管理和全球化商業中心的特性。租界設置以後歐美以至亞洲各國移民紛紛來到上海，與之同時，國內各省，各地區移民先後移居上海，華洋分居的禁令很快突破，華洋雜處格局早經形成。城市人口結構這一特徵決定了上海租界是多國籍，加上中國各省區移民共處的移民城市。上海租界從建立之初就已經不單純是英、美、法等歐美國家商人的活動天地，也有南歐國家和北歐各國的商民前來，爾後日本、朝鮮、越南、印度、呂宋（菲律賓）等亞洲國家，以及墨西哥、巴西等拉丁美洲國家的移民紛至遝來，還有散居歐洲各國的猶太商人移居上海租界。加以國內江浙、京津和其他各省的移民紛紛湧入，迅速形成了一個奇特的縮微型的「地球村」。石海山（Stein Seeberg）在《挪威人在上海一五〇年》，具體生動的描述了在上海僅行走半小時多，卻有穿越多個國家的空間經驗：

假如有人想從南京路乘電車去中國城裡的某個地方，他必須先乘英國電車到租界邊的愛德華七世大街（今延安東路），接著穿過馬路進入法租界，乘法國電車到南頭，然後穿過民國路，再乘中國電車繼續前行。在這趟半個多小時的路途上，首先可看到的是穿著英國員警制服的英國人，白俄人和印度錫克族人，然後是穿著法國員警制服的法國人、白俄人和越南人，最後是中國員警。

這是一個人口、語言、民族、宗教、風俗、服飾多元，娛樂方式也非常多元的特殊地帶。

甚至連貨幣都可以是多元。幾乎所有重要的列強都有銀行在上海發行過貨幣，確切可計的有十八家。它們發行的各種面值、各種文字、各種顏色、各種圖案的紙幣，英國女王頭像、孫中山頭像、自由女神像、財神爺趙西元帥像等，同時出現在上海貨幣市場上，光怪陸離，莫此爲甚。當時世界城市中很少有一座城市能夠像上海一樣有那麼多品種的貨幣流通。

上海的特殊性，就如同上海史研究專家熊月之所言，上海租界處於中國權力控制的邊緣地帶。租界雖是中國土地，但受治外法權保護，中國地方政府不僅不能管轄作爲上海城市主體的租界裡的外國人，連對租界裡的華人也沒有充分的管轄權，不能隨意徵稅，不能隨意拘捕，不能隨意審判。就地理位置而言，上海也處於英、美、法等國權力控制邊緣地帶。公共租界雖然在大部分時間裡權力主要控制在英國人手裡，但是它不同於香港或新加坡的殖民政府的運作，工部局總董不等於香港總督。工部局總董由租界有關居民選舉產生，並不需要向英國政府或英國駐滬領事負責，也不一定總要聽從英國領事的意見。法租界的情況有別於公共租界，但法租界與法國政府的關係也不是殖民地與宗主國的關係。這種權力控制邊緣地帶，出現在兩個租界並存，三個政權同在的情況下，是極爲特殊的，對於英、法、中等國家的中央政府的權力中心而言，也更爲邊緣。這種權力控制邊緣地帶，加上英華、法華之間在政治、司法、價值和文化傳統方面的大異其趣，而英、法之間自十九世紀末以來又有激烈競爭海外殖民地的霸權之爭，於是，在華界與公共租界、華界與法租界、公共租界與法租界之間，事實上存在三道行政控制的縫隙，整個上海便成爲全世界古往今來獨一無二的異質文化交織的特有區域。因此，上海租界的和平相融，也反映了一種特有的國際治理下的制度運作和利害妥協。

上海租界的制度化運作，不僅保護外商的種種特權，對於華商私人資本的投資，也同樣具有維護作用。從一八七〇年代以後華商繅絲、絲織工廠迅速地向上海集結，上海成爲中外貿易的中心。多國籍、多省區移民聚居租界，以及由此而營造的多元文化結構，注入了近代上海工業發展和技術提升的活力，並有利於多層次工業門類的興起。一八九五—一九一一年間捲菸業、火柴工業、棉籽油榨油業和造紙業等工業門類相繼拓展，除了外商，其中也有不少是華人創辦的工廠。據學者研究，上海之所以吸引工業投資的相關因素中，安全和制度化管理至關重要。例如：從一八四五年第一次頒布到一八九四年間，《土地章程》就幾經修訂，以求完善公平。上海吸引工業投資的相關因素，大致有以下四方面：

一、土地永租權。第一次《土地章程》就規定了外商可以在上海租界以永遠租賃形式獲得土地使用權。它保障了工業投資者合法地取得廠基使用權。一八五四年第二次《土地章程》不再強調「華洋分居」，事實上承認了「華洋雜居」。未設滬領事的國家的移民允許在其他各駐滬領事館註冊而取得道契；華商私人資本工業投資者相應地也可以通過「掛號道契」形式取得土地承租權。當然，其中也含有種種令華人覺得不平等的現象，首先，華商作爲中國公民卻反而要經洋行受理「掛號」才能取得相應的永租權。其次，儘管《土地章程》規定永租權只適用於租界以內，實際上對外商卻沒有約束力，早在十九世紀四〇年代末外商已超越了租界，擴大到當時並未正式成爲租界的虹口地區以及從未成爲租界的浦東地區。同時，由於「道契」象徵的土地使用權可以買賣，可以抵押，對工業投資者拓寬融資管道具有積極作用。

二、相對穩定的地方稅捐制度。從第一次《土地章程》關於徵收道路、碼頭捐方式及建立道路碼頭委員會開始，租界制定了一整套地方稅捐制度。在稅捐種類、額度、徵收時間、範圍等等方面都作出明確規定，確定了未經納稅人會議通過，租界行政當局不得擅自變更，租界當局必須向納稅人會議做出相關的年度預算、結算、財務報告等各項原則。與當時中國各地方官府或勢力任意設卡、隨意設置稅種、任意提高徵收稅金額度等諸多不合理的人爲操作因素相比，租界稅制的穩定性，更加吸引工業投資者。

三、領照律。從第一次《土地章程》對於「開設店鋪，發售食物品之類……須由領事予以執照，加以檢查，然後允許設立」開始，以後逐步增加「領照」專案，到一八六九年第三次《土地章程》設置「附律」，將大多數行業列入領照範疇（一九〇〇年前又有多次補充）。儘管在領照問題上往往出現對華商的歧視，然而，整體而言，對市場配置、市場監督、管理，營造一個有序的市場環境大致有規章可依，與當時中國內陸市場，往往由土豪劣紳肆意妄爲的狀態相比，更有利於工商業正常運行。

四、納稅人參與地方立法與行政制度之制定。從第一次《土地章程》開始，除了納稅人會議、推選代表參與管理道路、碼頭等事務以外，還有一系列相關的條款，如：第十二款規定「共謀修造木石橋樑，清理街路，維持秩序」；「其費用得由租地人請求領事召集會議，以議定分擔方法」；對城市公用設施，租地商人應「妥爲商定」，由納稅人會議選用「更夫」等等。以後，逐步擴大到稅捐體制、衛生管理、消防管理等等方面。這一全新的地方行政體制的相對完善，有利於吸引中外資本在上海投資於近代工業。

在各種相對優越的投資和貿易發展條件下，上海人口數包括公共租界、法租界、租界外的市區以及近郊，一九一〇年約有一三〇萬人，一九二七年已達到二六〇萬人，由此可窺大上海地區人口成長之快速。

打造摩登城市

上海租界不僅是進出口外貿樞紐港、近代輕紡工業輸入中國的重鎮，在公共設施方面也是近代城市生活示範區。自來水、電燈、煤氣、排汙工程、公共交通、電話通訊等現代化基礎設施，在清末民初相繼引進上海。晚清上海報刊《點石齋畫報》反映了租界市政的生活。特別是有防火自來水裝置的報導，「救火奇法」、「龍頭走水」、「玉潤香溫」、「爭水釀命」等方面都市公用事業報導。一則「操演水龍」畫報提到租界當局對救火隊伍建設和訓練的情形如下：「法國管龍（按：水龍）西人就工部局石級前，將龍及車排列齊整，各水夫均穿衣戴帽，一如救火時裝束，鵠立兩旁，然後用照相機器映成一照。聞將帶回本國，上獻國皇，以示滬地之聿修火政也」，這則消息顯示防火隊員時時操練的情形。雖然畫報上也時有上海城內居民因使用煤油點燈不慎，火災頻傳的事情，但它也反映了租界當局對防火裝備等公共安全的重視。

事實上，根據外國人的記載，一八七二年上海租界建成第一座小型水廠，時稱「沙漏水行」。一八八〇年，英商上海自來水有限公司正式成立，向英租界連續供水，其後又在法租界鋪設管道供應自來水。《紐約時報》一八八六年提到供水問題通常是東方城市的致命弱點，而令人稱奇的是上海有一個了不起的供水系統，提供居民優質飲用水。後來又有文稱讚上海有一個組織良好的消防部門，配備了救火機。如果對照當時的紐約，上海城市的進步不遑多讓。在十九世紀二十年代的紐約，「死掉的貓和狗隨處可見，致使空氣奇臭難聞；積塵和煙灰都被扔到街上，這些街道在夏天兩星期才清掃一次，而最大、最擁擠的街道要一個月才清掃一次。紐約的飲用水很糟且帶有鹹味。即使是所謂的曼哈頓水……也說不上好。骯髒的環境加上糟糕的水質致使在紐約疾病的蔓延如同賺錢一般猖獗」。一八三五年，一八四五年和一八五八年紐約還發生了三次大火災，其中，一八五八年的一場火災燒毀了市政大廳的一部分。

一八七七年十二月二十四日《紐約時報》發表〈火輪信使——一個美國人的遊記〉，首次向美國公眾隆重介紹了上海外灘，向世人展示它豪華誇張的建築風格及廉價土地。數年後《紐約時報》稱外灘為「遠東最美的風景」，「外灘上的建築美觀輝煌，讓居住在這個城市裡的人感到無限的榮光。這個城市完全國際化了，她的街道呈現出世界上最獨特的風景」，它不禁讚歎一些華麗的別墅完全不遜於美國的建築：

FIG. 28.—NANKING ROAD, SHANGHAI.
The Broadway of the Far East.

圖 8-3　上海南京路被外人喻為遠東百老匯。Julean Arnold and Various American Consular Officers, *Commercial Handbook of China*, Washington: Government Printing Office, 1919.

……走進租界，進入我們自己的城鎮，你會發現，這裡任何一個商店裡，都能買到所有的東西，歐洲貨或清國貨一應俱全。租界的建築，大多為洋人所有，這是他們在上海絕妙的投資，因為他們的國人只在租界居住，房地產市場興旺發達。走過租界後，就到了跑馬場。……遠東最好的一條街道就從這裡開始。整條街道不超過六英里，路面整潔、完美，街道兩旁有漂亮的花園別墅。有些別墅，簡直可以與美國羅德島的新港相媲美。這條道路一直延伸到租界旁的徐家匯，再往前就變成清國狹窄的手推車道了。

上海的市政措施的進步，勢必仰賴一群專業的建築師和工程師。基於建造「摩登上海」的企圖，一棟棟高聳美觀的建築物逐步矗立在上海法租界和公共租界，如何打造公共設施、改良交通工程和商機利益的挑戰，在在吸引了外籍工程師來到上海展現他們的雄心企圖。一九〇一年一月，在英國人毛里遜（Gabriel James Morrison）的倡議下，以英國爲首的一群工程師成立了第一個在中國的外籍專業工程學會社群，由毛里遜擔任首任工程學會主席，初始會員即有八十五人。這群工程師最關注的便是上海港疏浚和上海租界的公共工程，例如郵政、電訊、電力、交通和自來水等公共基礎設施和改善上海的居住生活品質。毛里遜爲一八七六年由英商集資建築上海吳淞鐵路時的總工程師。該鐵路通行未及半年，因火車壓死一個行人，激起附近中國居民的反對。幾經交涉後由清政府出資將這條鐵路買回，最後將鐵路拆除。在劉銘傳擔任台灣巡撫時，奏請清廷修建台灣鐵路，清廷將吳淞鐵路拆下來的設備和材料運到台灣。就此而言，毛里遜等上海工程師也和台灣鐵道史產生了聯結。毛里遜於一九〇二年退休返英，一九〇五年病逝英國。

上海開埠後，西學東漸，成爲西學在晚清中國傳播最早最大的基地之一。洋人通過創辦學校灌輸西學，是西學傳播的重要途徑之一。一八四四年（清道光二十四年）簽訂的《中法黃埔條約》規定法國人可以在通商「五口」租地，可以造「學房」。開埠後的上海，洋商、西僑特別是外國傳教士陸續辦起了若干學校。從一八四七年美國聖公會傳教士文惠廉創辦的第一所男塾（後稱懷恩小學），一八七九年（清光緒五年）聖公會施約瑟創辦的聖約翰書院（後發展爲聖約翰大學），到一九〇九年（清宣統元年）的六十年間，上海由洋商或洋商捐助創辦的中小學堂有十八所，大學堂二所，共有華人男女學生二四九〇人。這些外國人辦的學校依照一般歐美辦學模式，不同於中國傳統教育方式的背誦式教學，講究因人而異，循序漸進，且善於啓發學生思考和動手能力，這種新型的教育模式爲中國後來的教育改革，建立新的教育體系有著啓蒙、借鑒的作用。

上海出現具有眞正現代傳媒意義的報刊，始自一八五〇年八月由洋商創辦的英文報紙《北華捷報》（*North China Herald*）。一八六四年六月，出版人字林洋行將原來《北華捷報》

圖 8-4　建造吳淞鐵路的英國工程師 Gabriel James Morrison，同時也在上海創辦了第一個外籍工程師學會。Engineering Society of China, *Report and Proceeding*, 1941, Shanghai.

的副刊《船務商業日報》改爲《字林西報》（*North China Daily News*），原來的《北華捷報》周報改爲副刊，偏重於時事政治，隨《字林西報》贈送；後來《字林西報》發行量大增，成爲英國海外報系中最大的英文報刊，與上海西僑有密切關係，在中國建立龐大的通信網絡。據《上海新聞志》記載，上海開埠至民國成立前，先後出現外文報刊八十四種，中文綜合報刊、晚報、宗教報刊、消閒性報刊共一五二份。

甲午戰爭前，上海的報刊業基本是洋商報刊一統天下，主要是英國人開辦或操縱的。華人辦過幾份報紙，但存在時間都不長。甲午戰爭後，上海成爲維新變法的輿論中心，中國人自辦報紙才大量發展起來。上海出現的第一張中文報紙是《上海新報》，創刊於一八六一年十一月。一八九四年中日甲午戰爭前，上海出現的中文報紙中能立足上海並長期發

圖 8-5　上海之特殊現象「婦女亦騎腳踏車之敏捷」，《圖畫日報》，1909-1910 年。

行的，主要是英國商人創辦的《申報》、《字林滬報》和《新聞報》。這三張報紙共同特點是都聘用了華人主理筆政，以拓展中文讀者。洋商出版的中文報紙提供上海進出口商情和東、西方國情，傳播了西方的物質精神文明和先進技術，並培養了早期中國的新聞人才和專業。到了二十世紀初期，《申報》的產權與管理權逐漸移轉至華人手中。一九二〇年代，它的業務蒸蒸日上，成爲上海乃至全中國最大的商業日報之一。

異國事物的總匯

洋商、外僑的湧入以及租界的建立，帶來了西方人的文化、體育、娛樂方式，各類俱樂部（習稱總會）相繼在上海建立，體育賽事經常舉辦，公共園林不斷建設，這些新異事物和藝文活動，對推動上海近代公共文化、娛樂休閒、體育事業具有較大的影響。十九世紀末至二十世紀初傳入中國的運動項目繁多，例如為人所熟知的足球、網球、棒球、高爾夫球，或者較陌生的體育賽事，如板球、槌球、賽船（rowing）、獵紙賽（paper hunting）等等。各國洋商雲集上海，帶來各國流行和擅長的文化藝術活動，形式多種多樣，它既衝擊了中國固有的傳統文化，又逐漸滲透並融入上海市民的生活，體現了世界各種文化在上海的匯合與交流，並對其他口岸形成一種示範和啓蒙作用。

十九世紀中葉隨外人傳入上海的，還有「總會」。總會最早出現是英商上海總會，也稱上海俱樂部、英國總會、皇家總會。它是英國十八世紀下半葉出現的紳士型俱樂部（gentlemen's club），此制原為城市中上階層休憩聚會之所。傳入中國之後，華人強調其議事的功能，將之譯為「總會」，日本則著重其聚集行樂的特徵，稱之為「俱樂部」，中文世界遂將這兩個詞彙混雜並用，不同口岸在不同時期的用法也略有出入。以上海一地而論，一九四九年前大抵以總會指稱紳士型總會，而「俱樂部」則多指一九三〇年代興起的同仁俱樂部。

英商總會約一八六二年（清同治元年）由在滬英僑發起，英商兆豐洋行資助三．五畝土地、四千五百兩白銀，在黃浦灘路（今中山東一路三號）建造，爲三層磚木結構樓房。一九〇九年（清宣統元年），英商怡和洋行等公司聯合投資改建爲地上五層，地下一層，一九一〇年落成。內設酒吧、彈子房、閱覽室、棋牌室、客房，地下室有地滾球場。長達三十四米的酒吧，時稱「遠東之最」，有可容納兩千多人的大宴會廳，整座建築融合歐洲不同時期的建築風格，非常別緻。上海總會是洋行行東、銀行經理、各國領事、大英按察使、工部局董事、租界行政官員等「知情人士」相聚之所，掌握各種情報的地點，可以說是上海公共租界內的最高行政當局——上海工部局——之外，一個非正式權力的情報和協調中心。上海各國總會中，英商總會不僅成立時間最早、具典範性，更對滬上的華人社交形態有一定的衝擊。百年之後，以迄於今，這座總會仍具有象徵意義。二〇一一年成爲美國紐約華爾道夫酒店（Waldorf Astoria New York）於外灘的駐點，該酒店仍特意標榜該店具有老樓濃郁的「英國紳士俱樂部」的氣氛，爲商業化的酒店注入古典歷史的品味。

繼英國總會創辦後的一八六六年，德商總會設置，後來幾經遷移。一九〇七年（清光緒三十三年）德總會新址在外灘仁記路（今滇池路）口落成。設酒吧、檯球房、閱覽室、餐廳，附設有十個雙打場地的網球場。據載，德國總會建築立面是典型的折衷主義風格，綜合德國式羅馬風建築、文藝復興建築和巴羅克建築的特點。主體建築高三層，磚木結構。上海德國總會立面兩端設計有突出的瞭望亭，上蓋巴洛克式曲線形尖頂。二、三層前部橫貫長陽臺。二層陽臺欄杆安置一雕鏤極精的石像。第一次世界大戰中國對德宣戰後，德國總會被中國政府沒收，後由中國銀行收購，一九三四年拆除另建中國銀行大樓。所以，原德國總會建築的面貌，現已不復見了，祇能從圖片上憑弔。此外，一九〇三年，德國人在寶昌路（今淮海中路）建德國式鄉村別墅樓，稱德國花園總會或鄉村俱樂

圖 8-6　清末《點石齋畫報》刊載的上海法租界懸燈之景象。

部。法國人和美國人也設置了總會。早期的外商總會均採用會員制，領館人員，外籍軍官，工部局、巡捕房上層人員，洋行、銀行、工廠、商店外籍高級職員等才有資格入會，除特殊情況，一般不對華人開放。華人菁英也在二十世紀初效法，成立自己的總會，如上海銀行俱樂部、聯華總會、虹橋俱樂部（The Chinese Country

圖 8-7　上海德國總會外貌，今已不見。清末 1909-1910 年《圖畫日報》。

Club）等。一波波華人總會的模仿出現，顯示這類固定會所、具有排他性、結合住家與休閒設施的總會文化，已深入人心。

舞會是西方社交活動的一種娛樂和交際方式，在中國的通商口岸城市，外國僑民舉辦舞會也往往邀請一些中國官員和商人參加。根據中國學者馬軍的研究，上海租界內的第一次舞會舉辦於一八五〇年十一月，而一八六〇年就有了外籍教師在上海教舞的先例。一八七九年五月二十一日晚，公共租界當局在上海總會舉行專場舞會，盛大歡迎來華訪問的美國前總統格蘭特，共有二百多人參與，從晚十時半開始，直至次日淩晨四時始告結束。發表在《紐約時報》上的一篇報導稱這是「上海街頭有史以來最盛大的展示」，而為這位前總統舉行的豪華招待會的消息傳遍了全世界，使他在國內的聲譽更加光彩奪目。從上海出發，格蘭特及其人員赴天津和北京，和李鴻章見了面，後者熱烈歡迎這位和他一樣曾平定國內最大叛亂的將軍（格蘭特是美國南北戰爭的英雄）。此外，一八八七年二月，公共租界當局爲慶祝英國維多利亞女王登基五十周年，亦舉行了一次大型的慶祝舞會。當然，法租界亦舉辦各式舞會，包括公董局舉行過慈善跳舞晚會。

中國人對洋場的西人舞會有怎樣的文字敘述和想法？少數受邀參與西人舞會的上等華人（官員、買辦、譯員等）最早是把它作為一種奇聞軼事，帶著新奇的目光從旁觀看，並形象地將其稱為「跳戲」，直到後來才又改稱跳舞。隨著東西交往日漸深入，終於出現了由中國官員舉辦的第一次交際舞會，地點是在上海。一八九七年十一月四日（農曆十月初十），新任上海道台蔡鈞爲謀中外親善，以慶祝慈禧太后壽辰爲名，在靜安寺路洋務局行轅門舉行盛大跳舞會，「以西例敬禮西人」，招待各國在滬顯要，結果獲得了「敦友誼、諳西例、重交涉」的讚譽。在上海的英文報刊《字林西報》（*North China Daily News*）盛況報導此事，文中提到除了廣邀各國領事和各水師提督，還有「名望素著之各紳商士女」，舞場安置得宜，還有西人樂隊伴奏，共跳了二十二回。文中精彩描述如下：

由馬路門直至行轅門，懸掛明燈數千餘盞，大小相同，頗極輝煌，更有電氣燈，照耀行轅內外，宛同白晝。進門以內，有斗篷房、飲食房，迎送房，亦無不窗明几淨，陳設一新，其欄杆與各門均紮各國旗幟，及繡幔彩綢不等。跳舞場安設內院，上有天花板，下有硬木板，院後又有坐客廳，所備大餐，泉香酒冽皆極豐美。道台率同譯員、鳳太守，衣冠整肅，躬自接送。斯時我西人之到者，或佩帶寶星，或領金線，或戎裝介冑，或公服帶刀，以及婦女之華麗衣服，亦一時俱備，鮮妍奪目。並由西樂一班，由班首斐納帶令鼓吹。未幾賓客略散。即舉行跳舞會計共二十二次，無不稱羡，跳舞場之安置得宜也。

這次舞會可視爲上海道台一次成功的外交手腕，也顯示上海政商界具有的開放性格。有這次上海道台的加持西人舞蹈，西式交際舞會等於獲得地方官府的默許，之後上海華官又有數次仿效舉辦的舞會。然而，男女授受不親的觀念和女性裹足小腳，成爲晚清時期交際舞向華人世界推廣的兩大障礙，要排除這些障礙，還有待新世紀的到來。

由於西人舞會日漸增多，上海逐漸出現了若干較爲固定的舞會舉辦場所，例如上海總會、德國總會、法國總會等，它們作爲外僑餐飲休息、社交聚會的俱樂部，內部闢有可供「跳華爾茲」的房間。晚清上海著名的最大公共空間——一八八五年由無錫人張叔和創辦的「張園」（又稱「味蒓園」，位於今泰興路南端），內建有一座名爲「安塏第」的洋樓（Arcadia Hall，取名「世外桃源」），亦是西人舞會的常辦之地。張園地處上海公共租界，鼎盛時期許多外國事物均在此新鮮登場，如：電燈、照相、電影、熱氣球等等活動，上海各界集會、演說的場所，也在此大放高論。大致而言，一八八〇年代以後上海已出現了上述可供跳舞的公共場所，但它仍屬於臨時性質，僅是不定期地爲舞會舉辦方提供場地或租賃服務，顯然和二十世紀初期出現的營業性舞廳是不同的。

上海不僅是「西學東漸」的先驅之地，更是「西物東漸」的窗口，如同西學傳入中國後，產生在中國本土化的轉化路徑，西物進入中國後，同樣也有類似的過程。十九世紀後期隨著帝國主義在全球的殖民活動，體育賽事是歐美移居者的日常娛樂和健身活動。運動與殖民之間，存有極緊密的關聯，殖民者一方面利用運動（sports）來推廣其儀節規範、行爲準則，一方面也藉此展示西方文明的優越與陽剛，藉以與被殖民者的落後和陰柔作一對比。在中文世界裏，「運動」其實是一個模糊的概念，經常與「體育」混爲一談，但如回溯到它們在西歐的起源，便會發現兩者源自不同脈絡，且各有指涉。「運動」源自以英國爲主的市民社會，由私人組織以俱樂部的形式推動，其內容以遊戲、競賽、休閒

圖 8-8　工部局華捕在捕捉沒戴狗套的狗，上海《點石齋畫報》。

爲核心。「體育」（physical exercise or physical education）則源自十九世紀德意志的國家建構，以國家爲主導，規訓爲取向，目的在培養強健的國民。這兩者後來在國民教育體系中雖有匯聚，但在涵義上仍有相當明顯的分界。台灣學者張寧研究上海的跑馬、跑狗與回力球賽，指出這三項特出的運動不論任何角度來看都和「體育」不同，不至於將純粹好玩的遊戲與強國強種的動機混爲一談。而這三種運動，除觀看以外，它們還具有明顯的賭博性質，此一特性深刻吸引了華人的關注與興趣，由娛樂盛事轉變爲大型賭博活動。跑馬、跑狗、回力球賽等「異國事物」進入中國後，產生微妙的變化，其原有的運動意義也被賦予不同的解釋。

在生活日常方面。上海開埠初期，由於種種複雜的原因，上海租界流行了數次嚴重的「瘟疫」，外僑於西藥的需求顯得十分迫切，上海剛開埠當然沒有西藥房可供解決問題。於是，早在一八五三年就有英商首創老德記藥房，不久又有德商科發大藥房、英商屈臣氏大藥房先後在上海開辦。此外，西式食品工業也漸漸登陸上海。開埠後歐美僑民紛至遝來，一八六〇年上海外國人至少已在千人以上，西式食品供應嚴重緊缺，一度雖然由香港、新加坡定班船每月向上海運輸一次，但路途遙遙，南方天氣炎熱，麵包、乳酪等運抵上海極易變質。隨軍而來的蘇格蘭農民埃凡（亨利．埃凡）在四、五十年代之交開辦了上海歷史上第一家麵包房「埃凡饅頭店」。據記載，它是前店後工廠，規模雖小卻很賺錢，十餘年後埃凡已在上海永租土地，一個退役士兵一躍而躋身「納稅西人」行列，一八九〇年初他挾鉅資榮歸故里。

在娛樂方面，一八九六年（清光緒二十二年）八月十一日，洋商在徐園又一村放映「西洋影戲」。這是最早出現的電影，距離世界上最早於一八九五年十二月二十八日在巴黎放映的電影短片僅七個多月。一九〇八年西班牙商人雷瑪斯在今海寧路、乍浦路口用鐵皮搭建擁有二五〇個座位的簡陋的虹口影戲園，虹口大戲院是中國最早的電影院。一九〇九年，美國商人賓傑門·布拉斯基在上海經營的亞細亞影視公司，是中國最早的電影製片公司。法商在上海投資創建了以製作錄音設備、唱片、唱機聞名的東方百代公司。「百代」為法文「Pathé」音譯，約成立於一九〇九年。上海最早的一批電影院全是洋商興建的，各個電影院內上映的也全是外國影片，第一次世界大戰前，上海放映的大都為法、德、英等國的影片，以法國百代公司和高蒙公司的影片最多。第一次世界大戰後，美國影片幾乎獨占了上海市場。

上海，也是近代西方購物商場——百貨公司登陸之處。百貨公司最早出現於十九世紀中葉的西歐和北美，它在中國的出現也是全球化歷史的一部分。早在第一間華人百貨開業之前，已有外國人在南京路靠近租界區的東邊設立百貨公司。一九〇〇—一九一二年，香港先後出現了華資企業先施、永安、大新三家百貨公司。在香港立足後，三大公司向北擴展，先在廣州設立分店，一九一〇年代中期起又先後向上海挺進。一九二五年發生一小段插曲，先施公司高級職員出走，另設新新公司，由此成爲老上海口中津津樂道的「四大公司」。台灣學者連玲玲研究近代上海的百貨公司，觀察其如何藉空間安排與觀念傳遞，打造一個消費天堂，形塑消費文化。到了一九三〇年代以後百貨公司觸及了更多上海居民的生活，愈來愈多的華人創辦的百貨公司也提供娛樂設施，既有助於強化對中國人和國族的認同，而且能在堅持自己是「中國人」的同時，將新興的國族認同定位到一個更大的世界中。百貨公司及與之相連的消費文化促進了世界主義，同時也傳播了民族主義，帶有一種具現代意義的複合體。

開風氣之先的天津

除了引領風騷的上海，近代城市中，天津的位置則是獨樹一幟。天津在開埠前，城市經濟主要建立在鹽業轉輸和漕運帶來的經濟利益。一八六〇年依據《北京條約》天津開埠，此後成爲華北地區的中外貿易口岸。一八六一年英國、法國、美國在天津設立租界，爾後有德國（一八九五）、日本（一八九八）、俄國（一九〇〇）、義大利（一九〇一）、奧匈帝國（一九〇二）和比利時（一九〇二）陸續在天津劃定租界，被稱爲九國租界。天津租界開闢之後，西方文化對天津各個方面影響不斷滲透。天津和上海不同的是，義和團事件時天津地區與洋人發生激烈衝突，天津老城一度被列強占領，且發生報復手段的燒殺掠奪。而上海在近代以來多次的中外衝突或軍閥內戰中，往往被外人默許或被劃爲「中立保護區」，或者成爲中國政治鬥爭和革命動盪中，各派人物的避難之處，直到中國抗日戰爭時期始發生被日軍轟炸，並且在太平洋戰爭後上海被日本占領。

李鴻章擔任北洋大臣兼直隸總督期間，天津的洋務運動一直走在前列，是一座靠近北京天子腳下，而又具有開放色彩的都市。一八七〇年，李鴻章就任北洋通商大臣兼直隸總督，許多外交事務由北京總理各國事務衙門移到天津辦理，天津在李鴻章大權在握時期成爲清朝外交政策上的中樞。一九〇〇年以前，清王朝有不少條約是在天津簽訂的，當時條約交涉的地點主要在天津英租界的利順德大飯店（Astor Hotel）。最早是由英國傳教士John Innocent（中文名字「殷森德」）所建，名稱中的「利順德」三字源於孟子「利順以德」的教諭，具有中西文化合璧的涵意。到了一八八〇年代以後才轉爲外資企業的營利飯店，一八八六年改建成爲本樓三層，轉角塔爲五層的樓房，建築面積擴到六二〇〇平方米，擁有四十間客房和四間套房，爲當時天津市最高的建築物和城市的地標。從一八六三年至十九世紀末，天津利順德大飯店一直是天津所有外交活動的場地，是許多外交代表團的活動駐地，等於是一間外交公寓。美國領事館則是設在酒店內辦公，直到一九二九年才搬遷。

天津是洋務運動的中心，天津機器製造局建於一八六七年。一八八〇年代以後李鴻章又創辦了天津水師學堂，同年又在天津建造了中國第一艘潛水艇。一八八五年創辦的天津武備學堂，是中國近代第一所軍事學校。在高等教育上，天津也有傲人的成就，一八八一年，李鴻章和英國倫敦會駐華醫學傳教士馬根濟（John Kenneth MacKenzie）建立了倫敦會施醫院，還成立了西醫學堂，號稱中國第一家西醫學院。一八九五年北洋大學堂在天津成立，是中國第一所官辦的高等學校，聘用了不少外國人，首任總教習爲美國公理會傳教士丁家立（Charles Daniel Tenney）。北洋大學堂開辦之初，設頭等學堂和二等學堂。頭等學堂，學制四年，爲參考美國大學的大學本科階段教育，開設工程學、電學、礦物學等學科；二等學堂則爲大學預科、高中階段教育。

十九世紀八〇年代後，近代體育項目在天津水師學堂、天津電報學堂等新式學堂中開展，除兵式體操、器械操外，還通過擊劍、拳擊、跳遠、跳高、跨欄、足球等運動以鍛煉學生體魄，培養尚武精神。一八九五年基督教青年會在天津設置分會，並大力推廣體育活動，籃球、排球等現代體育競技活動一一被引進中國。基督教青年會的來會理（Davis William Lyon）引介籃球進入天津，組織了中國最早的籃球比賽，籃球成爲天津市的運動文化之一。英國人則早在一八八四年在天津創立了一家足球俱樂部，時間可能比上海還早。基督教青年會始終是推廣普及西方競技體育的組織者，天津乃至全國的許多體育活動都是該組織最先引進，並在全國推廣的。乒乓球在二十世紀初也已是天津人所熟知的一項運動。由此，天津可以說是現代體育進入中國的大門口。

天津有許多領先的郵電建設和設施。一八七八年，著名的中國第一套郵票誕生，它是由天津海關總稅務司赫德和天津海關稅務司德璀琳的協助下完成。一八八一年，接連天津和上海間長達一五三七公里的電報線路開始建設。次年，接連天津和通州之間的電報線完成，之後中國全境的電報線快速增加，天津的電報設施，可說是開風氣之先。上海一八八八年天津修成第一個火車站老龍頭火車站（今天津站），還有第一輛火車機車，也是在天津組裝。賽馬活動由英國傳入天津，先後建成了幾處小型賽馬場。一八八六年，天津海關稅務司德璀琳在城南佟樓養心園附近修建了一座新賽馬場，於一九〇〇年義和團運動中被毀，後經重修並擴建看臺。

自一九〇〇年七月末至一九〇二年八月中，來自英、美、法、俄、德、日、意、奧等國的軍事首領成立了天津臨時政府（又稱「天津都統衙門」，The Tientsin Provisional Government），統治天津長達兩年零一個月。聯軍在天津組織的這個臨時政府，直到一九〇二年八月十五日才將之移交給新任直隸總督袁世凱，這在中國近代史上是極爲特殊的一頁。羅芙雲（Ruth Rogaski）很早就注意到這一時期天津城市在帝國主義占領下的衛生變遷，對城市空間的安排、水的供應、科學實驗和口岸衛生的問題，是如何通過帝國主義者的目標並被中國本土精英所採納和實踐的。法國學者皮埃爾・辛加拉維魯（Pierre

Singaravélou）將這一時期稱爲「萬國天津」。他利用一手資料描繪國際聯合臨時政府統治時期的行政控制、司法與社會秩序、公共衛生、基礎建設和土地利用等，以及國際臨時政府爲了增加財政收入，而試圖將鹽稅（鹽坨）納入控制之下，因而引起中國商民的抗議。同時臨時政府內部也存

圖 8-9　天津租界，左側上方為消防警察在瞭望台觀察是否有火災。作者攝自天津博物館。

在著不少爭奪共同利益的矛盾，成爲一個國際史在天津的縮影，列強之間既合作共同管理天津，但也在管理權、土地的佔有和租界的分割，激烈爭執。

這一段國際聯合政府統治天津時期歷史，過去在中文研究中，因外文資料所限，較不爲人所知。晚近的研究顯示天津臨時政府的具體樣態，通過軍事委員會的首腦組織，下屬幾個行政執行部門：巡捕局、衛生局、庫務司、司法部、公共工程局以及總秘書處和漢文秘書處。天津臨時政府成立了現代司法體系、建立警務制度，在對社會秩序進行維持的同時，也對各類社群和平民形成有效的規訓。這其中，員警力量尤其值得一提，臨時政府門的警署人員由外國員警和華人員警組成，其成立之初的目的是掃清義和團在天津的殘餘勢力，但隨著社會的逐步穩定，其職能延展到交通、衛生以及公共治安等方面。這使得臨時政府對於整個社會的管控都得到進一步的完善與加強，也可以說一九〇〇年列強是以戰爭和佔領的粗暴方式，強行在天津推動一種另類的全球化治理模式；他們在天津劃出九個租界，由列強組建一個國際臨時政府的管理模式。儘管臨時政府成立之初是由英、日、俄三國的軍事代表所領導的，但美、德、法、意在隨後幾個月的時間內也都逐步參與到政府事務的管理中來。英、日兩國爲他們在天津的共同利益，並爲鉗制俄國在中國的擴張而密切合作。出兵人數最少、且帝國勢力最爲薄弱的奧匈帝國，則在臨時政府中始終沒有太大的發言權。臨時政府的成立和運作，也顯現各個帝國之間的權力博弈。

至於天津當地民眾對於聯軍之占領天津城、臨時政府之成立，以及其統治下的一系列政策，並非全盤接受，可以發現，一些地方百姓對於臨時政府統治以及城市改革政策持續反對和抗議。在臨時政府修建電車軌道、建立電報通信以及改善河運的過程中，常常遭遇天津市民的破壞與阻撓。在臨時政府試圖實行新的衛生政策時，也有很多地方人士拒用公共衛生間。一位法國人生動的形容天津泥塑工匠的作品表達出對外國士兵的憤怒，而只有法國人給他們留下了友好的印象：

在中國商人的店鋪裡，可以看到大量做工精巧的用黏土製作的人物雕塑，這是天津的特產。此前，這些泥人主要是生活在天庭的神靈以及生活中各種階層的人物，但隨著天津被列強佔領，手藝人開始主要以歐洲士兵為塑造對象，他們在對兵種和軍服的把握上達到了令人驚歎的精準。有一些國家的士兵雕塑主要呈現憤怒的狀態，我不願意明說是哪些國家，他們要麼手持明晃晃的軍刀，要麼高高舉著棍棒或馬鞭，一副馬上就要動手傷人的樣子。法國士兵的雕塑則一眼就能認出來，他們通常頭戴野戰貝雷帽，留著用黃色或棕色的絲綢做成的小鬍子，懷裡總是溫柔地摟抱著中國的嬰兒；有些法軍士兵在逗中國嬰兒開懷大笑，有些則用軍大衣將孩子裹在裡面……。

然而，在天津被占領時期，其歷史面相是相當多元的。同樣可以看到地方紳董協助臨時政府實施城市改革政策，地方紳董遊走於政府力量與地方社會之間，並有效地形成了兩者之間的彌合，特別是對天津公共設施的興建，當地的紳董對興修現代醫院、建立公共廁所、維修下水道運轉、搭建橋樑、拓寬道路等公共工程的設置，扮演了不可或缺的角色。在近代中國的歷史發展中，我們往往可以看到地方仕紳為了維持地方秩序和百姓日常生活的運轉，在政權交替或新舊勢力間扮演了協調者的角色，即使民國以後也是如此。

在平息八國聯軍而簽訂的《辛丑和約》之後，天津臨時政府準備解散，列強必須將天津歸還給中國當局，但卻拖到一九〇二年八月始順利移交，這中間的交涉細節由直隸總督袁世凱的親信唐紹儀辦理，曾是公費留美幼童的唐紹儀，展現了傑出的外交能力。八月十五日臨時政府舉辦了一場類似移交的儀式，列強撤退到租界，由袁世凱正式接收了天津。袁世凱這位能幹的俗吏政客展現了他整治天津城市的才能，繼續聘用一些供職於臨時政府的外國專家從事天津的衛生改革，並持續整頓天津的警備和治安工作。此一段經歷也令袁世凱在清末翻騰覆雨的政治中積累外交人脈，備受外人肯定而加持其名聲光環，終於在帝制與共和政權交替中獲得多數列強的肯定信任，加以各種機遇的偶合（詳見第六章），乃成為共和新政府的最高領導人。

＊＊＊

十九世紀中葉以後，中國政治社會發生巨大的改變。這些改變從技術、物質、思想、經濟貿易和庶民生活都帶來全方位的衝擊，在這些轉變中，並不是對西方照單全收，任何一個領域都涉及中國本身的本土化轉變或思想文化上何去何從的反思。這些議題相當宏大，引起諸多學者的深刻關懷。過去常用的研究詞語廣泛，例如：「中國化」、「現代化」、「內化」、「移植」、「嫁接」、「轉化」或「轉譯」等等。我們無法深入這些思想文化上的嚴肅意涵，但它是極其重要的命題。

本章具體說明十九世紀中葉以後，中國社會的變遷反映在人口結構與變動、海內外移民、社會階層流動、現代城市的出現、上海和天津租界模式的特點，及外國租界引進的新異事物，這些變化顯示了近代社會的主要轉變面貌。這些社會變化，當然是以沿江沿海做為主要討論對象。至於鄉村社會的情況，農民地位和生活水平的確未見改善，農村情況的惡化乃至於破產，除了政治腐敗、天災和社會動盪因素，尙包含農業技術未見改良、人口過多和土地劃分等諸多不利農民經濟的問題。至於通商口岸的快速發展和外資影響，以及現市的城市化，是否是以犧牲農村的進步爲代價，本書第七章曾提到中國傳統手工業有它自己的優勢，不能一概以外資企業剝削中國的論述做爲農村停滯的理由。

中國農村的確存在了很多嚴重的問題，才始終成爲中國朝代治亂興衰論述中農民起義的正當理由。早在西方勢力因素大舉進入中國之前，中國農村也就存在了一些懸而未決的治理問題和潛在的各種困境，十九世紀中葉以後則加入了西方資本和勢力的進入，它帶動了城市和工業化進步，但它和中國農村產業的發展不必然完全是一種零合和剝削的關係。通商口岸城市的發展，使得一些工農階級自動流向都市，他們反而有餘力回頭過來去改善農村經濟或購買進步的技術設施，以取代人力或提高生產量。

十里洋場租界的制度化和安全措施，自動吸引了中國本土企業家到上海謀生，中外之間既有合作也有競爭關係，很難用一種史觀去壓倒另一個史觀。租界雖是近代帝國主義在中國的活動表徵，帶有殖民化色彩，作者並無意特別強調其殖民性，而是更多著重租界活動所移植的不同文化及其特殊治理經驗，上海租界和天津九國租界具有的多元化和國際化色彩，這一極端複雜的特性，放在當前國際史和世界史研究中，更值得我們關注與省思。

結語——晚清帝國的歷史遺緒

本書探討十九世紀中葉以後清帝國的內外治理及其進入世界秩序的嬗變和過程。這一時期之所以被稱之爲晚清，來自後見之明，因爲一九一二年有民國共和政權的建立。晚清帝國自鴉片戰爭以後一連串的戰爭和條約，在國共兩黨各自表述的「革命史觀」主流論述中，長期予人「軟弱無能」、「貪汙腐敗」、「保守固拒」、「用人不當」等等負面刻板印象。更由於外交上的一再失利，使得晚清帝國又被視爲近代中國簽訂不平等條約「喪權辱國」的始作俑者。本書認爲這一時期的歷史現象極其複雜，大清帝國在鴉片戰爭爆發時，不論就帝國的對內和對外秩序都不能說是一個衰敗或失控的帝國，我們在本書各章中看到的是逐漸深化的內外危機，內亂或列強的侵略，幾乎同時向大清帝國撲來，而清帝國仍勉強持續了五十年之久。大致上要到甲午戰爭大清帝國敗給明治維新後的日本帝國，始感受到國祚之顛危。本書各章希望回到當時人的行爲、動機和結果來評價其歷史定位。

《南京條約》簽訂以後列強在中國的活動，儘管限制了中國的部分主權，例如：中國喪失關稅自主、洋人獲有治外法權或一些特定的經濟利益。但是放在十九世紀歐洲列強在全球征服的過程中，清國不僅未被征服，而且在保有一個完整主權國家的統治機制中，持續進行了不同程度的改革。晚清帝國聘請了不少歐洲、美國和日本的各種專家進入中央或地方官僚體系擔任顧問，並參與改革，中國官員們也由此逐漸發展出對新世界的認識。大致在一九〇〇年左右一批由海外留學或受新式教育洗禮的新知識分子，已喊出「少年中國」的口號，意味著中國仍是在向西方學步的少年，也意味著中國已不再是舊中國，是正在邁向一個全新的主權國家。然而，歷史並未給清帝國更多的執政機會，舊體制的改革無法適應時代社會的劇變，各種因素的偶合凝聚成革命之大勢風潮；中國本身長期積累的社會危機和各種求新求變的衝突迅速激化，清帝國二百餘年的國家機制儘管在變法新政中匍匐前進，其政治和經濟制度已無法承載和契合內外情勢之劇變，各種歷史條件的加乘之下，終至崩潰覆亡，也終結了二千年的帝制政體。

本書認爲鴉片戰爭是兩個帝國各自保有其帝國榮耀的戰役，中英雙方都是在主戰派的愛國氛圍中打了這場不可避免的戰役，它是一個鴉片利益的衝突所導致的戰爭，和朝貢貿易體制未必直接相關，因爲不同體制的國家未必一定走向戰爭。而一般所謂「第二次鴉片戰爭」更是一場完全和鴉片貿易無關的戰爭，但它的確是因《南京條約》中未令英國人滿足的結果，由修約交涉竟致走樣變調的戰爭。鴉片戰爭和英法聯軍並不是一開始就抱定中國門戶勢必以船堅砲利轟之而開的戰爭，這一過程不論中、英雙方都有讓戰爭加溫升級的各種條件。作者肯定自強運動做爲近代中國漫長工業化過程的起點，就學習西學新技而言，它如同嬰兒學步，肯定跌倒，屢敗再起，但絕不能責以自強學步之不當。然而，開國既久的清帝國，已失去帝國創建初期的競爭型性格，使它更無法適應和承載一個激烈變動的內部與外部國際環境。延續自太平天國內戰以來的社會經濟之困境破敗，在半個世紀後更加惡化，整個國家機制無法像開國盛世時期從中央到地方發揮傳統有效的社會控制，帝國內部的控制危機，圖窮匕現，就待野火可以燎原。對外關係則有藩屬的逐一脫離和列強要求在中國各區域保有經濟開發的勢力範圍，使得較晚進入各國在華勢力競爭的美國呼籲一種門戶開放政策，讓各國得以在一個全面對外開放的中國市場享有同等的開發權利，由是中國也得以確保其主權國家地位。然而，悲哀之處就在於英美所聯手策劃的「門戶開放」政策也等於宣告了大清做爲一個主權國家已無法確保其主權地位，必須通過外人來「宣告」其主權和領土的完整。一八八〇年代以後清帝國周邊地區與海陸各方勢力均受十九世紀後期國際秩序在亞洲競逐和日本崛起的影響，清帝國左支右絀，應變不暇。在甲午戰爭敗於日本後，心智不明且戀棧權位的老朝廷領導集團，還打了一場引火自焚式向八國宣戰的國際戰爭。義和團事件是一個盲目利用人民的愛國主義以維持私己政權，而放縱人民攻擊北京使館，任意攻擊中外教民的暴行，這些破壞行爲不用等慈禧對外宣戰，實已構成西方向中國宣戰的理由。接著又有帝國主義國家爲懲罰清政權和「野蠻中國人」所做的焚燒圓明園的瘋狂報復，則顯得當時聯軍如出一轍的同等野蠻行爲。而對應當時國際戰爭中的不理性和各種層出不窮的國際危機，在中國所發生的國際衝突事件並非例外，如同本書提到十九世紀末爲了避免世界各國在海外的激烈競爭導致國際戰爭的不斷發生，一八九九年包括歐美和日本等二十六個國家在海牙召開了第一次萬國和平會議，清廷也有派員參加，但國際戰爭仍無可抵擋。不可思議的是，在這一內外困頓和危機中，清帝國的國祚仍得以在清末立憲運動中苟延下來，可見得自一六三六年開國的大清帝國仍有其強勁的生命力。

從清末到共和，有斷裂的革命，也有其延續性，即晚清開始所實施的變法和新政，可以說是中國邁向現代國家的轉化和起點。民國共和建立後的一些商業、司法、警政和法律等制度都不少緣自於清末庚子新政。民國初年所經歷的派系鬥爭、帝制復辟、軍閥混戰等亂象，也令人回顧清末民初的歷史時，不免叩問「改良」或「革命」何者適應中國？共和建立以後可以看到一些既定的思維框框仍是延續自帝制時代的遺緒，所謂百足之蟲死而不僵的精神狀態。本書討論的這一段時間正是中國歷經一波推一浪的方式，逐步走向現代國家的改革之路。民國建立之後，中國仍在長期的社會政治動盪之中，有學者形容爲「長期革命」，也有「不斷革命」之說，也有學者提出中國應當「告別革命」之說。何謂中國？中國究竟何去何從？不論如何，「追求富強」自清末以來成爲大多數中國人的偉大夢想，甚至成爲國族主義者的愛國口號。

鴉片戰爭做爲近代中國走向世界的起點，政治意義上眞正成爲國際社會的一員，開始參與各種政府與非政府組織，中國人開始走向國際組織的大舞台；通商口岸的開放，傳統中國由此產生全面的鉅變，對社會、經濟、文化乃至庶民生活都帶來全方位的衝擊，中國沿江沿海進出口貿易快速增加，受益於全球經濟網絡的形成和資本技術的移入，同樣外資企業也受惠於中國市場的開放。而十九世紀中葉以後跨國之間的交往愈趨頻繁，一些商人、技術人群、傳教士、勞工、移民等，不論移出或進入，這些群體開始建立了跨國紐帶和新異事物的交換，逐步改變了近代中國與世界的交往面貌，以至於今，全球範圍內的跨國移動和國際文化交流已非常密切，我們已經很難完全用民族國家（nation-state）的敘事框架來討論跨國史和全球史的議題。然而，這並不是意味著民族國家的認同感和歸屬感並不存在，處在二十一世紀的當下，我們一方面可以清楚意識到國家或民族做爲區分身分的認同，以及當下國際危機的一觸即發，國家邊界和敵我意識的劃分無所不在，但做爲歷史研究的議題，我們面對的是過去的現象，是否可能有更大的超越性，史學研究是否能多從全球一體的歷史的視角重新梳理民族國家之間的歷史，如果能抱持這樣的襟懷，那麼我們探討近代中國史予以全球意義，或許便可由此浮現。

一八四八年一位讀書人徐繼畬（一七九五—一八七三）在他寫的《瀛寰誌略》中描述美國政制：「頓（按：華盛頓）既定國，謝兵柄，欲歸田，眾不肯捨，堅推立為國主。頓乃與眾議曰：得國而傳子孫，是私也，牧民之任，宜擇有德者為之」。又說：「華盛頓，異人也。起事勇於勝、廣，割據雄於曹、劉。既已提三尺劍開疆萬里，乃不僭位號，不傳子孫，而創為推舉之法，幾於天下為公，駸駸乎三代之遺意也。」徐繼畬以他極其有限的世界史知識來描繪自己對美式共和的禮讚，並歌頌華盛頓之豐功偉業，與光明磊落、公正無私。這段稱讚華盛頓的話，數年後由一位美國傳教士製作成一塊石碑送給了美國政府，鑲崁在美國首府華盛頓紀念碑的第十層一處牆壁小角。由於徐繼畬對美國政制擊節稱賞，對華盛頓衷心敬佩，美國政府於一八六七年特地贈予他一幅華盛頓的畫像。這段佳話，被視為十九世紀中葉以來中美人民友好的注腳。細察徐繼畬的話還有「推舉之法」、「天下為公」，最後仍不忘溯及此乃自古以來中國之優良傳統，「駸駸乎三代之遺意也」。

從徐繼畬所處的時代開始，不論是自強運動時期的「中體西用」之辨或者立憲派與革命派的「改良、革命」之爭，它既是近代中國追尋富強之路，同時也是一個自我探索和自我改造的漫長之路。一九一一年專制王朝終於被推倒後，民初政治仍在帝制復辟陰影和嘗試國會政治的混亂中尋找出路。到了一九二〇年代，一些中國知識分子進一步意識到中國不僅需要富和強，還需要兩位「先生」的扶持：「德先生」（Democracy）和「賽先生」（Science）。「富」、「強」、「德」、「賽」構成了五四以來理想「新中國」的重要成分。經過近一個世紀的政治翻滾和時移勢遷，當代中國終於在相當程度上實現了富和強，然而「德」先生和「賽」先生仍遲遲未到，「德」先生更遠遠落後於「賽」先生。中國對當代世界所呈現的最大挑戰和威脅，正是一個國家是否可以排除「德」，逕直完成「富」、「強」、「賽」，使人民在享受這三項好處的時候，不必再追求「德」先生？！

從本書所探討近代中國的追尋而言，做爲現代國家的根本性問題和內外治理的制度性邏輯，始終困擾著中國，而一九八〇年改革開放以後的中國也已在全球治理的秩序中成爲不可忽視的國家。十九世紀中葉以後的這段歷史經驗，可視爲中國長期歷史運動的起點，近代中國在經濟力量、政治和政策選擇如何演進，並與世界相互影響，它對中國本身與全球史都是極其重要的一頁。

後記

從來沒有想過有機會寫一本中國近代史的通論。撰寫本書不僅是個人教學生涯的重要印記，且讓自己重新思考近代中國的一些重大命題。在承諾擔下這個重責大任後，除了教書，全心全力貫注在這本書的撰述。然而要撰寫一本通論專書，既要博採不同時期各個領域的重要研究成果，又得留意學界較新的研究觀點，更得時時提醒自己在二十一世紀的當下，本書究竟想傳達怎樣的訊息給讀者，又該採取怎樣的寫作策略？這些因素都使得這本教科書的撰述，不同於一般學術著作帶來的嚴峻挑戰。

羅患漸凍人症離逝的史學家東尼・賈德（Tony Judt, 1948-2010）在他的病中回憶錄中曾說：「我們不過是用歷史的例子進行教學的哲學家。」身爲教學者的我，常反躬自省如何選擇「歷史的例子」以成爲「教學的哲學家」。在電子資訊如此發達和快速轉變的世代，要在講堂上達成這樣的任務已愈來愈顯得陳意過高，但從事大學人文工作教學者多少都要帶著這樣「知其不可而爲之」的使命感。每個世代都在書寫它的歷史，撰寫本書的歷程，心中時感惶恐不安，直至終筆交卷的一刻，仍覺歉然若有未了。

在學術基礎上要掌握一部卷帙浩繁的通論性著作，何其不易！恩師張玉法院士的《中國現代史》（一九七七年初版）和杜維運師的《史學方法論》（一九七九年初版），這兩本書是一九八〇年代以後風行一時的大學用書之上乘作品。一九九七年張老師再接再厲在聯經出版公司出版了《中華民國史稿》，迄今仍爲大學講堂必備之用書。二〇二二年早已退休的張老師猶孜孜不倦積十餘年之功，出版了《中華通史》五大卷本，最新一卷在新冠疫情蔓延中以米壽之齡堅忍完成，令人敬佩不已。而杜維運師的《史學方法論》每再版一次就略做增補，手上有老師親筆勉語的簽名版已是第十七版，杜公仙逝十年之後，最新推出第二十版。兩位恩師創下大學用書之刷印紀錄，本身就是一個歷史傳奇，此後大概已難以被超越了。在撰述本書期間每感困頓之際，思及兩位恩師對大學用書的重視和傾心投入，便時時鞭策自己，希望跟隨兩位恩師之步履，而兩位恩師當時寫作教科書的年齡都比此際的筆者更爲年輕。張老師用字流暢精準，擅於對歷史複雜現象做條理層次之梳理，綱舉目張，易於領會。杜維運師則是用字典雅柔美，博引中西掌故，揚善隱惡，強調追求眞、善、美的史學境界。在台灣的未來世代可能已不識得這兩位學術大家所寫的教科書，而這也是綜論性的教科書在時代推進的浪花中，不論舊說與創新，都有其世代傳承的意義。筆者不見得是最合適的傳承人，但在寫本書的過程中，的確驚覺台灣學界這三十年來很少有學者願意撰寫綜論性的大學用書，這和西方學界中生代以上的學者，甚至更多的是具有學術地位之傑出學者願意投入大學用書的編寫，頗多不同。

本書配圖過程中，筆者逐一拾回這些年來行走世界各地參訪的博物館、檔案館的回憶。一些存放在電腦資料夾中，曾經費盡心力蒐集的古書和雜誌中的老照片，若非這次需要配圖，恐也被我辜負而消失無蹤了。因爲訪學或開會之便，史學工作者的癖好之一是看古蹟、走訪博物館和檔案圖書館。如遇有哲人墓園，不免想去憑弔緬懷。書中收錄的鴉片戰爭中死於中國戰場的愛爾蘭人、美國駐華公使兼首任中國使節的美國人蒲安臣之墓、清末海關總稅務司赫德墓地、李鴻章在美國總統格蘭特墓園的植樹紀念等等照片，也在筆者閒置多年的電腦檔案中重見光明。

感謝聯經出版公司發行人林載爵先生對我的信任，讓我有機會參與這部中國通史大系的撰述工作。一些師友們時時鼓勵和關注本書的進展，在此深致謝意；特別是美國弗蒙特大學榮退教授王克文和香港大學歷史系教授徐國琦，他們針對前言和結論提出一些寶貴的建言。非常感謝本書特約編輯李國維先生的查核糾誤，並修正拙文不暢之處，使本書更加完善。共同參與本系列專書撰寫的敝系同仁，包括呂春盛、葉高樹、陳登武和陳昭揚老師，彼此時時相互勉勵，在此一併致謝。感謝臺灣師大歷史所博士班學生陳頌閔、碩士生陳穎毅、楊鈞量、廖之睿等諸位同學的協助和校對。當然本書的疏漏和不足，當由作者一人全權負責。

最後，謹將本書獻給家母莊緣妹女士作爲九十大壽賀禮，祝願她身體健康，笑口常開。

吳翎君謹誌於二〇二三年七月三〇日

參考書目

一、專書

中文

上海市檔案館編，《上海租界志》：上海：上海社會科學院出版社，二〇〇一。

上海社會科學院經濟研究所、上海市國際貿易學會學術委員會編著，《上海對外貿易》，上海：上海社會科學院出版社，一九八九。

川島真（日），田建國譯，《中國近代外交的形成》，北京：北京大學出版社，二〇一二。

孔飛力（Philip A. Kuhn）著，陳兼、陳之宏譯，《中國現代國家的起源》，香港：香港中文大學出版社，二〇一四。

孔復禮（Philip A. Kuhn）著，李明歡譯，《華人在他鄉：中華近現代海外移民史》，臺北：

臺灣商務印書館，二〇一九。
文安立（Odd Arne Westad），《躁動的帝國：從乾隆到鄧小平的中國與世界》，臺北：八旗出版，二〇一三。
方德萬（Hans Van DeVen）著，蔡維屛、姚永超譯，《潮來潮去：海關與中國現代性的全球起源》，太原：山西人民出版社，二〇一七。
王文兵，《丁韙良與中國》，北京：外語教學與研究出版社，二〇〇八。
王汎森，《中國近代思想與學術的系譜》，臺北：聯經出版事業公司，二〇〇三。
王汎森，《權力的毛細管作用：清代的思想、學術與心態》，臺北：聯經出版事業公司，二〇一三。
王垂芳主編，《洋商史，上海，一八四三－一九五六》，上海：上海社會科學院出版社，二〇〇七。
王建朗、黃克武主編，《兩岸新編中國近代史》，晚清卷，北京：社會科學文獻出版社，二〇一六。
王柯，《民族主義與近代中日關係：「民族國家」、「邊疆」與歷史認識》，香港：香港中文大學出版社，二〇一五。
王曾才，《中英外交史論集》，臺北：聯經出版事業公司，一九九一。

王爾敏，《五口通商變局》，桂林：廣西師範大學出版社，二〇〇六。
王爾敏，《晚清商約外交》，香港：中文大學出版社，一九九八。
史扶鄰（Harold Z. Schiffrin）著，丘權政、符致興譯，《孫中山與中國革命的起源》，太原：山西人民出版社，二〇一〇。
史景遷（Jonathan Dermot Spence）著，溫洽溢譯，《改變中國：在中國的西方顧問》，臺北：時報出版，二〇一五。
史景遷（Jonathan Dermot Spence）著，朱慶葆譯，《太平天國》，臺北：時報出版，二〇一六。
弗洛里安・伊里斯（Florian Illies），唐際明、林宏濤譯，《繁華落盡的黃金時代：二十世紀初西方文明盛夏的歷史回憶》，臺北：商周出版，二〇一四。
本傑明・艾爾曼（Benjamin Elman）著，原祖傑等譯，《科學在中國，一五五〇—一九九〇》，北京：中國人民大學出版社，二〇一六。
白吉爾（Marie-Claire Bergere）著，溫洽溢譯，《孫逸仙》，臺北：時報出版，二〇一〇。
白莎（Elisabeth Kaske）著，孫立新譯，《俾斯麥的使團：德國軍事教官在中國，一八八四—一八九〇》，北京：社會科學文獻出版社，二〇一一。
石川禎浩，《中國近代歷史的表與裡》，北京：北京大學出版社，二〇一五。

石海山（Stein Seeberg）原著，朱榮法譯，《挪威人在上海一五〇年》，上海：譯文出版社，二〇〇一。
托馬斯·奧特（T. G. Otte）著，李陽譯，《中國問題：一八九四—一九〇五年的大國角逐與英國的孤立政策》，北京：生活·讀書·新知三聯書店，二〇一九。
艾約博（Jacob Eyferth）著，韓巍譯，《以竹爲生：一個四川手工造紙村的二十世紀社會史》，南京：江蘇人民出版社，二〇一六。
何炳棣著，葛劍雄譯，《明初以降人口及其相關問題（一三六八—一九五三）》，北京：生活·讀書·新知三聯書店，二〇〇〇。
余凱思（Klaus Mühlhahn），《從清帝國到習近平：中國現代化四百年》，臺北：春山出版，二〇二二。
吳翎君，《美國大企業與近代中國的國際化》，臺北：聯經出版事業公司，二〇一二。
吳翎君，《美國人未竟的中國夢：企業、技術與關係網》，臺北：聯經出版事業公司，二〇二〇。
吳義雄，《條約口岸體制的醞釀：十九世紀三〇年代中英關係研究》，北京：中華書局，二〇〇九。
宋念申，《發現東亞》，臺北：聯經出版事業公司，二〇一九。

李培德編，《近代中國的商會網絡及社會功能》，香港：香港大學出版社，二〇〇九。
李培德編，《商會與近代中國政治變遷》，香港：香港大學出版社，二〇〇九年。
汪榮祖，《追尋失落的圓明園》，臺北：麥田出版，二〇〇七。
周錫瑞（Joseph W. Esherick）著，張俊義、王棟譯，《義和團運動的起源》，南京：江蘇人民出版社，二〇一〇。
岡本隆司，李雨青譯，《袁世凱：左右近代中國的俗吏與強人》，臺北：八旗文化，二〇一六。
岡本隆司，陳彥含譯，《朝鮮的困境：在日清之間追求獨立自主的歷史》，臺北：八旗文化，二〇二一。
岩井茂樹，《朝貢、海禁、互市：近世東亞五百年的跨國貿易真相》，臺北：八旗文化，二〇二三。
林滿紅，《銀線：十九世紀的世界與中國》，臺北：台大出版中心，二〇一六。
林學忠，《從萬國公法到公法外交：晚清國際法的傳入、詮釋與應用》，上海：上海古籍出版社，二〇〇九。
邵雍等著，《社會史視野下的近代上海》，上海：學林出版社，二〇一三。
金勝一，《我眼中的中韓關係》，北京：中國人民大學出版社，二〇一八。

柯文（Paul A.Cohen）著，杜繼東譯，《歷史三調：作為事件、經歷和神話的義和團》，北京：社會科學文獻出版社，二〇一五。
柯麗莎（Elisabeth Köll）著，金毅譯，《鐵路與中國轉型》，南京：江蘇人民出版社，二〇二三。
約翰·湯姆生（John Thomson）著，葉伶芳譯，《湯姆生鏡頭下的晚清中國：十九世紀末的中國與中國人影像》，臺北：大塊文化出版社，二〇二〇。
茅海建，《天朝的崩潰：鴉片戰爭再研究》（修訂版），生活·讀書·新知三聯書店，二〇一四。
茅海建，《苦命天子：咸豐皇帝奕詝》，臺北：聯經出版事業公司，二〇〇八。
徐中約，《中國近代史》上冊，香港：香港中文大學出版社，二〇〇一。
徐中約著，屈文生譯，《中國進入國際大家庭》，北京：商務印書館，二〇一八。
徐國琦，《中國人與美國人》，臺北：貓頭鷹出版社，二〇一八。
徐國琦，《奧林匹克之夢：中國與體育，一八九五—二〇〇八》，廣東：廣東人民出版社，二〇一九。
徐鼎新，《中國近代企業的科技力量與科技效應》，上海：上海社會科學院出版社，一九九五。

郝延平，《中國近代商業革命》，上海：上海人民出版社出，一九九一年。（原著*The Commercial Revolution in Nineteenth-century China: The Rise of Sino-Western Mercantile Capitalism,* University of California Press, 1986）
馬士（H. B. Morse）著，《中華帝國對外關係史》三卷，張匯文譯，上海：上海出版社，二〇〇六。
馬世嘉（Matthew W. Mosca）著，羅盛吉譯，《破譯邊疆．破解帝國：印度問題與清代中國地緣政治的轉型》，臺北：臺灣商務印書館，二〇一九。
馬長林主編，《租界裡的上海》，上海：上海市檔案館，二〇〇三。
馬軍，《舞廳．市政：上海百年娛樂生活的一頁》，上海：上海辭書出版社，二〇一一。
張玉法，《近代中國工業發展史》，臺北：桂冠圖書公司，一九九二。
張玉法，《清季的立憲團體》，臺北：中央研究院近代史研究所，一九八五。
張志雲，《海關中國》，臺北：麥田出版，二〇二三。
張忠民，《艱難的變遷：近代中國公司制度研究》，上海：社會科學院出版社，二〇〇二。
張朋園，《立憲派與辛亥革命》，臺北：中央研究院近代史研究所，二〇〇五。
張朋園，《梁啓超與清季革命》，臺北：中央研究院近代史研究所，一九八二。
張瑞德，《近代鐵路事業管理的研究：政治層面的分析，一八七六—一九三七》，臺北：

中央研究院近代史研究所，一九九一。
張寧，《異國事物的轉譯：近代上海的跑馬、跑狗與回力球賽》，臺北：中央研究院近代史研究所，二〇一九。
張灝，《烈士精神與批判意識：譚嗣同思想的分析》，臺北：聯經出版事業公司，一九八八。
梁嘉彬，《廣東十三行考》，臺中：東海大學，一九六〇。廣州：廣東人民出版社，一九九九。
梅爾清（Tobie Meyer-Fong）著，蕭琪、蔡松穎譯，《躁動的亡魂：太平天國戰爭的暴力、失序與死亡》，臺北：衛城出版社，二〇二〇。
畢可思（Robert Bickers），《滾出中國：十九、二十世紀的國恥，如何締造了民族主義的中國》，臺北：時報出版，二〇一九。
連玲玲，《打造消費天堂：百貨公司與近代上海城市文化》，臺北：中央研究院近代史研究所，二〇一七。
陳方中，《義和團運動與中國基督宗教》，臺北：輔仁大學出版社，二〇〇四。
彭明輝，《晚清的經世史學》，臺北：麥田出版，二〇〇二。
彭慕蘭（Kenneth Pomeranz）著，黃中憲譯，《大分流：現代世界經濟的形成，中國與歐洲為何走上不同道路？》（*The Great Divergence: China, Europe, and the Making of the Modern World Economy*），臺北：衛城出版社，二〇一九。

斯溫　貝克特（Sven Beckert）著，林添貴譯，《棉花帝國：資本主義全球化的過去與未來》，臺北：天下出版社，二〇一七。

斯蒂芬・哈爾西（Stephen R. Halsey），《追尋富強：中國現代國家的建構，一八五〇—一九四九》，北京：中信出版社，二〇一八。

普拉特（Stephen R. Platt）著，黃中憲譯，《太平天國之秋》，臺北：衛城出版社，二〇一六。

普拉特（Stephen R. Platt）著，黃中憲譯，《帝國暮色：鴉片戰爭與中國最後盛世的終結》，臺北：衛城出版社，二〇一八。

曾小萍（Madeleine zelin），《自貢商人：近代早期中國的企業家》。南京：江蘇人民出版社，二〇一四。

游鑑明，《運動場內外：近代華東地區的女子體育（一八九五—一九三七）》，臺北：中央研究院近代史研究所，二〇〇九。

程麟蓀著，徐昂、袁煦筠譯，《近代中國銀行業》，北京：社會科學文獻出版社，二〇二二。

菊池秀明，《末代王朝與近代中國》，臺北：臺灣商務印書館，二〇一七。

費正清（John K. Fairbank）著，牛貫杰譯，《中國沿海的貿易與外交：通商口岸的開埠（一八四二—一八五四）》，太原：山西人民出版社，二〇一二（新譯本）。
費正清（John K. Fairbank）著，薛絢譯，《費正清論中國——中國新史》，臺北：正中書局，二〇〇一。
費維愷（Albert Feuerwerker）著，虞和平譯，《中國早期的工業化》（*China's Early Industrialization*, Harvard University, 1958），北京：中國社會科學出版社，一九九〇。
黃宇和，《孫中山：從鴉片戰爭到辛亥革命》，臺北：聯經出版事業公司，二〇一六。
黃宇和，《孫逸仙倫敦蒙難眞相：從未披露的史實》，臺北：聯經出版事業公司，一九九八。
黃克武，《一個被放棄的選擇：梁啓超調適思想之研究》，臺北：中央研究院近代史研究所，一九九四。簡體字版，北京：新星出版社，二〇〇六。
黃克武，《近代中國的思潮與人物》，北京：九州出版社，二〇一三。
黃克武，《惟適之安：嚴復與近代中國的文化轉型》，臺北：聯經出版事業公司，二〇一〇。
黃福慶，《清末留日學生》，臺北：中央研究院近代史研究所，一九七五。
奧列格·阿拉別托夫（俄）著，周健譯，《潰敗之路：一九〇四—一九〇五年俄日戰爭》，北京：社會科學文獻出版社，二〇二一。
楊天宏，《口岸開放與社會變革》，北京：中華書局，二〇〇二。
楊瑞松，《病夫、黃禍與睡獅：「西方」視野的中國形象與近代中國國族論述想像》（增訂版），政大出版社，二〇一六。
葉文心，《上海繁華：都會經濟倫理與近代中國》，臺北：時報出版，二〇一〇。
虞和平，《近代中國商人》，廣州：廣東人民出版社，一九九六。
廖敏淑，《清代中國對外關係新論》，臺北：政大出版社，二〇一三。
熊月之、周武主編，《上海：一座現代化都市的編年史》，上海：上海書店，二〇〇七。
熊月之等選編，《上海的外國人：一八四二—一九四九》，上海古籍出版社，二〇〇八。
劉廣京，《經世思想與新興企業》，臺北：聯經出版事業公司，一九九〇。
劉廣京著，邱錫鑅等譯：《英美航運勢力在華的競爭（一八六二—一八七四）》，上海：上海社會科學院出版社，一九八八。
潘卡吉・米什拉（Pankaj Maishra）著，黃中憲譯，《從帝國廢墟中崛起》，臺北：聯經出版事業公司，二〇一三。
潘光哲，《晚清士人的西學閱讀史（一八三三—一八九八）》，臺北：中央研究院近代史研究所，二〇一四。

濮德培（Peter C. Perdue）著，葉品岑、蔡偉傑、林文凱譯，《中國西征：大清征服中央歐亞與蒙古帝國的最後輓歌》，臺北：衛城出版社，二〇二一。
濱下武志著，高淑娟、孫彬譯，《中國近代經濟史研究：清末海關財政與通商口岸市場圈》，南京：江蘇人民出版社，二〇〇八。
濱下武志著，王珍珍譯，《資本的旅行：華僑、僑匯與中華網》，北京：社會科學文獻出版社，二〇二一。
藍詩玲（Julia Lovell）著，潘勛譯，《鴉片戰爭：毒品，夢想與中國建構》，臺北：八旗文化，二〇一六。
羅芙雲（Ruth Rogaski）著，向磊譯，《衛生的現代性：中國通商口岸衛生與疾病的含義》，南京：江蘇人民出版社，二〇〇七。
羅威廉（William T. Rowe）著，李仁淵譯，《中國最後的帝國》，臺北：台大出版中心，二〇一三。
蘇精，《清季同文館及其師生》，台灣：作者自發行，一九八五；福建：福建教育出版社，二〇一八。

英文

Iriye, Akira. *Cultural Internationalism and World Order*. Baltimore: The John Hopkins University Press, 1997.

Akira Iyire, *Global and Transnational History, The Past , Present, and Future*, Basingstoke and New York: Palgrave Macmillan, 2012.

C. F. Remer, *The Foreign Trade of China*, Shanghai: Commercial Press, 1926.

Köll, Elisabeth. *From Cotton Mill to Business Empire: The Emergence of Regional Enterprises in Modern China*, Cambridge: Harvard University Asia Center, 2004.

Kennedy, *Paul.The Rise and Fall of the Great Powers*. London: Unwin Hyman Limited, 1988.

Xu Guoqi（徐國琦）, *Strangers on the Western Front: Chinese Workers in the Great War*. Cambridge, Mass.: Harvard University Press, 2011.

二、論文

卞歷南，〈西方學界最近四十年對中國企業史研究的述評〉，《經濟社會史評論》（天津），二〇一八年第四期，頁一〇四—一二七。

尹傳順，〈「李—阿思本艦隊」案新探〉，國立臺灣師範大學歷史學系碩士論文，二〇二一年六月。
王正華，〈呈現「中國」：晚清參與一九〇四年美國聖路易萬國博覽會之研究〉，黃克武主編，《畫中有話：近代中國的視覺表述與文化構圖》，臺北：中央研究院近代史研究所，二〇〇三，頁四二一—四七五。
王爾敏，〈清代勇營制度〉，《中央研究院近代史研究所集刊》，第四期上冊，一九七三，頁一—五三。
古偉瀛，〈從「炫奇」、「賽珍」到「交流」、商戰：中國近代對外關係的一個側面〉，馬敏主編，《博覽會與近代中國》，武漢：華中師範大學出版社，二〇一〇，頁一八五—二〇二。
白莎（Elisabeth Kaske），〈晚清在華的德國軍事教官概況〉，《北大史學》（北京大學史學系主編），第十三輯，二〇〇八，頁三〇三—三四八。
朱瑪瓏，〈反動修辭的一個全球史：十九世紀兩份上海英文報對歐洲「社會主義」的報導〉，《新史學》，三〇卷四期，二〇一九年十二月，頁一二三—一六六。
吳翎君，〈打造摩登城市與中國的國際化——「中華國際工程學會」在上海，一九〇一—一九四一〉，蘇智良、蔣傑主編，《從荒野蘆灘到東方巴黎：法租界與近代上海》，上海：上海社會科學院出版社，二〇一八，頁一八七—二〇四。

吳翎君，〈英文學界關於「跨國史」研究新趨勢與跨國企業研究〉，《新史學》，二十八卷三期，二〇一七年九月，頁二〇七—二四〇。

吳翎君，〈從徐國琦 *Chinese and Americans: A Shared History* 談美國學界對中美關係史研究的新取徑〉，《臺大歷史學報》，第五十五期，二〇一五年六月，頁二一九—二四九。

李國祁，〈李鴻章的家世與人際關係〉，《近世家族與政治比較歷史論文集》，臺北：中央研究院近代史研究所，一九九二，頁一一九—一六二。

李達嘉，〈從抑商到重商：思想與政策的考察〉，《中央研究院近代史研究所集刊》，第八十二期，二〇一三年十二月，頁一—五三。

李達嘉：〈上海商人的政治意識和政治參與（一九〇五—一九一一）〉，《中央研究院近代史研究所集刊》，第二十二期（上），一九九三年六月，頁一七一—二一九。

屈文生，〈早期中英條約的翻譯問題〉，《歷史研究》，二〇一三年六月，頁八六—一〇一。

邱澎生，〈禁止把持與保護專利——試析清末商事立法中的蘇州金箔業訟案〉，《中外法學》（北京），二〇〇〇年第三期，頁三〇〇—三二八。

姜濤，〈清季人口與社會〉，王建朗、黃克武主編，《兩岸新編中國近代史》（晚清卷），北京：社會科學文獻出版社，二〇一六，頁六七一—七一八。

唐啓華，〈清末民初中國對「海牙保和會」參與之研究，一八九九—一九一七〉，《國立政治大學歷史學報》，第二十三期，二〇〇五，頁四五—九〇。
張世瑛，〈晚清上海西式公園出現後的社會反應〉，《國史館學術集刊》，第十四期，二〇〇七年十二月，頁三九—九六。
張玉法，〈近代中國社會變遷，一八六〇—一九一六〉，《社會科學戰線》二〇〇三年第一期。
張玉法，〈清末民初的官督商辦工業〉，《中央研究院近代史研究所集刊》，第十七期（下），一九八八年十二月，頁三五—六七。
張寧，〈俱樂部與殖民——近代滬上的上海總會〉，《新史學》，三十二卷二期，二〇二一年六月，頁二五一—三一八。
楊瑞松，〈近代中國的「四萬萬」國族論述想像〉，《東亞觀念史集刊》，第二期，二〇一二年六月，頁二八三—三三六。
熊月之，〈晚清上海私園開放與公共空間的拓展〉，黃克武、張哲嘉編，《公與私：近代中國個體與群體之重建》，臺北：中央研究院近代史研究所，二〇〇〇，頁一四九—一七六。
趙祐志，〈躍上國際舞臺——清季中國參加萬國博覽會之研究，一八六六—一九一一〉，《國立臺灣師範大學歷史學報》，第二十五期，一九九七，頁二八七—三四四。

劉序楓，〈近代華南傳統社會中「公司」形態再考：由海上貿易到地方社會〉，林玉茹編，《比較視野下的臺灣商業傳統》，臺北：中央研究院臺灣史研究所，二〇一二，頁二二七—二六六。
劉廣京，〈從曾國藩家書說起〉，《近世家族與政治比較歷史論文集》，臺北：中央研究院近代史研究所，一九九二。
黎志剛，〈輪船招商局經營管理問題，一八七二—一九〇一〉，《中央研究院近代史研究所期刊》，第十九期，一九九〇年六月，頁六七—一〇八。

聯經中國史

跨國交織下的帝國命運：近代史

2024年2月初版
2024年5月初版第三刷

Printed in Taiwan.

定價：新臺幣580元

著者	吳翎君
主編	王汎森
叢書編輯	陳胤慧
特約編輯	李國維
內文排版	菩薩蠻
封面設計	廖韡

出版者	聯經出版事業股份有限公司
地址	新北市汐止區大同路一段369號1樓
叢書編輯電話	(02)86925588轉5317
台北聯經書房	台北市新生南路三段94號
電話	(02)23620308
郵政劃撥	帳戶第0100559-3號
郵撥電話	(02)23620308
印刷者	文聯彩色製版有限公司
總經銷	聯合發行股份有限公司
發行所	新北市新店區寶橋路235巷6弄6號2樓
電話	(02)29178022

副總編輯	陳逸華
總編輯	涂豐恩
總經理	陳芝宇
社長	羅國俊
發行人	林載爵

行政院新聞局出版事業登記證局版臺業字第0130號

本書如有缺頁，破損，倒裝請寄回台北聯經書房更換。
ISBN 978-957-08-7252-1 (平裝)
聯經網址：www.linkingbooks.com.tw
電子信箱：linking@udngroup.com

跨國交織下的帝國命運：近代史/吳翎君著．王汎森主編．
初版．新北市．聯經．2024年2月．452面．14.8×21公分（聯經中國史）
ISBN　978-957-08-7252-1（平裝）
[2024年5月初版第三刷]

1.CST：近代史　2.CST：中國史

627.6　　112018182